MotoGPでメシを喰う

グランプリパドックの生活史

西村章

はじめに

　二輪ロードレースの世界最高峰ＭｏｔｏＧＰの世界で働く人々、という言葉を聞いて、みなさんはどのような仕事や職業を想像するでしょうか。おそらく多くの方々がまず頭に思い浮かべるのは、競技の主役であるライダーの傍らで忙しく動き回る人たち、つまりメカニックやエンジニア等、チームウェアを着て仕事をしている人々でしょう。また、ピットレーンには安全かつスムーズなセッション進行を管理するオーガナイザー側スタッフや、そのセッションの様子を放映するカメラクルー・レポーター等の各国取材陣もいます。コースサイドに出れば、各ポストでフラッグの提示や転倒時の処理対応などを手際よく行うコースマーシャルの人々もいます。さらに、ピットガレージを裏から出て広くパドック全体を見渡せば、チームのオフィス内で様々な業務を一手に引き受けて処理するスタッフや、ホスピタリティでコミュニケーションを担当する人、そこで供される食事を作るキッチンシェフ等々……。と、このように細かく観察してゆけば、じつに多種多様な業務を担当する人たちが円滑なレースの開催に関わっていることがわかります。

本書では、そんなパドックの中で長く仕事をする（していた）９名の日本人に登場を願い、レースの世界と関わりだしたきっかけや、現在の職に至るまでの経緯、過去に経験した数々のエピソード、今の仕事に魅力を感じる理由、レースにかける思い、等々をたっぷりと語ってもらいました。時間軸は、ＭｏｔｏＧＰという言葉がまだ存在すらしなかった１９７０年代から現代に至るまで、と非常に幅広く、仕事の内容もガレージでマシンをチューンするメカニックからパーツサプライヤー等のレーシングサービス業務、チームのバックエンドを受け持つＰＲ業務やコミュニケーション担当等々、と多岐にわたります。

インタビューに登場する９名の人々に共通しているのはただ一点、自己のスキルや能力を武器としてパドックで長年にわたり仕事を続けてきた、いわばプロフェッショナルの〈職人〉気質を持った人物ばかりである、というところです。

本書を手に取ってくださった方々の多くは、日本でレース中継やWeb配信を観戦し、雑誌やオンラインニュース等を通じて日々のMotoGP関連情報を得ているのだろうと思います。そんなみなさんの中には、世界各地のサーキットでレースを戦う日本人関係者は、各種メーカーの社員以外にも、こんなにも多種多様な労働形態と業務内容でレースを支えている人々がいる、という事実に驚く人もいるかもしれません。じっさい、ここに登場する9名は、パドックで様々な仕事をする人々のごく一部ですが、そのライフストーリーはいずれも、日本国内で今日と同じ明日が続く日々の仕事にいそしむ我々平均的社会人には、やや想像の域を超える破天荒な冒険譚《ぼうけんたん》のようにも見えます。しかし、一見型破りなその半生や大胆な決断、スケールの大きな行動範囲の数々の中には、じつは我々の日常生活や価値判断と相似形で地続きになっているものも少なからずあるように思います。

そして、これらのインタビューをつうじて様々なパドックの生活史を垣間見ることにより、それまで画面を通してしか知ることのできなかったＭｏｔｏＧＰの世界は、さらにその向こう側にもっと彩りが豊かで奥行きが深く、たくさんの喜怒哀楽が複雑に絡まりあいながら人間くさい営為《えいい》が繰り広げられている社会だというごくあたりまえのことが、これまで以上にリアルで身近なものとして実感できるようになると思います。

　と、ここまでこの前書きを読んでいただければおわかりのとおり、本書は「ＭｏｔｏＧＰの世界で仕事をするきっかけを掴むノウハウ」を記した本ではありません。そのような功利目的の実用書ではとうてい得ることができない、二輪ロードレースの繊細で豪快で猛々しくもクールで、しかも奥深い魅力が、ここから先で語られる言葉の中にはぎゅうぎゅうに詰まっています。

　これ以上の贅言《ぜいげん》を弄するよりも、まずはページをめくっていただき、ひとりひとりの豊穣な語りにじっくりと耳を傾けていただくことにしましょう。それこそが本書の目的であり、みなさんにレースの魅力をさらに深く味わってもらういちばんの方法です。読み進めていくにしたがい、ひとつひとつの言葉の中に、ＭｏｔｏＧＰという世界に自分たちが惹きつけられる根源的ななにかを、きっといくつも見つけてゆくことができるはずです。

では、ここから先はわたくしが、〈グランプリ界のプロフェッショナルたち〉9名の疾風怒濤かつ波瀾万丈な半生を、水先案内いたします。

西村 章

もくじ

1

石橋を叩いて確認する前に渡っちゃう——熊谷義貞

サイドカーでは数少ない日本人選手として1980年代後半から'90年代のグランプリで活躍した熊谷義貞さんは、現役引退後、日本のブレーキメーカー・ニッシンのフィールドエンジニア兼レースサービス業務に転身し、文字どおり〈縁の下の力持ち〉として数多くのチームやライダーを支えてきました。現在は第一線を退き、故郷の長野県で四輪車やサイドカーなどのレストアやメンテナンスを行うショップを経営しています。熊谷さんと親しく話をさせてもらうようになったのは、すでにサイドカー選手を引退してブレーキサービスマンとして活動していた時代です。いかにも〈職人〉らしく、集団で群れることをよしとしない様子で、淡々としながらも熱心に働く姿が印象的でした。

パドック職人たちの先駆的存在のひとりであり、ブレーキサービス業務を自分の腕ひとつで切り拓いてきた人物だけに、熊谷さんはこのライフストーリー集の劈頭《へきとう》を飾ってもらうに適任といえるでしょう。そのエピソードの数々は本文中で詳しく語られているとおりですが、さりげない口調の背後には、言葉では語られることのない様々な労苦があったのであろうことも窺《うかが》えます。

――パドックを離れて、引退して何年になるんでしたっけ？

ライダーを？

――いや、ニッシンの仕事。

２０１５年の３月いっぱいでニッシンの契約が終了。書面上ではね。だから、シーズンとしては２０１４年が最後。２０１５年の１月でちょうど60歳になったときだったから、時の経つのは早いよね。

――今はここ（長野県東御市にワークショップを構えるクマガヤオート）でバイクやクルマのレストアやメンテナンスをしているんですか？

一般のヤツはやってなくて、ホントに古いクルマの再生やレストアのみかな。クルマ、サイドカー、その類い。ニッシンの契約が終わる前から、日本にいるときや冬場はそれに没頭してたんだよ。時差ぼけと戦いながらさ。パドックにいたのは、トータルで30年になるかな。日本から出て行ったのが30歳だったからね。42歳まで走って、現役を辞める２年前からはニッシンの仕事と走るのと両方やってた。

――レースを走りながらブレーキのサービス仕事ですか。

うん。2年間ね。というのも、ニッシンはいきなりWGPのパドックに（サービス業務で）ポンと来ることができなかった。たしかIRTA（International Road Racing Teams Association：チーム、メーカー、各種サプライヤー、スポンサー等からなる円滑なレースイベント運営を図る組織）ができはじめた頃だったかな。パドックマネージャーのジェフ（・ディクソン）がまだ洗濯屋さんだったんだよ。大きなトレーラーを5〜6台並べて、クリーニングサービスみたいなことをやっていた。「あ、洗濯屋さんがいる」っていう印象が今も残っていて、それがジェフだった。そこらへんの時期からIRTAができはじめたんじゃなかったかな。何年だったかはすぐに出てこないけど。それがニッシン（の業務）を始めた当時。1995年に、ニッシンが我々のサイドカーチームのパスを利用して車両を入れることができて、そこからサービスを始めたんだよね。それまでは上田（昇）たちがニッシンユーザーで走っていたので、パーツを供給していたけれどもサーキットでのサービスはしていなかったんだよ。で、現場へ行ってサービスをしなきゃまずいだろうということになって、'95、'96年はオレがレースを走りながらニッシンサービスのコーディネートをしていた。

——その頃は選手たちにパーツは供給していたけれども……。

現場でのレースサービスはしていなかった。あの頃はカーボンディスクで、125ccクラスでニッシンユーザーが10人くらいいたかな。

——じゃあ、その当時のブレーキメンテナンスなどのレースサービス業務はチームにお任せだった、ということですか。

そういうことだね。当時のカーボンは今ほど良くないというか、ある程度のメンテナンスをしていないときっちりした制動力を出せなかった。カーボンといっても（チームには）知識がないから。外気温がこれくらいならカバーをつけようとか、そういう単純なことなんだけどね。そういったことも含めてサービス業務をしていた。それから何年か経って、レギュレーションが変わり、コストを下げる方向になったのかな。

――で、ディスクもスチールになっていった？

うん。それが何年のことだったか、調べないとすぐには思い出せないけど。いちばん記憶に残っているのは、宇井陽一がデルビに行ったとき。昔むかし、デルビが50ccを走らせてた頃はダブルディスクだったらしいんだけど、当時の125ccはシングルディスクで、ニッシンにダブルディスクを作れないかと提案してきたんだよ。そのときに、すごく集中的にブレーキの開発をした記憶がある。デルビがダブルディスクをやるようになって、いい成績を収めるようになったよね。

――1990年代後半ですね。

そうだね。宇井のデルビ時代。（マヌエル・）ポッジャーリもいたよね。

――カーボンが禁止になって、同様の制動力をスチールディスクにも求めるようになってダブルディスクを提案してきた、という流れですか。

制動力と安定性だよね。小排気量だから制動力よりもコーナリング重視を求めるためにディスク径を小さくしてフロントのばね下荷重を小さくする。さらにダブルディスクだから安定している、ということでデルビが提案してきたんだよ。それをニッシンが、たしか3ヶ月くらいで作っちゃったのかな。

――でも、当時はニッシンのフィールドエンジニアは現場にいなかったですよね。その役割も熊谷さんがやっていたんですか？

エンジニアというより、データ取りとかコーディネート、チームとの交渉等かな。こういうと申し訳ないけど、あの当時はニッシンで英語力のある人は現場にはいなかった。だから、チームとのやりとりもオレが架け橋になってデータをニッシンに送り、それでニッシンから現場に来てもらって、じゃあこうしましょう、と現場で打ち合わせした。エンジニアでありコーディネーターであり通訳であり、みたいな仕事だね。

――忙しいですね。

大変ですよ（笑）。極端な話、チームとお金のやりとりが発生する仕事もあるわけですよ。消耗品は「じゃあお金を出して買ってね」というようなね。笑っちゃうと思うけど、それこそオレがインボイス（請求書）を書いてチームに出したり、そのカネの回収までやったりしたよ。

――やってましたよね。なかなかカネを払ってくれないとかボヤいてて。

そうそう（笑）。

――そのあたりの話も聞きたいんですが、まずはいちばん最初のところに話を戻して、今の日本の若いレースファンの中には熊谷さんがグランプリを走っていたことを知らない人もいると思うんですよ。熊谷さんがＷＧＰで走り始めたのは30歳という話でしたよね。

1985年。それまではクラブマンレースで、FIM（Fédération Internationale de Motocyclisme：国際モーターサイクリズム連盟）の傘下ではないMCFAJ。MFJはサイドカーをやってなかったんだよ。そこで遊びのようなことから始めたわけだけど、やがてインターナショナルライセンスがほしい、と思うようになったけど、MCFAJじゃ取れないんだよね。MFJに掛け合っても、そもそもサイドカーをやってないから取りようがない。じゃあどうしたらライセンスをもらえるかというので、イギリスのACU（Auto Cycle Union）、日本で言えばMFJのような組織があって、そこに「日本でこういう成績なんだけどライセンスをもらえないでしょうか」と手紙を書いた。

——当時は日本で勝ちまくっていたんですか？

勝ちまくるといったって、遊びのレースだからね。3回くらい年間チャンピオンを獲ったんだけど、これ以上ここで続けていても勝っちゃうだけだから面白味がない。そうなると、もっと上を目指したい、自分の力を試してみたい、と思うでしょ。で、決断してライセンスがほしい、ということであれこれ交渉したんだけど、結局はMCFAJがレターヘッドをくれて「これにハンコを押したものをあげるから、あとは自分でやってくれ」ということで、それをイギリスのACUに出したんだよね。すると3～4ヶ月して「ライセンスを発給します」という通知が来た。今から振り返ると、そのときに通知が来なかったら、オレはイギリスに行かなかったと思う。でも、それが来た以上はカネがあろうとなかろうともう行くしかない。28か29の頃だったかな。ところが、当時、サイドカーを作ったりする店を自分でやってたんですよ。それがけっこう景気が良くてね。

――20代でショップを経営って、すごいですね。

25歳から店を始めた。ものすごく反対されたんだけどね、「うまく行くわけがねえ」って。好きで始めたことだけどさ。話がさらに遡っちゃうけど、最初はモトクロスをやっていて、もともとはモトクロスがやりたいからヤマハに入ったんですよ。ヤマハに勤めて、ヤマハ長野の上田営業所でメカニックをやっていた。

――モトクロスがモータースポーツの中でメジャーだった時代ですね。

そう。当時はモトクロス時代だったんですよ。ロードレースはお金もかかるしサーキットも少なかったけれども、モトクロスはスポーツランドとかトレールランドという名前であっちこっちにコースがあった。それを17歳から22歳くらいまでやっていたけど、22歳ですでに靱帯（の負傷）を何度もやっていて脚はガクガクで、それでもレースに出ていた。その当時はプロを目指していたから。三度の飯より好きだったんで、ケガしても湿布してそのままレースに出ていたんだよね。当時の膝関節の手術なんて今と比べるとすごくレベルが低くて、靱帯切って何時間以内に手術をすれば大丈夫、なんて知見は何もない時代だよ。それで膝を壊してサイドカーに移ったのが23歳くらいかな。

――なんでサイドカーだったんですか。

たまたま。富士スピードウェイに遊びに行ったらやってた。それを見て「これしかねえ」ということで手作りでやり始めた。それで27～28歳になると、もう(自分が目指す)上のレベルはないなあ、と。当時はグランプリだって日本には来ていない時代で、雑誌でしか見られない。じゃあ、これはもう自分がイギリスに行くしかない。それで、これもたまたまなんだけど、自分の主治医が、今で言うレースおたくだったんですよ。その人の乗っているドゥカティが壊れたんで修理できる店を探していたら、ここにこういう店がある、と人づてに聞いてうちの店に来たのが最初。そうすると「富士で勝ってるマシンがなんでここにあるの⁉」ということになって、そこから話が盛り上がって仲良くなった。それで、自分の店のお客でもあり、膝の主治医でもあり、という関係になった。で、その主治医が、「オレもたまにイギリスに行くんだよね。グッドウッドを観に行ったりさ」って言うんですよ。

――へえ。グッドウッドを知ってるんですね。

うん。日本人が海外へレース観戦に行くような時代じゃない頃に、すでにグッドウッドに行ってたんだよね。で、その主治医の先生が「よし、おれが手伝ってやる」ってことになって、ACUに提出する手紙の文章を書いてくれた。当時はオレ、英語なんて全然できなかったから、それで手紙を出すことができた。星野さんっていう人だけど、あの人がオレの人生を変えた恩人ですね。その先生のおかげでイギリスからライセンスを発給してもらえたし、オレがイギリスへ行ってからも何度か応援に来てくれた。今でも交流があって、膝を診てもらってる。もう40年以上のつきあいになるかな。そんなことがあって、1985年からイギリスに行くわけだけどさ。

――住まいを完全にイギリスへ移したんですか？

そういうこと。年金とかも一度全部抜いた。でも、店の景気が良かったから、「それを捨てて行くなんてバカじゃねえの」と、友達とかは大反対するわけさ。両親は反対もなにもよくわかってないから、ただ泡食ってるだけ（笑）。店を出すときもみんなから「そんなこと、若造にできるわけがない」と反対されたんだけどね。要は、オレは石橋を叩いて渡ることができないんだよ。叩いて確認する前に渡っちゃう。その当時は、どんなリスクがあるかなんていうこともわからなかったしね。

――わからないからできた、という面もきっとあるんでしょうね。

店が景気良くて1年分くらいのバックオーダーがあって、という状態ではふつう、商売を投げ出して出て行かないよね。なんかいい方法はねえかな、じゃあもう店はしようがないから閉めるしかねえか、と思っていたら、知り合いが店をやりたい、ということになって、権利を売るとかそういう難しいことはめんどくさいんで、「わかった。じゃあ家賃だけ入れてね」ということで店を任せた。オレにとっては、そんなことはどうでもよかったんだよ。そこでカネの計算をできる人なら、立ち止まって考えるんだろうけど。

――こんな無謀なことやってる場合じゃないよな、とか。

そうそう（笑）。いろんなリスクを知らなかったからできたんだよね。そんなことより、ライセンスがあるんだからもうやるしかない、と。それでイギリスへ行って、最初は地方選手権の小さな大会から始めたんだけど、最初の年はさんざんだった。

――サイドカーだからパッセンジャーも必要じゃないですか。そこはどうしたんですか？

当時ずっと組んでいた人がいたんだけど、「そんな見返りがあるかどうかもわからない、海とも山ともわからないところに行ってどうするんだ」と親から言われたらしい。

――それが普通の反応ですよね。

そりゃそうだよね。で、パッセンジャーがいねえなあ、と。イギリスには人材はいっぱいいるんだろうけど、どこの馬の骨かわからないジャパニーズがいきなり来たって、危なっかしくて横には乗れないでしょ。

――ドライバーとパッセンジャーは呼吸が合っていることが重要だろうから……。

重要というより、そもそもそこが合っていないと走れない。そんなことがあってこれはダメかな、とも思ったんだけど、当時の店には従業員が2~3人いて、そのうちのひとりがレースなんて何もやったことがないけど、とにかく外国に行けるのなら行きたい、と言ってくれたので、一回だけ走行会で練習したくらいの状態で連れて行った。でもね、パッセンジャー、といってもただ横に乗っているだけじゃなくて、ライディングをするんですよ。たとえばリアのトラクションが小さかったら体重を掛けたり、グリップしすぎてるときは体重を抜いたり。それをマスターするのに半年くらいかかったんじゃないかな。

最初の年は1年で23回レースに出たよ。シーズンは4月から10月頃までだから、ほぼ毎週だよね。クラッシュもしたけど、それで少しずつパッセンジャーもコツを覚えていって、2年目は30レースくらい出た。少しずつ成績は上がってきたけど、実績がないとグランプリには出られない。それに、当時は多少、まだ差別もあるわけですよ。同点だったらどうしてもイギリス人が上になってしまう。だから、グランプリに出るための絶対に確実な方法は、ヨーロッパ選手権で3位以内に入ること。もしくは、ワイルドカードに出てポイントを取ること。ポイントを取ると、次のレースにも出る資格を得られるからね。で、2年目のシーズンは30レースくらい出て、ヨーロッパ選手権で優勝3回、リタイア2回。で、1ポイント差でランキング2位になったんだ。で、これで翌年からは誰にも邪魔されずに堂々とグランプリに出られる、ということになった。

――当時はイギリスが本拠地だったわけですよね。

うん。

――生活はどうしていたんですか。

ドーバー海峡近くのリールという街に、嫁さんのいとこがいた。その人の結婚した相手がイギリス人で、そこでパーマ屋さんをやっていたんだよ。その近くがいいだろうということでアパートを借りて、そこのガレージみたいなところにサイドカーを置かせてもらっていた。そしたら、地元の新聞か何かにちょっと出たのかな。「こんな日本人がやってきました」みたいな記事で。そしたら、近所に住んでるおじいさんが「うちのガレージを使っていいぞ」と。気に入ると徹底的に世話をしてくれるんだよ。それが'86年だったかな。'87年からグランプリだから。

――その間の生活費はどうしてたんですか。

日本で貯めた金でやるしかねえ、みたいな状態。そのときはスポンサーもほとんどついていないし、数少ないスポンサーも現金じゃなくて、すべて現物支給。タイヤとかレザーとか。だから、それまで自分で貯めた金でなんとか2年間やってた。

——厳しいですね。

厳しい厳しい。でもね、食べ物なら節約はできるけど、マシンの部品は節約できないんですよ。走れなくなっちゃうから。'87年だったかな、3年目くらいのときに透くん（古厩《ふるまや》透氏：現アライヘルメット・MotoGPレースサービス）が一緒に行きたいというので、レースのお手伝いをしてもらいながら転戦して一緒に生活することになった。裕福なチームだったらそれなりに満足な生活ができたかもしれないけど、なにしろ貧乏チームだから透くんにはホントに申し訳ない思いをさせた。

大変だったなあ。節約しながらやっていたから。'87年にマシンを新しくしたんだけど、きっとそのときも借金して買ったんだと思う。イギリスのウィンドルというブランドが初めてモノコックフレームを作ったということで、評判がいいぞと周りに言われて買ったんですよ。だけどそれが失敗で、'87年はすごく成績が悪かった。その当時は自分も知識が少なかったから周りから言われるままに使ったんだよね、イギリスで地元だからラクだろうし、と思って。ウィンドルでは'87、'88、'89年と戦ったのかな。で、'90年にはLCR（ルイス・クリスチャン・レーシング）のほうがいい、ということでスイスまで買いに行って、'90年からLCRに換えた。その前に、'86、'87年にやっていた元従業員のパッセンジャーが、こんなのもう大変だというんで、怒って日本に帰っちゃったんだよ。で、モーターサイクルニュースに募集を出した。

——あのMCNですか。

そう。週刊バイク新聞の。そこに〈売りたし買いたし〉とかいろんなコーナーがあって、そこにパッセンジャー募集の広告を出したら6～7人くらい応募が来た。その頃はオレも一応は少しずつ実績を出してきて、'86年にはヨーロッパ選手権でランキング2位になったときには、チェコのブルノでも勝っていたり、そういう実績があったんで、「自分もグランプリに出たい、お金なんか要らない」という人たちがいっぱい申し込んできたんですよ。それで、マン島出身のブライアン・バーロウという人物を雇って'87、'88、'89と組んで走った。

当時のWGPは予選を通るとプライズマネーで20～30万円もらえたんだよね、予選を通過するとスターティングマネーとして。スイスフランでもらうんだけど。レースで優勝したらサイドカーはたしか日本円で150万円くらいで、二輪は170万円くらいだったような記憶がある。'90年のスパ・フランコルシャンでは3位になって、じつはそれが唯一の表彰台なんだけど、そのときにプライズマネーがたしか100万円くらいあって「これでようやく部品を少し買えるな」とか「ちょっとみんなで美味いものを食えるな」と思ったのを憶えてる。

あの当時は今とシステムが違っていて、プライズマネーも自分でもらいに行ったんだよ。たしかオーストリアのザルツブルクリンクだったか、自分は5位とか6位だったんだけど、プライズマネーをもらいに行ったときにケビン・シュワンツと話したことをすごくよく憶えているよ。ワイン・ガードナーもいたな。カルロス・ラバードもいた。ラバードは、オレがニッシンでやってるときも、パドックにいると挨拶してくれて、ずっと憶えてくれているのはうれしかったよね。

で、'91年、'92年、とやってきて、'95年頃にニッシンの話になってくるんだよ。'95年と'96年はニッシンもやりながらレースを走っていた。体力的には継続できなくもなかったけど、やっぱり先のことを考えるとニッシンの仕事もあるし、ということで'96年に引退を決断したんだったかな。

――熊谷さんが辞めた頃って、サイドカーは年間何戦くらい走っていたんですか？

遠征でいちばん遠かったのはラグナセカ。2〜3回くらい走ったかな。FIMの傘下なんだけどサイドカーはISRA（International Sidecar Association）がやっていて、遠征で海を越えると輸送費がかかっちゃうから、いわゆるオーバーシーのレースは外れていたんだね。少ないときは年間7〜8戦、多いときで10戦くらいあったかな。

で、'97年からはニッシンの仕事一本になるんだけど、当時はすごくユーザーがいたんですよ。多いときでは30人くらいいたのかな。

――125cc、250cc、500ccの全クラスで？

そう。あの当時はホンダNSR500のVツインが出た頃で、市販もしてたと思う。だから、それも含めると30台くらいメンテナンスしていたんだよ。おまけに、SBK（スーパーバイク世界選手権）もやっていたから、今週はWGP、来週はSBK、というスケジュール。岡田忠之とかコーリン・エドワーズ、アーロン・スライトとかが走っていた時代だよ。

――2000年くらいですね。

そうだね。ホンダUKをサポートしていた。あとはイタリアのカワサキ系チームとか。スーパーバイクでは4〜5チームくらいサポートしていたかな。でも、自分がレースをしていた頃と比べると、そんなに大変じゃなかったよ。あっちこっちと移動はするけれども、メンテナンスの仕事は自分でWGPのレースを走るよりもラクだった。

――現役最後の2シーズンは、自分で走りながらレースサービスもしていたわけですよね。どうやってやってたんですか？

オレひとりじゃなくて、そのときはニッシンからもうひとり来ていたんだけど……、どうやってやってたのかあまり記憶がないなあ。

――自分のレースだけでもきっと大変なのに、「他人のキャリパーのことなんて知ったこっちゃねえよ」とか思いませんでした？

その頃は、（レースサービスを）やったことは憶えているけど、なにをどうやったのという細かいことは記憶から飛んじゃってるんだよね。

――その当時は、ニッシンのサービスカーってまだパドックに入ってない時代ですよね。

まだ入ってなかった。知り合いのサイドカーチームが持っているトランスポーター、10トン車の後ろを自分たちの作業スペースにして、ニッシンのステッカーを貼ってサービスをやってた。ステッカーを貼ってはいたけれども、車両通行証は自分のクルマのやつをIRTAにもらってサービス業務をしてたんだよ。これはサポートカーだ、と言って。IRTAもまだあの頃は規制がけっこう緩やかだったんだよね。だからニッシンのレースサービスは、じつは結構歴史が古いんですよ。

――さきほどの話題に遡るんですが、ヨーロッパ選手権のブルノで勝った、というのは旧コースの公

道を使って走っていたときですか。

旧サーキットのいちばん最後の年だから、'86年。路面電車の走ってる道を走るんだよ。全長が7〜8キロくらいあって、ピットにいるメカたちは、「出て行くと戻ってくるまでコーヒー2杯くらい飲めるぞ」とか言ってた。

——そのピットって、今のサーキットからブルノに向かう道の脇にあるガレージの痕跡地みたいなところですよね。

そうそう。あそこがコントロールタワーで、そこから団地の前みたいなところを通って、少しS字になってから坂をずーっと上っていく。そこの路面がかまぼこ状だから、あそこで抜くのはちょっと危険だな、みたいなことをよく言ってたね。

——あんな石畳みたいな道でレースをしていたのなら、ミューが低くて危なかったんじゃないですか。

危なくないよ、一般道だもん。ガードレールもあるしね。ストローバリアが置いてあるにしても。で、そこをまっすぐ行って路面電車の走っている道路に出るんだけど、その道の脇の家で、2階の窓から人がレースを見ているんだよ。あれは衝撃的だったね。走るのも大変だけど、当時はチェコスロバキアだから、ビザを取るのも大変だった。

——いわゆる東側ですもんね。ベルリンの壁が壊れる前の時代でしょう。

当時は、ドイツのボンにある大使館に行ってビザを取るところから、まず始まる。地図だって今みたいにナビがあるじゃなくて紙の地図しかないし、どうやって入ればいいんだろう、ということがそもそもわからないんだよ。国境も、一カ所だけじゃなくて、西側を出るボーダーと東側に入るボーダーのふたつがあって、こっちにしてみれば（西側を出るボーダーを通ったときに）国境を無事に通過できてああ良かったと思っていたら、しばらく行くと機関銃を持った人が立っていて「なんじゃこりゃ」と。しかもその当時は、ボーダーを通過する際にモノを持っていると輸出入の扱いになるんですよ。だからそこで、日本で発行してもらったATAカルネというものにハンコを押してもらう。「これは売り物じゃなくて持ち帰りますよ」という書類。それを常に持っていて、いろんな国の税関でハンコを押してもらうんだけど、こっちはその経験がないもんだから、どこでどうハンコを押してもらうのかがわからない。あの頃は東側の国にもいっぱい行ったからね。ユーゴスラビアも大変だったし。ハンガリーも大変だった。いちばん大変だったのはオーストリア。

――オーストリア？　東側ではないでしょう。

あの国は、デポジットを取るんだよ。たとえば持っているモノが200万円相当だったらその1割で20万を取る。次の年にはそれなりにわかるけど、最初の年はそんなことも知らないから、さあその金がないぞどうしよう、ということになるんだよね。税関にしたって、ひと晩中開いているわけじゃないから、夜10時頃にボーダーに着いたら、次の日の朝まで半日くらい、ハンコを押してもらうまでそこから動けない。この話をするとすぎさん（杉原眞一氏：元アライヘルメットレースサービス・後出）は止まらないよ（笑）。ヘルメットを全部降ろさせられたとか、そんな話がいっぱいあるからね。

だから、当時はサーキットにたどり着くまでが仕事の8割。着いてしまえば、あとはもう決まったことをするだけだから、車検して重量計ってレースして、と。当時のプライベーターでやっていた人たちは、みんなそういう苦労をしてきた。だから、ベルリンの壁が壊れて東西の壁がなくなったあとはだいぶ楽になったよ。でも、現場にたどり着くまでが大変ですごく苦労をした、というこんな話をしたって、同じ境遇でやってきた人ならすごくよくわかるんだけど、知らない人に話したってピンとこないし、「そんなに苦労なら辞めればいいじゃん」と言われるのが関の山だから、当時の人たちもそういうことはあまり他人には言わないよね。

——それを苦労だと思わずに苦労していた、という面はあったかもしれないですね。

最初から計算して「これだと失敗するな」と考えて苦労を最初から避けるようなやりかたもあるんだろうけど、オレたちのように挑戦をする場合にはリスクの心配なんてあまりせずにやっているし、それでいろんなことが身についた。だから、そのあとにニッシンの仕事を始めたときは、ラクとは言わないけれども、そんなに苦労を感じなかったよ。リスクはすでに消化してきているから。

——単純な疑問ですけれども、どうしてニッシンのレースサービスをすることになったんですか。サイドカーの選手時代にも、カウルにニッシンのロゴが入っていたことは存じ上げているんですが。

若い頃に自分が住んでいた街の近くにニッシンの本社があって、そこに知り合いが勤めていたんだよね。その知り合いは技術開発の部署にいて、オレがレースに出るときに、現物支給でパッドとかを作ってもらったのが、そもそも最初のきっかけ。バイクで遊んでいた時代が10代だから、もう50年くらいになるのかな。そこにいた部長クラスの人たちもちょっと知っていたので、今みたいにうるさくない時代だったから「じゃあやってやればいいじゃないか」ということになって、それでテスト品などを作ってもらったのが最初。で、「じつはこういう事情で世界に出て行くんですけど……」と話をすると、よしわかった、ということになって、「現金は出ないけどパーツの現物支給ならできるよ」とスポンサーをしてもらった。その流れで、ニッシンがこれから海外でシェアを広げていくためにはレース活動も必要だ、というので、それがニッシンの仕事に繋《つな》がっていくんだよね。

——ということは、ニッシンがグランプリの場でユーザーを増やす足掛かりを作ったのは熊谷さん？

その架け橋を作った、ということになるのかな。当時もニッシン製品を使っている選手たちに部品の支給はしていたみたいだし、ホンダとのつながりもあるから製品供給はあっただろうけど、ニッシンが自分たちから積極的なレース活動は特にしていなかった。だから、グランプリの世界に出て行く足掛かりを作ったのは、うちのチームの車両許可証でパドックに入ったのが最初。当時は事務所を借りる不動産屋との交渉もオレがやらなきゃいけなかったし、いろんなことをやっていたよ。請求書を書いても払ってくれないユーザーには、督促の文句を書いてみたりさ。

——カネを払わないと日本に入れないぞ、というやつですね。

請求書を何度送っても払ってくれないから、「払い込みをしないなら、税関におまえの名前を書いたリストを置いておくから、日本GPのときに入国できなくなっても知らないぞ」と脅したヤツね（笑）。じっさいにはそんなもの税関に出してないし、出したって税関は相手にしてくれないんだろうけどさ。でも、そうやって脅したらそのチームは即座に振り込んできたよ。あの頃は、ＭｏｔｏＧＰはドゥカティでもどこでもやろう、というのが会社の方針だった。ドゥカティではダンティンのチームもやったかな。結局、製品がドゥカティに合わなかったけど、2シーズンくらいやったように思う。

――その当時の熊谷さんは、ニッシンの契約社員だったんですか?

うん。1年ごとの更新。

――そのような契約形態って、ニッシンがもともとレースの会社ではないだけに珍しかったのでは?

たぶん、自分が初めてだったんじゃないかな。海外のGPレース現場で働く契約社員というのは。

――業務形態にしても契約内容にしても、会社側に前例がなかったでしょうからね。

そうだろうね。しかも、オレが自分で全部やっちゃうでしょ。MotoGPもSBKも。これは無理だとかできないと言えば、もうひとり送り込んでくれたりしたのかもしれないけど、でもやっちゃったものだから、会社の側も「あ、できるんだね」ということになって、それが果たしてどれくらいの労働量なのかがわからない。向こうは報告書で送られてきたものしか手がかりがないから。今考えると、それが会社にとっては良くなかったのかもしれない。社員が実際に現場に行って「こんなに大変なんだ」と気づけば、じゃあもうちょっとこういう仕事のしかたにしよう、となったのかもしれないけど、そういうところまで頭が回らない。

――実際にできているんだから、このままやってもらえばいいじゃないか、という。

そう。だからたとえば、「これ、まだ入金がないんだけど、連絡入れてもらってくれる?」と軽いノリで言ってきちゃう。で、オレが請求書をまとめて送って相手とやりとりする。「これ、本来はオレの仕事じゃねえんだけどな……」と思いながらもやっちゃう。翌年の契約金額の交渉なんかも、グレシーニとかLCR（ルーチョ・チェッキネロ・レーシング）とか、ダンティンとかアスパーとか、全部オレがやってた。

――最初の頃は小さいキャンパーのようなサービスカーで回っていましたよね。

その時期、ニッシンがスペインに事務所を構えよう、という動きもあったんだよね。

――それは熊谷さんが現役を引退した後？

最初はイギリスのスラウというところに事務所を作ったんですよ。ホンダUKのF1時代で、ロンドン郊外のウィンザー城の近くだったかな。'95年から探していたんだけど、そのあたりに貸不動産があって、ガレージ付きのオフィスを構えた。そこにいたときにサービスカーも必要だねということになって、'97年くらいからサービスカーを導入したんだったかな。スラウには2、3年くらいいたと思う。

――ニッシンのスペイン事務所は、確かヌマンシアのあたりにありましたよね。

そうそう。よく憶えてるね。

――20年くらい前、たまたまヌマンシアで熊谷さんとばったり出くわしたことがあって、そのときに「この通りに事務所があるんだよ」とおっしゃっていたんです。そんなこともう憶えていないでしょうけれども。

スラウには'97年から3年くらいいたと思う。ニッシンとしてはレースだけじゃなくて量産の仕事も取らなきゃいけない。ホンダの工場がたしかレディングにあったのかな。ショーワと組もうということにもなって、そんな関係でイギリスにオフィスを構えたんだったと思う。一方で、スペインのモンテッサホンダともビジネスの関係があって、イギリスは物価も高いし島国だし大陸にいたほうが輸送代もかからないし、ということで、スラウで3年ほどやったあとにスペインで物件を探しましょう、ということになった。

――その物件探しも熊谷さんがやったんですか？

グランプリでサービスを始めよう、とそもそも最初に言いだした営業の人と一緒に動いて、不動産屋をいろいろ回ったりした。バルセロナには日本人のコミュニティがあって、そのコミュニティで知り合った、今でも名前を憶えているよ、スズキエーコさんという人に仕事として物件探しをお願いして掛け合ってもらった。たしか、911（2001年のアメリカ同時多発テロ事件）の1年くらい前かな。911のニュースはその事務所で見ていた記憶があるから。そのときはマンションにオフィスを借りていたけど、次は工場を借りようということになった。場所は、バルセロナを出てバレンシアに向かって行く途中の高速道路沿いに、すぐ街があるでしょ……？

――シッチェス？

シッチェスまで行かない。その少し手前。高速道路に乗ってすぐ、ショッピングセンターが見えるあたり。

――カステイダフェルスの少し手前くらい。

そうそう。ホテルがあって、スーパーマーケットのアルカンポとかがある、そこの少し先に倉庫兼大きな事務所を作ったんだよ。

――企業としては大きなプロジェクトですね。

工場といっても機械が入ってるわけではなかったけど、UKからの部品を取り寄せて量産向けに組み立てる作業とかをしていて、新しい大きなサービスカーもそこにどーんと停めていた。その生活が5年くらい続いたかな。従業員も4～5人くらいいいたと思う。

――SBKもMotoGPも、ヨーロッパのレースはずっとサービスカーで移動していましたよね。基本的に、ずっと熊谷さんひとりでのサービス業務ですか?

SBKも回っていた頃は、ニッシンから主任研究員クラスの人が来ていることもあったけれども、半分くらいは自分ひとりで回っていたかな。で、「さすがにこんなにたくさんできないから、SBKを別にしてくれ」と会社に話をしている頃、クルツ(125ccクラスや250ccクラスに参戦していたヤマハ系のプライベートチーム)が活動を終えることになって、そこにいた佐伯くん(佐伯智博氏・後出)にお願いしたんだよ。彼はGPの仕事をやりたかったんだと思うけど、無理を言って佐伯くんにお願いした。

――そんなふうに、人との出会いやつながりで仕事が繋がっていくものなんですね。

こっちも現場で人を見ているからね。コネとか忖度じゃなくて、この人なら任せても大丈夫、と見極めてお願いする。佐伯くんも承知してくれて、オレが辞めたあともSBKやMotoGPをやってくれた。自分が引退したのは2014年だけど、辞めるときに後釜を探さなくちゃいけないんだよ。

SBKには佐伯くんがいる。MotoGPには、グレシーニでメカをしていた日本人の人にお願いすることにした。グレシーニの仕事を継続するかどうかというようなことを言っていたので、「じゃあニッシンの仕事をやらない？　オレ辞めるんだけど」ということでお願いした。オレも後釜が決まればすんなり辞められるしさ。そういう意味では、後釜探しはそんなに苦労しなかった。

――ニッシンは、熊谷さんが引退したあとにMotoGPから撤退しますよね。

ニッシンがGPをやらなくなって、佐伯くんもニッシンから他社に移ったので、GPでオレの後任だったその人が、今はSBKや世界耐久でサービスの仕事をしているみたいだね。そういえば佐伯くんは、たしかニッシンの正社員になっていたんだよ。

――へえ。そういう道もあるんですね。

レースサービスの契約から正社員なんて、なかなか難しい話だと思うよ。

――じゃあ、たとえば熊谷さんが正社員になる道があったとしたら、なっていましたか？

ないな。そういう縛られた仕事はオレにはできないから。

――正社員になると、安定している反面、人事異動でグランプリの担当ではなくなってしまう可能性もあるわけですからね。

たとえば30歳でそう提案されれば、正社員になったかもしれない。でも、社員になったとしても会社を辞めていたと思う。オレにはやりたいことがあったし、社員は安定していてリスクがないのかもしれないけど、それは逆にオレにとってリスクになるわけだから。

——熊谷さんとしては、パドックからいなくなる可能性のほうがリスクである、と。

そういうことだね。引退したときも、レースをできなくなる寂しさはあったけれども、やるだけのことはやったから。

——やり残した感はないですか？

ない。むしろやりすぎちゃった（笑）。こう言っちゃ悪いけど、ニッシンはやはりレース屋さんじゃないんだな、と思ったこともあったよね。レースに自分が求めていること、たとえばこうあるべきだしこうあってほしいしこうやりたい、と思っていたとしても、それは叶わないんだな、ということがある時期にわかった。

——でも、レースが本業の会社ではないからこそ、熊谷さんの裁量でいろんなことを自由にできた側面もあったのでは？

それはたしかにそのとおりだね。これがもし、レース会社で優秀なレース屋さんたちがいっぱいいたら、自分の思いどおりになんてきっとできなかったと思う。簡単に言えば、ニッシンにはレースのノウハウを持っていて仕事を進めていく人がいなかったからこそ、自分に仕事が回ってきて、自分の裁量が活かされたんだと思う。それは間違いないね。

——いろんなチームが「じゃあニッシンを使ってみよう」と採用していったのは、製品性能ももちろんあると思うんですが、これは熊谷さんを前にしているから言うわけじゃないんですが、それまでずっと付き合ってきたヨシ・クマガヤという人物に対する信頼、という要素もあったのでは？

それはニッシンの人にも言われた。どんなに偉い人が行って「金出すから使ってよ」と言ったところでそうはいかない。レースの現場ってそういうもんじゃないよね。当時、GPの現場にいた自分よりも古い人って、もうそんなにはいなかった。ギー（・クーロン：フランス人の伝説的メカニック）さんとか、ロジャー（・ファン・ダー・ボート：ホンダファクトリーチームで長年仕事をしてきたレースコーディネーター）とか、すぎさんとか。あとはアプリリアで2ストローク時代からずっとやってる人たちとか、せいぜいそれくらい。こないだ3年ぶりの日本GPでもてぎに行ったら、アプリリアのチーム・アブルツォにいたおじいちゃんのメカ、マウロが握手しに来てくれた。ああ、憶えていてくれたんだ、と感動したよ。

会社からも「ニッシンの顔としてお願いします」と言われたことがあった。チームの側も、ハッキリ言ってしまえば「性能はブレンボのほうがいいだろう」と考えていたと思うんだよ。だけど、こっちは徹底的にああしようこうしようと誠意を持って取り組んできたからさ。ニッシンを高く評価してもらうために、それだけ熱意を込めてやってきたつもりなんだよ。

――サービスカーの中でオーブン使って焼いたりとか、いろいろしてましたもんね。

ゴムに焼きを入れて、〈焼き鈍《なま》し〉なんてやってたな。それだけでは解決しない問題もいっぱいあるんだけど、わずか0・001㎜でも指で操作することだからわかるんだよね。焼き鈍しをしてならしをする。新品だと張りがあるけど、熱を入れて冷まして、と何度もやって何回か走行したようなフィーリングに持っていく。ライダーに合うフィーリングに持っていくためには、いろんなことをやったよ。それだけいろいろ工夫してやってきたのに、GPから撤退になったときは、やはり寂しいものがあったよね。今まで蓄積したものがなくなってしまうわけだから。スズキじゃないけど、一回辞めてしまうと立ち上がるのがものすごく大変だからさ。

——熊谷さんが引退した後、グレシーニはホンダからアプリリアに移ってニッシンを使わなくなりましたね。

グレシーニ側は使いたいと言ってくれていたらしくて、すぐに回答がほしかったみたいだけど、日本の回答が曖昧だったらしい。レースの現場と日本はスピード感が違うでしょ。だから、おそらく現場は待てなかったんだろうね。それで話がなくなったということは聞いた。ファウスト・グレシーニがコロナで亡くなったと聞いたときは悲しかったなあ。いちばん悪い時期に感染してしまったよね、ワクチンがあればきっと助かったんだろうに。

——熊谷さんがサービスカーでレースを転戦していた頃は、たしかクルマの中で寝泊まりしていましたよね。

やがて待遇改善でホテルで寝るようになっていったけどね。ＩＲＴＡもパドックで寝泊まりするのを推奨しなくなっていったし。

——125、250がMoto3、Moto2になって、中小排気量の選手はキャンパーで寝泊まりするのではなくサーキット外のホテルに宿泊するようになっていった時代ですね。

パドックではバーベキューをするなとか、洗濯物を干すなとか、ＩＲＴＡも厳しく指導するようになっていった。でも、ジェフに「パドックマネージャーかなんだか知らないけど、おまえだって昔はパドックで洗濯屋やってただろ」って言いたくなっちゃうよね。

――今の若いロードレースファンは、チームのホスピが林立する華麗な姿やピットボックス裏にトレーラーがずらりと並ぶ重厚長大な雰囲気はテレビで見慣れているかもしれないけれども、レースにサイドカーのカテゴリーがあったことも知らないかもしれないし、パドックに選手たちのキャンパーがたくさん停まっていて洗濯物を干していたり、そこでバーベキューをやったり選手の子供たちがビニールプールで遊んでいた風景があたりまえだったことを、もはや知らないかもしれないですね。

そうだろうね。特にサイドカーなんて専門メカがいたわけでもないし、当時は2ストローク時代だから、オレたちライダーがエンジンを開けて調子を見てマシンのセットアップをして、夜が明けてきた頃に「ああ、ちょっと寝なきゃ」なんてことがあたりまえだった。それに比べると、ニッシンの仕事はいくら大変だといっても「現役時代にこれくらいのゆとりがあればよかったなあ」なんて思ったりもしたよ。

MotoGP時代になって感動的だったのは、(アルバロ・)バウティスタとか(マルコ・)シモンチェッリもそうだけど、KR時代だなあ。ジェレミー・マクウィリアムスとか青木宣篤とか、非力なマシンでもポールポジションを獲って、面白いことがあったよね。KRでは、たしかケニー・ロバーツJrが4ストのバイクで表彰台に上ったことがあったんだよ。カタルーニャだったかな。

――KR211Vの時代。

そうだそうだ。RC211VのエンジンでKRのフレーム。あのときはすごく面白かった。チームも試行錯誤をしていて、オレたちも本気だったからなあ。表彰台に上ったときに、ケニー・ロバーツJrに「ありがとう」と言われたときの感動は今でも忘れないね。こっちとしては「ブレーキが良かったから勝ったんだ」と言ってほしいんだけど、それはないからね。ブレーキというものは良くてあたりまえの部品だから。だけど、ケニー・ロバーツJrの表彰台はすごく感動的だった。あの年、ジュニアは何回か表彰台に上がったよね（カタルーニャGPとポルトガルGP）。ニッシンとしてはMotoGPの優勝を目指していたけど。

――マルコ・シモンチェッリは2位でしたっけ。

そうだね。ブルノで3位になって、オーストラリアで2位。あれも感動したね。それで、「よし、次こそ優勝だ」というときにセパンのあの事故で……。ショックだったね。オレだけじゃない。イタリア人は皆、憔悴《しょうすい》していたよ、あのときは。

こうやって話しているといろいろと思い出してくるけど、まだまだいっぱい思い出はあるよ。

――KR時代やグレシーニでいい思い出はたくさんあるでしょうけれども、理不尽な思いもいっぱいあったのではないですか。

あったねえ。サービスカーが車上荒らしで盗難に遭って、フランスからスペインに入ってすぐのところでパソコンやテレビの電気製品を軒並みやられて、「あー、もうやってらんねえ……」なんてこともあったよね。警察に飛び込んでも、書類だけは一応書いてくれるんだけど真剣に取り合ってくれなくてさ。そういうのは数回あったな。

――そのような経験の辛さは、なかなか日本にいる人には伝わりにくいですね。

あれはホントにすっごく気持ちが凹むよね。話は前後するけど、現役時代にチェコのブルノのレースが終わってオレひとりでトラックを運転しているときに高速道路でドカン、ってピストンが割れてエンジンがストップしたこともあった。アウトバーンで路肩に停めて、レスキューに電話して、フランクフルトのメルセデス本社に引っ張っていってもらったら「エンジン交換です。150万円かかります」ということで、日本に電話してカネを段取りしてもらった。当時は貧乏ライダーだから、メルセデスの工場の中で二晩くらい過ごしてさ（笑）。でも、レースは一戦も欠場しなかった。なにしろ結果を残さなきゃいけない、という思いがすごく強かったから、そのときも、いつも世話になってるコブレンツ近くのモーゼル川沿いにあるキャンプ場に電話してメルセデスの工場まで迎えに来てもらって、それでなんとか次のレースに間に合った。

――当時は大きなケガなどはなかったんですか。

'94年のホッケンハイム。10台くらいの集団でトップグループを走っていて、前がスピンしたのでブレーキしたんだけれども間に合わなくて、大クラッシュになった。サイドカーが舞い上がって、マシンは大破。それでパッセンジャーをしていたイギリス人が亡くなってしまった。4〜5時間して病院に行ったんだけど、ほぼ即死状態ということだった。次のレースまで2〜3週間あったのかな。悲痛な思いで葬式に行くと、「なんで日本人が死なずにイギリス人が死んだんだ」なんていう声も聞こえてきた。レースを引退するかどうするかという心境になったけれども、「おまえのせいじゃない」と言ってくれる人たちもいたので、よし、と思ってそのままスイスへ飛んで、ほぼ全損状態だったマシンを2日くらいかけて修復して、次のレースに出た。そのときに「おれがパッセンジャーをしてやる」と言ってくれる人がいて、さすがだな、と思った。おまえは帰れ、と言う人はひとりもいなかったよ。あのときは、十数年レースを走ってきた中でも最悪のレースだったけれども、周囲の人たちや友人たちに本当に助けられた。

――熊谷さんも、自分を責めたでしょう。

ふつうならそこで辞めてしまうのかもしれないけどね。でも、いろんなものを犠牲にして自分はここまでやってきて、簡単に捨てられるようなモノじゃないんだよ。これが人のコネか何かでやって来てチョコチョコっと走って、いい思いだけをしてきた結果で起きた事故だったら、「ごめんね」って言ってあっさり辞めちゃうのかもしれないけど。それこそ、ライセンスだって1億円お金を積んでも買えるものではないわけだから、そこはもう、続けたよ。

5年くらい前に、イギリスのブライトンへ墓参りに行って来たんだ。友達のサイドカー仲間に案内してもらって。やはりオレの中では、あのままじゃすっきりしなかったし、仲間を亡くしたことは取り返しのつかないこととして自分の心にずっと残っていたから。

世話になった人は、本当にいっぱいいるんだよ。フェイスブック仲間もいっぱいいるし、コロナが落ち着けば、みんなを集めてイギリスでパーティをやりたいなあ。

——パドックの仕事は一般社会の仕事とは違うな、と感じたことはありますか？

やっぱりね、人の命を預かる仕事なんだよ、ブレーキだから。いちばん見るのはピットに入ってきたときのライダーの顔つき。いつもドキドキしながら見てる。で、何も言わないで椅子に座ると、「あ、ブレーキは大丈夫だな」とホッとする。ところが、何も言わなくても、訊ねると言い出すんだよね。タイムが出ないとライダーは何かに原因を持っていく。「オレは悪くないけど、何かおかしいぞ」と。いつもブレンボと比較されるんだけど、ニッシンを使っているライダーってだいたいブレンボを使ってきた選手ばかりなんだよね。いきなりニッシンというライダーはあまりいない。ニッシンのいいところをうまく引き出せている選手からは、あまりコンプレインが出てこなかったな。シモンチェッリなんかがそうだった。訊ねても、「ブレーキ……？　うん、特に大丈夫」というコメントが多かった。彼は自分でうまくコントロールして使ってしまう。だから、すごく技術力のある選手だったよ。

あと……、ああ、思い出した。このブレーキは絶対に乗れない、って言ったのが125ccと250ccでアプリリアに乗っていたアンドレア・バレリーニ。「オレはこれ、ダメだ」ってひとこと。彼なりの許容範囲があって、そこにすごく厳しい選手だったたね。彼はついにニッシンには乗れなかった。ごめんなさい、と思ったね。

——ニッシンは、コントロール性がすごくいい、という評価をよく耳にします。

レバーの安定性がいい。いつも同じ位置。それが売り物だったけど、でもそれっきりじゃダメで、マシンもどんどん変わっていくしサスペンションもどんどん変わっていく。ニッシンはそれに対応しきれなかった。ショーワでもオーリンズでも、だいたいのサスペンションはブレンボでセッティングされているんですよ。そこにブレンボじゃなくてニッシンを装着するときは、ホントはサスをいじってほしいんだけど、いじらないからね。サスってすごく繊細なモノだから、ブレーキで合わせなくちゃいけないんだけど合わない。ブレーキをかけたときのフォークの沈み込みかたとか、リリースしたときの伸びかたとかが合わなかった。

――そこでサスを少しいじってくれれば、もうちょっとニッシン寄りになっていいところを引き出せていたのかもしれない。

そういうことだね。なぜそうなるのかというと、市場占拠率なんだよ。小さい頃から125ccや250ccでニッシンを乗りこなしてきていれば、チームにもニッシンに対するサスのセッティングをしてもらえる。ショーワだってオーリンズだってWPだって、たくさんあるほうにセッティングを合わせていくのは当然だよね。そこがやっぱり、ニッシンが伸びなかったひとつの理由としてあるのかもしれない。自分がサス屋ならサスをいじるけど、そんなことは絶対許されないし、サスが悪いともこちらからは絶対に言えないし。

――もどかしいですね。

だから、ニッシンとショーワが少し組んだこともあった。MotoGPでグレシーニのときかな。ブレーキって停めるだけのものじゃなくて、曲がるブレーキにもしなきゃいけない。それを、ブレーキだけじゃなくてサスの特性でも調整していく。サスってやっぱりブレーキにとっても重要なんだよ。

オレはそんなにサスのことは詳しくないから、あまり言えないんだけどさ。

――だからこそ、市場占有率が大事なんですね。

そう。だから、もうちょっと台数を増やしましょうよ、ということをオレはよく言っていた。ヤマハは無理にしても、ドゥカティとか250ccのアプリリアとかね。それで一時期は最高で30台くらいまで行った。パドックを端から端までよく歩いたな、あの頃は。

――ダニ（・ペドロサ）もそういえば、ニッシンを使っていましたよね。

125ccでチャンピオンを獲る年ね。あ、それでまた思い出した。チーム監督だった（アルベルト・）プーチが怒ってきてさ。「こんなブレーキダメだ！」と言って。

――雪隠詰《せっちんづめ》めにされたときですか。

そう、そのとき。予選でブレーキパッドにバリが出たんだよ。摩擦の影響で表面がちょっと剥がれて、それが原因で「なんかおかしい」ということになって。事実上のファクトリーチームみたいなもんだったから、オフィスでプーチやHRCの人たちにいっぱい囲まれてさ。で、それを修正して違うヤツを入れると言ったら、プーチが「そんなのじゃダメだ、新品を入れろ」と。「新品なんか入れたらならしが終わってないから余計にダメになる、ちゃんと研磨したこっちを入れるから」と説明してさ。その後の予選では、たしかポールを獲ったのかな。決勝レースでも最初はトップで走ってたんだけど、ずるっ、ずるっ、とどんどん順位を下げてきて、最後は6位でゴールした。オレはもう心臓バクバクだよ（笑）。で、また呼ばれてオフィスに行ったんだよ。それでまたみんなに囲まれてさ。あとで原因を聞いたら、じつはブレーキじゃなくてステアリングダンパーのネジが緩んでたか何かで、その担当者は次のレースではいなくなってた。オレは「あーよかった。ブレーキはなんともなかった」って思ってさ（笑）。たしか、次のセパンでダニはチャンピオンを決めたのかな。そのときはプーチが「ありがとう」って向こうから握手を求めてきてくれた。もてぎでいじめちゃったから申し訳ない、ということもちょっと頭の隅にあったのかもしれないね。

チャンピオンになったから良かったものの、あのときのもてぎはほんと、寿命が縮まったよ。申し訳ないけどHRCとやるのはイヤだな、と思った（笑）。でも、そんなところに契約社員を送らせて解決させようということ自体が、会社としてはまずいよね。ちゃんとした技術の人が来て対応するならともかく、イヤなことはぜんぶオレに丸投げしてさ。

――フィールドエンジニア兼レースサービス兼請求書書き兼契約交渉までしていたわけですからね。

結局、MotoGPの世界に精通している人間が部署にいなかった、ということなんだよね。慣れてきたと思ったら異動で別の部署に行かされる。それが会社というものだよね。これがたとえばHRCのようなレース会社で専門部署があるならともかく、そうじゃないから。だから、ニッシンの中でもオレのしていたことを完璧には把握していなかったと思うよ。現場で見ているわけじゃなくて、こっちから書いて送る報告書を見ているだけだから。

会社の立場としては、ヘンに仕事を増やしたくないというのが本音だったのかもしれないよね。自分の時間を犠牲にして給料をもらえなくてもGPに行きたい、という社員が、きっといなかったんだよ。オレだったら「おまえ、そんなことしたらクビになっちゃうぞ」と言われても「いいですよ」って現場に行っちゃうけどね。そういう元気のあるヤツがいなかったのかな。

――たしかに、自分の腕一本でパドックを渡り歩く職人のような人たちを見ていても、日本人は若い世代がいないですね。

そうだね。レースのいろんなことは現場に行かないと、たとえばもてぎを見てるだけじゃわからないから、なかなか人が育っていかないでしょ。車上荒らしとかロストバゲージとか道に迷ったとか、サーキットに着くまでの苦労が8割、ということも含めてのグランプリだからね。

――レースサービスの仕事をしている時期は、苦労しているという思いのほうが強かったですか？

そうだねえ……、楽しめることなんてまずなくて、とにかくこのブレーキで成績を収めてもらいたい、トラブルなく走りきってもらいたい、というその一心だったね。ただそれだけ。

――そんなに苦しい思いや辛い思いばかりしているのに、熊谷さんはなぜパドックに惹きつけられ続けたんでしょう？

やっぱり、表彰台に上ってもらいたい。自分がレースをやっていて表彰台に情熱を注いできた、その続きだよね。現役時代の続きだと思ってやっていたのかな、きっと。

表彰台っていろんなものがすべて噛み合わないと達成できないし、ブレーキはその中の部品のひとつだから、絶対にミスはあっちゃいけない。結果を残せば自然と人は認めてくれるし、「ニッシンのブレーキを使ってみたいな」と言われた瞬間には「よし、やってやるぞ」と気力も湧くよね。だから、ただレースが楽しいとか、そういう単純なものじゃない。だって、レースの最中はずっとハラハラして緊張しっぱなしだもん。

緊張感は常にあるよ。でも、これがいつも同じように時間が過ぎていくのなら、面白くもなんともない。朝のフリー走行から常に勝負をしている。ライダーからいいコメントをもらえたときには、「あぁいうふうにやったことが良かったんだな」と気持ちの中で噛みしめることができるし、チーメカと今日の仕様はどうするというやりとりで押し負かされて、その結果、レースでうまくいかなかったときなんかは「どうしてあそこでもう少し強く主張しなかったんだろう」と反省もするし。いつもそんな試行錯誤の繰り返しだよ。ファクトリーとのやりとりでは神経をすり減らして、辞めたいとは思わないまでも憂鬱な気分になって「ああ、もうやだなあ……」と思うことだって何度もあったしさ。サーキットに行って、気の緩むことは一度もなかった。

だから、パドックの端から端までよく歩いたよ。モトクロスをやっていた頃からすでにボロボロだったから、今は膝がもう限界になっていてさ。半月板がほぼなくなって軟骨も減っていて、けっこうヤバい状態みたいだね。そろそろ人工関節かなと思って、例のＡＣＵの推薦状を書いてくれた主治医に相談したら「まだもうちょっとは大丈夫だよ」って言われた。でも、たぶんいずれは人工関節だね。

――その整形外科の先生に出会っていなかったら、どんな人生だったでしょう？

出会わなくてもヨーロッパでレースをするためにいろいろと試行錯誤をしただろうけれども、きっとかなりの苦労をしたと思う。行けなかったかもしれないよね。その先生の別荘が八ヶ岳にあって、そこに年に何回か遊びに行くんだよ。そのときは膝の話はしなくて、クルマとバイクのことだけ。
でも、その先生がいたからこそオレは海外に行けて、結果的にニッシンの仕事もできることになって、
そして60歳で引退した今もやっていけてる。もとをたどれば、すべてその先生のおかげなんですよ。

▶1985年、欧州選手権参戦当時の熊谷氏。(本人提供)

▼プロトンKRにブレーキを提供していた2003年、ムジェロサーキットにて。(著者撮影)

2

おれの仕事はきれいな視界を保つこと――長谷川朝弘

自分はずっと行き当たりばったりの人生で運だけでここまでやってきた、とヘルメットサービス技術者の長谷川朝弘さんは笑いながら話します。長谷川さんと知り合ったのは、ヘルメット技術者になる以前にグランプリパドックでSHOEIのサービストラックでコーディネーターをしていた時代ですが、ライダーたちと交流する様子を横から見ていても、大きな体格から想像する以上に繊細な気遣いの持ち主であることは充分に窺えました。

「運だけで生き延びてきた」と話す半生についても、冗談交じりの謙遜かと思いきや、話を聞いてみればたしかに様々な人との出会いや巡り合わせが人生の岐路を左右してきたようです。年季の入ったバイクファンなら、キルロイ、という名物雑誌編集者時代のニックネームを聞けばピンと来る人もいるかもしれません。まさに波瀾万丈の半生は、そのキルロイ時代に遡ります。

――運だけでそれだけの仕事をしてくるのはムリだから、謙遜して言ってるんでしょう？

いや、ホントにまったく運。将来のビジョンも何も考えずにずっと生きていて、その時々に目の前にあったもの、準備されたものにしがみついてきただけなんですよ。キルロイという古い綽名《あだな》の理由とも繋がるんですけど、もともと工業高校の電気科というところにいて、電気関係の仕事に就ければいいかなと思ってたんですよ。当時からバイクは好きで乗ってて、バイク雑誌でも『ミスターバイク』は他とは違って週刊誌っぽいネタもやっていたので……。

――ミスターは中綴《なかと》じだったし、たたずまいも独特でしたよね。

そう。カッコいいなあ、と思って憧れながら読んでいて、当時は編集部へ遊びに行く読者の人たちがたくさんいたんですよね。自分も高校時代に、（東京は大田区の）雪が谷の編集部に月に１、２回遊びに行くようになったんですけど、その版元の東京エディターズは『ラジオマガジン』という雑誌も出していて、編集部の人たちが遊びにきた連中に「誌面に載っけてやるから、なんか一発芸やれよ」みたいにけしかけていて、自分も毎月、一発芸の写真なんかを持って行ったりしてたんですね。当時はスキンヘッドにしていて、アメリカの"Kilroy was here"って有名な落書きがあるじゃないですか。あれも坊主頭だから、そこからキルロイと名乗るようになって、どこかに行ったときには悪戯《いたずら》書きでそれを書くようになった。だから、半分は自分でつけたような名前ですね。それで、東京エディターズに入ってからもそのまま、そのキャラクターでいたんですけど。

――東京エディターズに入った理由は何なんですか?

高校を卒業するときに、池上通信というカメラを作っている会社に学校斡旋で就職が決まっていたんです。そのちょっと前にミスターの編集長から「今度新しい雑誌を出すんだけど、人数足りないんでやってみない?」と言われて、それは面白そうだなと思ったから、池上通信に「すいません、就職できません」って謝りに行った。そしたらすぐに学校に連絡が行って、卒業取り消しとか言われちゃったんだけど、味方になってくれる倫理社会の先生がいて、最終的に卒業もできて入社もとりやめにしてもらった。それが入社式のちょっと前です。

だから、最初からそもそも行き当たりばったりで、すでに道が決まってたのに面白そうなモノが出てきたから、「じゃあこっちに行っちゃおう」といってミスターに入ったんですよ。

――ミスターは、社員として入ったんですか?

おれが入る前は、3ヶ月無給、3ヶ月バイトで、全員のOKが出ると社員になれる。社員にしたくないという人がひとりでもいると、そいつは一生社員になれない。そういう暗黙のルールがあったんだけど、ちょうどおれと同時期に入った新人が、自分を入れて3人いたんですよ。そのときに、古いしきたりはもうなしにして、3ヶ月経ったら社員にしてやろう、ということで社員になれたんです。

――それが何年？

1984年ですかね。工業高校卒業だし文才もないし、入ったところで文章なんて書けないわけですよ。だから雑用とかおハガキの整理とか読者コーナーのちょっとしたことをやったりしてたんだけど、新人で何もできないのに帰ってどうすんだという雰囲気で、帰りたかったけどなかなか家に帰れなかったですね。でも、風呂も冷蔵庫もキッチンもなんでも揃ってたから家に帰らなくても生活できたんですよ。で、あるとき会議で、実験くんみたいなことをやったら面白いんじゃないかということになって「知ったかハウツーのウソ・ホント」というコーナーのキャラクターとして、カストロールのオイルで天ぷら揚げたら食えるか、とか、牛革のグローブを煮たら食えるか、とか、その誌面に出るキャラクターとしてやっていたんですけど、文章はいくら書いても採用されなくて、それで2年8、9ヶ月くらいで編集部生活は終わっちゃいました。それが'86年の10月。その少し前に、やはりエディターズ出身の中尾省吾という人がいて……。

――てっぺーさん。

うん。当時、てっぺーさんは西海岸にいて、たまに日本に帰ってきたときに編集部に来たりして、なぜかかわいがってもらってたんです。同じ工業高校卒業ということもあったのかもしれないけど。で、仕事はできねえけど人生修行も必要なんじゃねえの、ということになって、てっぺーさんの知り合いの運送会社が西海岸のロサンゼルスにあるので「そこで半年でも修行してくればいいじゃんよ」と言われて、このままここにいてもしようがないし行っちゃおうかなと思って編集部の人に「アメリカに行きたいけど金がないんですよね」と言うと、よしわかった、つって周囲の人たちにも声を掛けてくれて、それで25万円くらい集まったんですよ。で、そのカンパで大韓航空の往復チケットを買ってアメリカに行ったんです。

――長谷川さんは昔からアメリカが好きだけど、当時からやはりアメリカには憧れがあったんですか？

うん。やっぱり（映画の）『イージーライダー』のイメージで、自由だな、ハーレーかっこいいな、と思っていたから、行ってみたいと思ってましたね。編集部の社員旅行でもハワイに行ったし、読者ツアーでグランドキャニオンにも編集部からの引率として行かせてもらったりして、「ああ、やっぱりアメリカはカッコいいなあ」という憧れはありましたよね。

で、アメリカに行ったわけだけど、英語なんてまったく喋《しゃべ》れなくって、でもとりあえず行きゃあなんとかなるかな、日本人の会社だし、くらいに軽く考えてました。半年で帰る予定だったし。

――就労ビザで行ったわけじゃないんでしょ。

超法規的措置（笑）。行って半年で帰るはずだったから、人ん家の物置に住んでいたんです、家の裏の。お金がないから1日5ドルで泊まらせてもらっていて。会社は日本の運送会社の下請けで、日本行きの荷物を集めてきて空港へ持って行くような仕事をしている会社だった。朝9時から夜の8時9時まで働いてましたね。で、火曜と金曜はウニを日本に運ぶんですよ。（カリフォルニアの）サンタバーバラでメキシカンが海に潜って獲ってきたヤツを発泡スチロールに詰めて、トラックで運んで飛行機のコンテナに詰めるんですけど、並べ方がけっこう難しくて、崩れないように並べて積まないといけない。その作業が夜中の1時とか2時までかかるんです。そういうことをやっていて、給料は最初は月500ドル。4年間いたけど、最後は1500ドルくらいだったかな。土日に引っ越しの仕事が入れば、それもやらなきゃいけなかった。

英語はまったく喋れなかったけど、行って一日中トラックを運転してるから、3ヶ月で耳が慣れてきて、その次の3ヶ月で自分がそれを流用してパズルみたいに言葉をハメて、ちょっと話せるようになってきたかな、みたいな状態でした。

で、その頃に、なけなしのカネで買ったラジカセとパスポートを盗まれたんですよ。あちゃー、と思ったものの、まあいいか、とほったらかしにしていたんです。でも、なんとなくちょっと日本に帰りたくなっちゃったなあ、という思いが出てきて、日本領事館に行ったんです。

「何してるんですか」

「ブラブラしています」

「いつから?」

「もう半年以上前からです……」

「では、とりあえずパスポートの発行はしましょう。でも（アメリカの移民局に）見つからないうちに早く日本に帰ってくださいね」

と言われて再発行をしてもらえたけど、それからさらに3年いたのかな、日本に帰らずに。

――その3年間は、どういうことをしていたんですか。

帰りたいなと思った理由は、当時交際していた彼女が日本にいて、離ればなれになっていたからなんですが、その運送屋の社長に「今のままの状態で帰ってどうするんだ。1年足らずで日本に帰ってもなんにもなんねえだろ。もうちょっと自分を見つめなおせ」と言われて、しかも彼女には半分ふられかけのような状態だったから、この子のために帰ってもしようがねえなと思いなおして、残ったんですよね。でも、アメリカに残ったけど何の目標もなかった。永住権を取れればいいなとも思ったけど、取って何をしようというわけでもなかったし、ずっと気候もいいから、なんとなく時間が経っちゃった、みたいなかんじでしたね。

金を稼ぐならレストランで働けばチップももらえるし稼げるんだけど、就労ビザで滞在しているわけじゃないから正規の仕事はなかなかできない。でも、この運送屋さんだったら倉庫にいるアメリカ人たちとのつきあいでだんだん言葉もわかるようになっていたし、あと、年に1回か2回、大きい引っ越しの仕事で西から東、東から西へ横断させてもらえたんですよ。何も考えないでも楽しく生きて行けた。結局、20歳から24歳までそこにいました。何も考えていないけど、楽しかったですね。

――ノリックと知り合ったのもその頃ですか。

日本のバブルが終わりかけの頃で「日本は楽しそうだなあ、帰ろうかなあ」とか思ってるとてっぺーさんから連絡があって、「阿部光雄さん知ってるだろ。その息子が今度アメリカに行くから面倒見てやってくれよ」なんて言われたんですよ。阿部光雄さんは存じ上げてたんです。ミスターバイクにいた頃に取材をしたこともあって。だから、「阿部さんは知ってるけど息子の世話なんていやだなあ、日本に帰りたいですよ」と言って日本に帰ってきた。あのときにそのまま残っていればノリックの面倒を見ていたんでしょうけど、てっぺーさんがやっていたような、レースに連れて行って人生修行をさせるということはおれにはできなかったと思います。

――じゃあ、ノリックのアメリカ修業時代には絡んでいない？

絡んでないですね。出会ったのは自分がＳＨＯＥＩに入ってちょっとして、ノリックが全日本を走るようになってからです。

――アメリカ時代が終わって日本に帰って、どういう経緯でＳＨＯＥＩに勤めるようになるんですか？

10ドルしかない状態で日本に戻ってきて、親の実家に住みながらおしぼり屋さんのアルバイトとか夜の印刷工とかで食いつないでいて、銀座にある海運会社が人材募集をしているのを知って試験を受けてみることにしたんです。じつはその試験を受けるちょっと前に、てっぺーさんが、「ＳＨＯＥＩに知り合いがいるから声かけて聞いてみるよ」と言ってくれていて、履歴書と作文を書いて送れということだったので、ファクスで送ったんですよ。だけど、２ヶ月ほど経っても何も連絡がなかったので、それで海運会社に応募したら受かった、という経緯だったんですね。そこで働こうと思っていた矢先に、今度はＳＨＯＥＩから電話が来て、面接に来てもらいたい、と。で、「仕事はすでに決まっているんだけど、面接くらいならまあ行ってみるか」と思って行ったら、「キミはいつから来ることができるんだ」という話で採用が決まって、それで海運会社のほうに謝ってＳＨＯＥＩで働き出した。

ＳＨＯＥＩでは広報宣伝課で、元ミスターバイクという経歴もあったので、雑誌回りの広報担当者として仕事をすることになりました。サラリーマンは初めてだったけど、辛かったですね。先輩に連れられて朝から外に出て、まず最初にすることは、先輩が青山墓地で寝るんです。それに付き合って、昼過ぎくらいからぼちぼちと雑誌の編集部に顔を出しに行ってちょこちょこと話をして、早く帰ると社長がいて怒られるから社長が帰った頃に会社に戻ってタイムカードを押して帰る、という日々でしたね。人情味のあるいい社長だったので、今もその人は尊敬しています。

入社したのは１月だったけど、３月には出張でデイトナへ行かされた。「キミは英語がわかるんだから行ってきなさい」と言われたんだけど、英語といったってビジネス英語ができるわけじゃないんですよ。でも、せっかく行かせてくれるんだから、ということで行ってきました。

６月には自転車のヘルメットを作ることになって、アメリカで作ったほうが安いということで「工場長として行ってきなさい」と言われて行ってみたら、現地では「自転車のヘルメットなんて、そんな話は何も聞いていない」ということで全然話が通ってなくて、「でもせっかく来たんならしばらくいなさい」ということで、仕事は毎日倉庫掃除。それで３ヶ月が過ぎて、帰国したら手当とかなんだかんだで結構な報酬をいただいた記憶がありますね。

――それが'90年代の初期くらい？

'86年の10月にアメリカに行って'90年の10月に日本に帰ってきて、翌年の１月からＳＨＯＥＩに行った。会社が会社更生法を出したのが、入社して１年もしない時期だったと思います。会社更生法で銀行が入ってきてからは、元社長の鎌田一族や関係ある人はどんどん辞めさせられたり辞めざるを得ない状況に追い込まれたりしたけど、おれは特に社長と関係が深かったわけでもないので生き残ることができたものの、社内では常にハブんちょ席でしたね。

――そこから先は？

工場にレーシングの技術者がいて、契約は本社でまとめていたけれども、企画広報宣伝で全日本のライダーや海外のライダーの契約交渉をやることになって、全日本はおれの上司がやっていたんだけど、じゃあ海外は、ということで、長谷川がやればいいんじゃないの、ということになって、年に何回か海外へ行くようになったんですよ。インドネシアGPがあった年でした。

――セントゥール？

そうそう、セントゥール。'96年だったか'97年だったか、それが初めてのグランプリです。(アルベルト・プーチの契約書とかを作ってましたね。細かい交渉は工場のレーシングサービスの技術者がやっていて、おれは決まったことを打ち込んでただ書類を作っていただけなんですけど。セントゥールでは特に何をしていたわけでもないんですよ。視察を兼ねた出張、みたいな。当時のSHOEIで現場のサービスマネージメントをしていたのは女性の担当者で、オーストラリア人のサービス技術者がいて、おれはそれにくっついて行っただけです。SHOEIが決めた契約金額を自分でどうこうできるわけでもないので、あらかじめ言われた金額を向こうにただ提示するだけで、そんなの交渉でもなんでもないんですけど。でも、セントゥールに行ったときはそれもなくて、ホントにただの視察だったかな。

——当時から、グランプリに行きたいという気持ちはあったんですか。

全然。むしろ当時は土のほう、モトクロスとかスーパークロスとかが好きでしたね。ロードレースは選手がちょっとセンシティブで、集中しているときは近寄れないという雰囲気だったけど、モトクロスの場合はエイヤッ、みたいなところがあったので、付き合いやすかった。スーパークロスの選手たちが日本へ来たときには、一緒に遊んだりもしましたね。

——当時のスーパークロスは日本でも大きいイベントで、後楽園球場とかに特設コースを作って開催していましたもんね。

後楽園、神宮、西宮球場、福岡ドーム。あちこちでやってましたよね。そこも担当の技術者がいるので、おれは選手の注文を聞いて橋渡しをして、じゃれあったりするような程度でした。

——では、長谷川さんはもともとロードレースがすごく好きでグランプリに行きたい、と思っていたわけでは全然なかったんですね。

そこもやはり成り行きというか、流れ、ですね。

——でも、結局はそのままパドックに居着いちゃったわけですよね。

ＳＨＯＥＩに入ったのが'91年で、それから正社員で在籍していたんですが、２００１年頃にグランプリ担当の女性がそろそろ現場を引退したい、と言っていて、彼女が作ってきた人脈などを考えるとこの人物は重要だ、そういう人がいなくなっちゃうのは困る、ということになったんです。その当時の業務サービスはすべて城北ホンダオート（Ｊｈａ）さんにお任せしていて、その女性はＪｈａの契約だったか社員だったかという立場だったんですよ。だから、そのときのＳＨＯＥＩの直属の部長が、「ちょうどいいから、長谷川くんも出向でＪｈａに行けばいいじゃないか。今と立場は変わらないし給料はＳＨＯＥＩから出すので、レースサービスをやってくれないか」ということになった。じゃあまあ、やってもいいかな、と。

その頃は、ロードレースも楽しいな、華やかでいいな、とちょっと思い始めていた時期なんですよ。ノリックもいたし。そういうこともあって、じゃあ行きます、ということでＷＧＰのヘルメットサービスをすることになりました。当時の自分は技術者じゃなかったので、前任だった女性の後任というか、コーディネーターみたいな役割ですね。ヘルメットのサービス業務やメンテナンスなどを担当してくれる技術者はべつにいて、いろんな事情で何人か入れ替わっていったんですが、その途中には自分もＪｈａの出向ではなくてＳＨＯＥＩから仕事を請ける形で小さな有限会社にして受注する格好にもなったんです。最後は自分ひとりになって、これはおれが技術者になるしかないな、と思って始めたんですよね。それまで人がヘルメットサービスの仕事をやってるのをすぐ近くで見ていたから、こうすればいいのかな、というのはなんとなくわかったけど、ただ見ているのと実際に自分がやるのは大違い。でも、初めてだけどやるしかねえか、ということで始めた。

――ＳＨＯＥＩがトレーラーを導入したのはいつ？

２００１年からかな。ＩＲＴＡの規則だったか何かで、みすぼらしいクルマではなくてどんどん大きくしろ、というようなことで、それまでは10メートルくらいのトラックを使っていたんですけど、「でかくしないと現場で生き残れません」とSHOEIに言って作ったんですよね。

――大きなトレーラーを導入したのは、SHOEIはかなり早い時期でしたよね。

そうですね。たしか、SHARKが次に入れたのかな。そのトレーラーを運転しなきゃいけないので、当時はJhaの出向時代だったけれども、SHOEIのお金で合宿免許を取らせてもらいました。

――たしか当時は、自分でトレーラーを運転していましたね。

その当時、チャンバーを作らせたら日本一、という人がJhaからSHOEIの技術者で来ていて、その人と交代で運転してました。もともとJhaの欧州のベースはHRCに近いこともあってベルギーで、うちらもベルギーを拠点に動いていたんですが、やがて自分で小さな有限会社を作ったときに、ベルギーにいても寒いし、グランプリはイタリア人やスペイン人を中心に回っているから、拠点を置くならイタリアがいいんじゃないかなと思って、イタリアにベースを置いたんですよ。当時はSHOEIがSPIDIのツナギを日本に輸入していたこともあって、SPIDIの社長ともなんでだか仲良くなって「じゃあ面倒見てやるからイタリアをベースにすれば?」とも言われたので、イタリアにしたんです。

――当時、自分でトレーラーを運転してヨーロッパを転戦するのは楽しかったですか。

大変ですよね。時速は90㎞しか出ないから、300㎞ちょいの距離を走るのにも4時間ほどかかる。イタリアをベースにしていたので、長距離でいちばん遠いポルトガルは自分と技術者の人とふたり交代で運転しても3日以上かかりましたね。バルセロナでも2日くらいかかった。大変と言えば大変なんだけど、でもラクですよ。トレーラーは運転席が高いし、細かい動きをしなくていいから、ただぼーっと前を見ているだけでいい。高速道路を走っている分には問題ないんですけど、最初の頃は駐車場のバック入れがうまくできないから、他のトラック運ちゃんに変わってやってもらったりしてましたね。慣れない頃は1時間以上出したり入れたりしていたんだけど、やがてピタッと決められるようにもなってきた。パドックでは指定の場所に入れるときに、腕の見せ所だというんで、誰がキレイに駐車できるか、みたいな運ちゃん同士の腕の見せ合いも楽しかったです。バック入れはもう一回やりたいなあ。

――当時はSHOEIのトレーラー後部のリビングスペースにライダーたちがいつも集まっていましたね。

そうでしたね。そういう場を作りたかったんですよ。全日本の時代もSHOEIには皆が集まる。他メーカーのヘルメットを使用している選手もSHOEIに来て、皆が集まってくつろぐ。そういう雰囲気を大事にしたかったんですね。前任者の女性が使っていた古いトラックの時代でも、メーカー関係なくいろんな選手たちが集まる憩いの場になっていたから、新しいトレーラーでもだれかれ関係なくくつろげる場にしたかった。

これは前任の女性からの引き継ぎなんですけど、選手がヘルメットを持ってトレーラーから出て行くときには「いってらっしゃい」、持ってきたときには「お帰りなさい」と、特に日本人にはそう心がけて話しかけるようにしていましたね。「がんばってね」とは言わないようにしていた。だって、みんながんばってるんだから、そんなこと改めて言う必要がない。それよりも出て行くときは温かく見送って、戻ってきたら帰ってきてくれてありがとうという気持ちを常に持つという、そういうことは心がけていました。最初はタバコも吸えるようにしていたけど、タバコの臭いが嫌いな選手もいるし、隣の作業場にも臭いが移ってくるんで、やがて車内は禁煙にしました。

あと、ああいう大きいトレーラーを運転していると、高速のサービスエリアで寝るのが怖かったですね。泥棒に狙われる不安はいつもあったから。

――車上荒らしの不安は常にありましたね。南仏の海岸線沿いから国境を超えてスペインに入るあたりは、特に車上荒らしの危険が大きいと言って皆が警戒していましたね。

技術者の人とふたりで走らせてたとき、バルセロナから30分くらい北のところで停めて昼飯を食って、次はおれが運転して走り出したら、後ろのほうからなんだかバタバタとへんな音がするんですよ。側道に停めて見てみると、後部のドアのカギが壊されて、開きっぱなしになっていて、その中にあった貴重品とかいろいろなものがごっそり盗まれていた。でも、ヘルメットだけはなぜか全部無事でした(笑)。

――あの頃は、チームのトラックから選手のキャンパーまで、軒並み狙われていましたね。

そうそう。そういう危険は常にあったので、夜は怖かったですね。どこで寝ればいいかなあ、と悩んで……。

――そういう大変なこともあっただろうけど、楽しいことも多かった?

……辛いっすね。標識を見て1000km……800km……600km、と、いくら走ってもなかなか距離が減っていかない。トレーラータイプのクルマだから、1日で走れる距離はいくらがんばっても800km行くか行かないか。

——2001年からグランプリの仕事を回り出して、最初はコーディネーターとトレーラーの運転ですよね。サービスマンとして技術者の仕事をするようになったのはSHOEIの最後の頃でしたっけ?

えーっと……、2004年か'05年かな。そのときにやっていた技術担当者が、奥さんが日本を離れる仕事は辞めてくれということで退くことになって、しかたがないから自分でやることになったんだったと思います。

——自分で技術を身につけるのは大変ではなかったですか。すぐに馴染めました?

じつは今でもそうなんですが、言葉は悪いけど40分持てばいいかなと思っています。

——40分というのは?

レースの時間。約40分間、何ごともなく持ってくれればいいかな、と。特に曇りの問題がそうなんだけど、要はその時間だけ持ちこたえてくれればいい。だから、大変なこととはいっても、やることはそんなにないんですよ。ヘルメットサービスって。極端なことを言えば、磨いて、サイズがちょっと合わないと言えば規定のサイズのものと交換して、それでも合わなければスポンジを増したり安全性に支障がない範囲でスポンジを削ったり、という程度ですよ。うちらがやることといえば、シールドの色を変えるのと、ティアオフを貼ってあげるのと、曇らないようにする作業だけしかなくて。

――だけ、といってもやることはたくさんあるじゃないですか。

ライダーによって好みは違いますからね。何色がいいとか。ティアオフ2枚貼る場合でも、剥がす方向が左2枚、左と右、右2枚、と、好みや癖が違う。虫が飛んできたら剥がすじゃないですか。ノリックが5枚貼れと言ってきて、5枚貼ったこともありますね。

――セッション中に5枚を全部剥がすんですか？

剥がさないです。今でも、2枚貼っていて虫がべったりついているのに1枚も剥がしてくれない選手も結構いますよ。剥がしたティアオフを踏んで滑って危ないとか、バイクのエアダクトから吸い込んだとかいう話もあるけど、何枚か貼って渡しても剥がさずに戻って来ることが多くて、こっちではとんどゴミ箱に捨ててます。特にレースのときは捨てないですし、予選でも残ってることのほうが多いですね。

――捨てシールド、と言うくらいだからどんどん使って捨てているのかと思ったら、そうでもないんですね。

けっこうそのまま戻ってくることは多いですね。2枚貼っても1枚は残ってる。貼った枚数はノリックの5枚が最高で、ドビちゃん（アンドレア・ドヴィツィオーゾ）が1回のプラクティスで4枚貼ったものを3回替えたこともあります。べつにその4枚全部を使うわけじゃないんですよ。2枚使ってまだ2枚残ってるのに、次のプラクティスはシールドごと全部替えろというので、また4枚つける。だからそのとき使ったティアオフはのべ12枚。

そうやって渡すと、「何枚残ってるかわからないから、残り枚数をピットで教えてくれ」と言われたんですよ。当時は彼がエースライダーだったから、トラックで作業しながらモニターを見ていて、画面にPという文字が出たらピットまで走って行って、「あと3枚だよ」とか「残りは2枚」、と指でサインを出したりなんかもしてました。

今でもよく憶えてるんだけど、上海ってサービスハウスからピットまで遠いんですよね。池があって橋を越えていったりするんで。その上海のレースで決勝前にドビの親父がすっ飛んできて、「トミー、大問題だ。すぐグリッドまで来てくれ」と言うんで何だかわからないからとりあえずハサミを持って走って行ったんだけど、「どうした?」っつったら「エアマスク（鼻を覆うシールド）が苦しいから取ってくれ」と。で、指でピッて摘まんでおしまい。

――そういったいろんなエピソードがあると思うけど、印象深いライダーは？

ノリック、大治郎……。大治郎の事故はＪｈａの出向時代でした。Ｊｈａの社長の許可を得て病院に行った記憶があるから。何かあるかもしれないので帰らずに鈴鹿にずっといてもいいですか、とお願いして残ってました。

話はすごい飛んじゃうんですけど、規格の細かいことはわからないんですけど、今はどこもヘルメットにエマージェンシーのタグがついているんですよ。技術的にその方法を実現したのは工場の人だと思うけど、アイディアとして最初にそれを言ったのは、おれなんです。大治郎のアクシデントが起こったときは、まだ駆け出しだったんですけど、あとでふと「ヘルメットってどうやって取るんだろう……」と思ったんですよ。人によってはかなりキツくフィットしてる状態で、そのヘルメットを脱がせるときには取り方によっては、しかも転倒で首にケガをしていたら、さらに損傷を与えてしまう。その頃は内装を帽体から取れるヘルメットが出始めていたので、「取れるんだったら、この部分（チークパッド）を外すことができると脱がしやすいんじゃないの」と会社の会議で言ってみたら、そりゃそうだね、ということになって、エマージェンシー・クイック・リリース・システムという名前で、たしか製品化されたんですよ。

これをなんとか広めたいと思って、マッキアゴデナ（クラウディオ・マッキアゴデナ：DORNAメディカルディレクター）にも話をして、毎回サーキットドクターのミーティングに参加して、「こうやって外すんです。他のメーカーのことはわからないけど、SHOEIのライダーが転んだらまずここを取ってください」と、印刷物を作って講習会とかやって説明してました。なんとか広めたいなあと思っていたけど、それがいつの間にか各ヘルメットメーカーも装備するようになって、今は規格や安全基準に入っていると思います。べつに自分がやったわけじゃないんだけど、考えていたことが形になって、ライダーたちが危ないケガから救われるのなら、それはそれでうれしいですね。あとは「あれ、おれがやったんだぜ」、みたいな自慢もちょっとあるんですけど（笑）。

大治郎はSHOEIのトレーラーのリビングでいつもくつろいでましたよね。寝たりとかして。

――いつもいましたね。大治郎がいるからノリックも来るし……。

それで思い出したけど、大治郎がまだ全日本で走ってる時代、カストロールホンダでしたよね。ダイネーゼがすごくいいグローブを出しているというんで、大阪の工場で作っているという情報があって、そこで作ってもらいたい、そのためにはダイネーゼの契約を取りたい、という話になったんですよ。それで、アルド・ドゥルディ（イタリア人デザイナー）を通じてダイネーゼに「加藤大治郎という将来有望なライダーがいるから、まだ全日本の選手だけどサポートをしてくれないか。将来この選手は必ずGPに行くから」と手紙を書いて連絡をすると、じゃあサポートしようということになったんですね。そのときに、大治郎とふたりでイタリア旅行してきました。有給取って。ふたりとも初めての旅行だったけど、ドゥルディのボートに乗っけてもらって遊んだりしましたよ。'98年頃でしたかね。大治郎とはそういう関係があって、ノリックの場合は、アメリカ修行には付き合えなかったんだけど、その後帰国して全日本でチャンピオン獲って、ああ、こういう子だったのね、と。何かのときに年末にいろんなライダーに来てもらってサイン会か何かをやったとき、ノリックと話す機会があって、

「ノリック、どこ住んでんの？」

「東京の奥沢」

「え、奥沢？　おれの親父が奥沢だよ、どのへん？」

「こうこうこういう場所」

という話になったんですよ。で、あるときおふくろに

「ノリックという子がいて、奥沢のこういう場所に住んでいて、お母さんの実家がお寿司屋さんらしくて……」

「ああ、あの店!?」

と。うちの親父がやっていた店の2、3軒隣がノリックのお母ちゃんの実家だったんです。そこから急激に仲良くなって、ノリックが実際に走っているときは「ここに貼るステッカー作って」とか言われて、自分のPCでチマチマ印刷して作ってあげたりもしましたね。10歳も年下なんだけど、よくメシをおごってもらった。向こうは同等レベルかちょっと下くらいに見ていて、逆におれがかわいがってもらってた(笑)、みたいな関係でしたね。ノリックは福山雅治さんとのつながりもあったから、バルセロナで福山さんの取材同行をしたこともあった。

ノリックのお母さんと仲良くなったので、ノリックがヨーロッパに行って日本にいないときに「ノリがああでこうで」とか「わたしも寂しくてね」とか、お母さんのグチを1、2時間聞いたり。そんなことがしょっちゅうありました。お母さんの家に遊びに行ってメシ食ったりお茶飲んだりするときには、ノリックのお母さんはうちのおふくろを知っているので「お母さんはどう?」とか。お父さんの阿部光雄さんよりも、奥沢つながりでお母さんとの付き合いのほうが多かったですね。

――お母さん同士の仲が良かった?

うちの親父の実家は果物屋さんを駅前でやっていて、ノリックのお母さんの実家の寿司屋も駅前で、果物屋と寿司屋のつきあいだったみたいです。

――ライダーとしてのノリックの印象はどうでしたか?

うーん……、ライダーとしてはあまりよくわからないかなあ……。いまだに乗れてるとか乗れていないとかよくわからないし、速い速くないもわからない。なんか友達づきあい、みたいなかんじですかね。年上だけど、遊んでもらっていた。大治郎のイタリアの家にも泊まりに行ったり、ノリックのシッチェス（バルセロナ郊外の街）の家にも出張がてら遊びに行ったり。

――そのふたりがいちばん仲良かった？

過去を振り返ると、……そのふたりですね。やっぱり……ノリですね。おれが離婚してひとりでいるときも、奥さんの知り合いでバツイチのひとがいるとかで、「長谷川さん、会ってみなよ」と言われてノリックの川崎のマンションでお見合いしたこともあった。結局、一回会っただけで終わりましたけどね。何かというと、「長谷川さん、メシ行きましょうよ」「寿司行きましょうよ」と。寿司屋の子供だったので寿司が好きだった。会うと寿司に行ってましたね。

亡くなる三日くらい前も、もてぎが終わってからかな。「焼き肉食いましょうよ、おれがすごい好きな焼き肉屋で、そこは絶対美味いから」とか言って。で、待ち合わせにノリが遅れてきたんですよ。遅いと言うと、「シャワー浴びてきたんですよ」と。その店は炭火なんですけど、「焼き肉屋行ってこれからモクモクになるのに、なんでシャワー浴びてくんだよ」とか言ってたんですけど、店に入るとそこにいたお兄さんが「ノリックさんですか」と声をかけてきて写真を撮られて「あ、やっぱりスーパースターはどこで誰に会うかわからないから、焼き肉屋に行くのでもシャワーを浴びてこなきゃいけないんだなあ」なんて思いましたね。

……うん、ノリックがいちばん仲良かったな。……面倒を見てもらってた、というところがありますね。「長谷川さん、メシ食ってますかー」って。

今も光雄さんとはよく会ったりもするけど、じつはちょっと距離感があるんですよ。でも、お母さんはもう亡くなったんだけど、友達感覚でした。「長谷川くん、いつまでそうやってダラダラしてるの。もう、しっかりしなさい！」って。自分のおふくろにはそういうことを言われないんだけど、あのお母さんにはお叱りを受けてましたね。ノリックが亡くなってからも、お母さんが心配だからしょっちゅう顔を出しに行って、お土産買っていったりしていました。

――長谷川さんの両手首は、左手首に74、右にノリックのタトゥーが入っていますよね。

大治郎の意志を継ぐってわけじゃないけど、気持ちを大事にしたいなあ、大治郎と常にいっしょにいたいな、という気持ちがあったんで、じゃあ入れちゃえ、と。

――どこで入れたんですか？

ベニスビーチです。アメリカGPのついでに入れて、そのあとふくらはぎにも入れた。つねにここ（手首）を見て「いっしょにいるな」と感じていたいというのがあってね。ノリックはゼッケンがちょこちょこ変わっているけど、やっぱり17の印象がいちばん強いので、その型紙を（タトゥーショップに）持って行った。昔の楽しかった時代を思いつつ、常に一緒にいたいな、ということがありましたね。だから、ノリックは特別です。今もずっとひきずっていますね。

――その気持ちを言葉にしてしまうと、かえって陳腐になってしまうのかもしれませんね。

カッコよく言っちゃうと、そういうかんじですかね。何がいいんだろうな……。親の関係もあるんですけど、おれのメシの心配までしてくれていたから、あいつ。

——ライダーが亡くなるときはいつも突然ですが、そのような出来事に直面したときに、レースの仕事を辞めようとは思いませんでしたか。

それは……思ってないですね。仮に今、仲のいい誰かが亡くなったってレースを辞めようとは思わないし、もしも何か問題があるのならそれを解決していきたい、と思いますね。

ヘルメットサービスって、やることがないんですよ。今はHJCにいるけど、スカウトされたときに「どういう考えでサービスをやっているんだ」とボスに聞かれたんです。そのときは、「JISやSNELLの規格は、おれが関知することじゃない。どこのヘルメットがいいとか悪いとか言うつもりもないし、それぞれの会社が信じて貫いている規格だから、そこは自由にすればいいと思う」と答えたんですよ。で、今でもボスに言われるのが、「トミーはあのとき、『ビジョンスペシャリストになりたい』と言ってたよな」って。

——どういうことですか?

視界。シールドのスペシャリスト。おれの仕事は、きれいな視界を保つことがいちばん大切だと思ってるんです。予期せぬ転倒もいろいろあるけれども、はっきりと見えない状態で走るのは危険だし不安だから、とにかくきれいな視界を与えてあげたい。今使ってるティアオフフィルムは、日本のヘルメットメーカーの人に教えてもらって、その日本製フィルムをHJCでは採用しているんですけど、それまではAGVやSHARKも使っている静電気でくっつけるヤツを使ってたんです。でも、静電気を利用するとフィルムの間にエアバブルが見えるんです。実際にかぶってみると、ライダーの視線の焦点は向こう側にあるからエアバブルは見た目ほど気にならないんだけど、それでもへらで掃いてバブルを押し出すことを突き詰めたいなと思ってやっていましたね。ノリックもよく「ここに1カ所、2カ所、3カ所ほど入ってますよ」とか言っていた。墓石のノリックもヘルメットを持ってるんですけど、エアバブルが忠実に再現されているんですよ。これって怒られるよなー、とか思ってね。

とにかく曇り止めにしろ何にしろ、視界をいかに大切にしてあげるのか、ということは突き詰めるべきだろうと思っています。どこがゴールかわからないけど、視界を常にきれいにしてあげよう、というのは目標にして気をつけていますね。

――SHOEIを辞めたのは何年でしたっけ。そのあと、ヘルメットメーカーをいくつか変わっていきましたよね。

ぶっちゃけた話で言うと、毎年夏に契約を更新していたんだけど、2008年の夏だったかな、会社の体制変更か何かがあって、グランプリはヨーロッパのものだから現場はヨーロッパの担当者が切り盛りするほうがいいんじゃないか、ということになったみたいです。グランプリのパドックって契約社会で、契約を結んでたって終わる場合もあるんだけど、自分ではまだどこかでサラリーマンだという意識が残っていたのかもしれないですね。それまでずっとサラリーマンだったし、SHOEIも面倒を見てくれる、そういう安心感があったのかもしれない。当時のSHOEIライダーたち、クリス・バーミューレンとかミカ・カリオとか、契約ライダー全員が署名活動をしてくれてSHOEIの社長にも嘆願書を書いてくれたけど、その署名も会社の体制変更の前では効果がなかったみたいですね。

その年のブルノのレース後にテストがあって、そのときにドビちゃんとちょっと話す機会があったんですよ。ドビちゃんはデビュー当時からSHOEIユーザーで、125ccでチャンピオンを獲ったときもSHOEIをかぶっていたんだけど、'08年にVEMARヘルメットに移籍していたんです。で、ドビちゃんに「SHOEIをクビになるかもしれないんだけど」と言ったら「おお、ちょうどよかった」と言うんで何かと思ったら「今、ヘルメットにいろいろ問題があるから助けてくれ」という話で。じゃあいいよ、と言うと、ドビちゃんがVEMARの社長に早速電話をして、「これこれこういう人間がいるんで採ってやってくれ」と。それで工場に行って話がうまくまとまった。ただ、イタリアの会社だから金を払ってくれるのかなと少し不安に思ってドビちゃんに聞いたら、ちゃんともらってる、というので、じゃあ大丈夫か、ということで行くことにしたんです。

当時のVEMARは、サービスマンがときどき現場に来てサービスをする程度だったから、全戦回ってくれ、ということになりました。

――当時のVEMARは、他にどんなライダーがいたんですか？

（アレックス・）デ・アンジェリス。ヘクトル・ファウベルもいましたね。

'09年になって、開幕戦のカタールに行くとき、自分で立て替えたくなかったから社長に「経費をちょうだい」と言ったら「なんでそんな金が要るんだ」と脅すような調子で言われて、封筒に入った金を投げつけられたことがあったんですよ。その後も給料の支払いが遅れたり経費をくれなかったり、トラブルばかりが続いた。で、どうやらドビちゃんだけが唯一カネをもらっていて、他のライダーは一切もらっていないということも発覚したんですね。だから、「こんな会社でやっていてもダメだな」と思って、シーズンが終わってからミラノショーに行って、片っ端から自分の名刺と経歴書を配りまくりました。でも、どこからも音沙汰がなかったですね。

２０１０年はどうしよう、仕事が何もないな……と思って、それまで住んでいた川崎を引き払って群馬のおふくろの実家に行って、お弁当運びや健康診断車の運転手、最後はガソリンスタンドでアルバイトもしました。そんなことをして過ごしてると、ＳＨＯＥＩ時代から知り合いだった吉川和多留ちゃんがＭｏｔｏＧＰクラスに代役で参戦することになって、そのときに彼の紹介でヘルパーとして来てほしい、という話をヤマハからいただいたんです。ミザノとカタルーニャだったかな。そのあと、代役参戦が和多留ちゃんから中須賀（克行）くんに代わって、彼がシーズン終盤に出たとき、シモンチェッリが亡くなったセパンのレースにも行っていました。ヤマハさんだから経費と日当はしっかりとしたものをいただけました。そのときはフィアットヤマハのシャツを着ていたんだけど、今までとは違うシャツでも「戻ってきたの、よかったね」と言ってくれた人たちもいて、顔合わせができました。１年いないと忘れられちゃいますから、あのときにいろんな人たちと顔つなぎをできたのはよかったかな。

話がちょっと戻るんですけど、その前の年にミラノショーへ行ったあと、年が明けてちょっとした頃に、ＳＣＯＲＰＩＯＮヘルメットから話が来たんです。「まだユーザーはひとりもいないんだけどパドックのサービスをやりたい」って。じゃあやろうということになったけど、なかなか話が進まないんですよね。結局、2年かかって2012年に活動がスタートした。クルマはなかったので、FAST（Fly Away Sports Travel：パドックのトラベルエージェンシー）のトラックのスペース半分が空いているというので、そこを借りてSCORPIONのサービスをやろう、と。そうするとSCORPIONは経費が助かる。FASTのトラックはおれが運転すると、向こうは運転手の人件費が助かる。FASTからお金はもらわないけど、ホテル代とレンタカー代は面倒見てくれるということで、レースウィークはそれでやってました。

――SCORPIONは何年やったんですか？

'12、'13、'14、'15です。全クラスで21人まで行きましたね。

――ゼロからのスタートだったんでしょ。増えましたね。

うん。2012年のSCORPION初レースのとき、（ホルへ・）ロレンソも初HJCのレースで、そのときはシールドが取れるか何かのアクシデントがあったんですね、彼。15年のカタールでは、今度は内装が落ちてきた。このときはヤマハからもクレームが入ったらしくて、カタールGPが終わったあとにHJC会長の弟から連絡が来て、「今すぐうちに来てくれないか、ちょっと問題があるんだ」と。なんで会長がこっちの連絡先を知ってるのかというと、ちょうど就職活動をしているときにHJCにも話をしていて、そのときに送った履歴書を持っていてくれたようです。で、それを持ってきて「仕事をしたいと言ってたよね」と持ちかけてくれたんだけど、興味はあるもののSCORPIONの契約があるし、すぐに行こうとは思わないなあ、なんて思っていた。で、その矢先にシルバーストーンでホルへのヘルメットが曇ってしまうアクシデントがあったんですね。その事件があったので、「よし、行こう」と決めました。チャンピオンライダーで怖いけど、ちょっと挑戦したいな、自分の力でどこまでできるかやってみたいな、と思った。で、その翌年からHJCに移ることになったんですが、おれが移ったときにホルへはSHARKに行ったので、結局、彼と関わることはなかったんですけどね。

自分がやってきた全部のヘルメットメーカーを比べても、今のHJCが最高の会社ですね。待遇もそうだし、一族経営で扱いは契約だけど、「きみもファミリーだから」と常に気に掛けてくれているし、会長も社長もニコニコして大切に思ってくれている。特に直属のボスのアメリカHJCの社長はアメリカンスタイルだから人のことをけなさないし、おれに対しても常に褒めることしかしない。いつもニコニコしてこっちのモチベーションを上げてくれるし、そういう人たちに恵まれているので、この先にもしこの会社を辞めるとしたら、それはボスが辞めたときに自分もくっついていく、という選択肢くらいかなと思います。

――いちばん最初に、自分は成り行きと運だけで生きている、と言っていましたが、やはりその折々にはしっかりと就職活動等をしていたことが、後々に実力を発揮する環境へ進めることにつながっているんですね。

VEMARを辞めたときのことですよね。入るときはドビちゃんに引っ張られたけど、辞めるときは悔しかったですよ。こんな形で金ももらえずに、しかもGP界から消えてしまうのはすごく悔しくて、「もう1回、どこまでできるかわからないけども返り咲きたい。それでダメだったら、諦めて日本で何か仕事をしよう」と思ってあちこちに履歴書を配った。もう一度返り咲きたい、という思いにしがみついてそのときは努力をしましたけど、それ以外は、そのときどきに行き当たりばったりで面白そうなほうに飛びついていっただけですよ。

――でも、その古い履歴書を向こうが持ち出したり、あるいは声を掛けてきたりするのは、それだけヘルメットサービスの世界で仕事をしてきた実績があるからでしょうね。

40分持てばいい、というやっつけ仕事ですけどね（笑）。それは今でも思ってます。プラクティスは何回もピットに帰ってくるし、シールドも開けるから大丈夫なんですよ。でも、何回言ってもダメなのが、ピットに戻ってきたときにシールドをパカン、パカンと開けるから、ウェットのときはそこから水しぶきが裏側にもついて曇りはじめる。マルク（・マルケス）はアシスタントがしっかりしているんで、ピットに戻ってくるとエアで噴いて水しぶきを飛ばしてから、そっと開けています。そこをちゃんとアシスタントがやっているのは、マルクくらいですね。ウチのライダーにもそのビデオを見せるんだけど、やらないですね。

――やはりそういうところは細かくチェックしているんですね。

バイクのことは何もわからないけど、ヘルメットは常に他メーカーがどんな形のフィルムを使ってるかとか、どんなパーツがついているかとか、見ています。そこで技術をスパイしたり。こないだは、アレイシ（・エスパルガロ）のアシスタントがピットに戻ってきたらシュッシュッと噴いてたんですよ。

たぶん撥水剤だと思うんです。ピットに戻ってくるとそうやって撥水効果を高めることをやっていたので、「あ、マネしよう」と思って、今年の後半から小さなボトルに撥水剤を入れてライダーに配って「普通のクリーナーだと撥水効果が取れてしまうので、おれはそこに行けなくて申し訳ないんだけど、そこは自分でやってね」と言って配っていますね。

やはり視界しかないと思うんですよ、突き詰めていくと。きれいな視界を提供してあげるのがいちばんだと思うんですよね。

――ヘルメットサービスがグリッドに入れるようになった話もありましたよね。

そうそう。昔は厳しくなかったけど、それでもそれなりに制限されていて、緊急時にはピットウォールを乗り越えてグリッドに行ったりしていたんです。それがだんだん厳しくなってヘルメットサービスはグリッドに入れない、ということになったので、それはおかしいとIRTAのマイク・トリンビーに訴えたら、「ヘルメットはアシスタントに持たせれば済むだろう」と言うので、そうじゃないんだ、と。ヘルメットサービスとしてグリッドでやるべき仕事はあるんだ、と説明した。バイザーを変えたりとかね。でも、おれひとりが言っているだけだと話を聞いてくれないので、各ヘルメットメーカーを回って署名活動をしましょう、と持ちかけて各メーカーのサービスマンと所属ライダー全員の署名を集めて回った。バレンティーノ・ロッシにも署名をしてもらいましたよ。

で、それをトリンビーのところに持って行ったけど、却下されちゃいました。そのとき、セテ（・ジベルナウ）はたしかアライをかぶってたと思うんですけれども、SHOEI時代からずっと仲がよかったので、セテを通してエスペレータ（カルメロ・エスペレータ：DORNAのCEO）に署名と手紙を送ったら、何戦か後に「とりあえずテンポラリーでグリッドパスを出す」ということで発給してもらえた。そしたら、その翌々週か何かのレースで某ヘルメットメーカーの人間がグリッドでカメラに向かってVサインかなんかしていて、それを見ていたマイク・トリンビーが「パスを出してもグリッドで遊んでるんだから、要らないよな」といって取り上げられたんです。そのあと、取り上げられちゃったんだよな、ってセテに話したら、なんとかしてやると言ってくれたけど、DORNAからはしばらくナシのつぶてで。

でも、その翌年の開幕前だったかにヘルメットメーカーが集められて、「雨のときは大変なのはわかるから入ってもいい。雨以外は、グリッドが混雑していっぱいだから入るな」ということで、雨のときだけ入れることになったんですよ。

――セテの現役終盤時代ですね。

だったと思います。パスを取り上げられたのが、たしかブラジルGPだったかな。

――ブラジルでレースをやっている頃、ということは長谷川さんはSHOEI時代。

ですね。今では雨だけではなく、全クラスいつでもグリッドに入っても大丈夫になりました。そんな経緯があって勝ち取ったグリッドアクセスのパスだから、みんなに大切に使ってほしいですよね。あのときは、これで選手に何かしてあげられる、と思ってうれしかったです。じっさいにミカ・カリオのグリッドで、スタート前にギリギリになってバイザーを変えてあげたことがあったけど、彼もときどき思い出して今でもそのときのことを言いますからね。

——ミカ・カリオもそうですが、長谷川さんの移籍と同じようにヘルメットメーカーを移り変わるライダーが何人かいますね。そこは長年の付き合いや信用で、一緒にメーカーを移ってくれているのですか？

そうですね。今はグランプリを離れているけどトニ・エリアスもそうだし、ヨナス・フォルガーもそうですね。ヨナスはＳＨＯＥＩ、ＶＥＭＡＲ、ＳＣＯＲＰＩＯＮ、ＨＪＣ、とずっと一緒ですね。そうやってライダーたちがおれを信用して移ってきてくれたのだとしたら、うれしいし誇らしいですよね。

あと誇りに思っているのは、チャンピオンヘルメットです。'99年に（アレックス・）クリビエがチャンピオンを獲ってゴールドヘルメットを作ったとき、ヘルメットは日本で作ってシールドはキャラコートさんというメーカーにお願いしてミラーコートに加工してもらいました。おれはレースに行けなかったけど、当時のグランプリコーディネーターだった女性担当者に持って行ってもらって、ブラジルでチャンピオンを獲りました。あれ以降、チャンピオンを獲るとゴールドヘルメットを作るようになりましたよね。

ライダーたちに対しては、できることがあれば何かしてあげたいな、といつも思っていて、だから、自分でヘルメットをいじりだすようになって１、２年ほどしたら「こんなに楽しい天職はないな」と思うようになりました。限界がないんですよ。常に新しいモノを開発して考えていかないといけない。

だから、何も言わないライダーはあまり好きじゃないんです。文句言われるとムカつくんだけど、なんとかしてやろう、と思う。ムカついてめんどくさいけど、意欲が湧いてきますよ。そこに楽しみがある。（アンドレア・）イアンノーネもうるさかったし、最近では（カル・）クラッチローがうるさいんですよ。でもクラッチローなんて人柄がすごくいい。「メシはいつもどうしてるんだ」とか、すごく気に掛けてくれるし、コロナの時期はホスピにチームスタッフ以外入れなくなったんですけど、そのときは食事を、当時カルのアシスタントをしてたダコ（ダコタ・マモラ：ランディ・マモラの息子で元ライダー）が持ってきてくれるし。ただ、あの口調だからバンバン言ってきますよ。カルが最初にＨＪＣユーザーになったときのセパンテストでも、たいしたことじゃないんだけど、ティアオフのテープが剥がれたとか、サイズが合わない、とか5分おきに「たいへんだ、ピットへすぐ来い」とダコから連絡が来る。ムカつくけど、やりがいはすごく感じますね。

イアンノーネも、ブリラムテストのときにチームのミーティングが終わらないんで4時間くらいずっと待ってました。ひとこと今日のコメントをもらわないと帰れないなあ、と思って。今でもイアンノーネに会うと怖いですね。カルも怖いです。イアンノーネなんて顔が怖いからいまだに会いたくないです（笑）。

――今まで仕事をしてきた中で印象に残っているライダーは？

ノリックは、別格ですね。ドビちゃんはチャンピオンを獲って、ＶＥＭＡＲに誘ってくれたし……、友達として仲よくしているのは（ロベルト・）ロカテリですね。ヘレスで転んだとき、死にそうになってるんですよ、あの人。でも、ヘルメットがグッドジョブをして守ってくれた。おれはべつに何をしたわけじゃないんだけど、うれしかったですね。いろんなライダーがいるけど、ロカテリ、ドビ、怖いところでイアンノーネ、カル。最近では（アルベルト・）アレナスが仲よし。もう6〜7年ずっと一緒にやってるかな。アレナスはアイスが好きだから、いつも買っておいて、いい成績を出したときは「一緒に食おうぜ」ってアイスをあげています。

——125ccクラスや250ccクラスがMoto2、Moto3に変わっていった頃から、選手たちはMotoGPクラス以外すべてサーキットの外で寝泊まりをするスタイルに変わっていきましたよね。長谷川さんたちのレースサービスは、今でもパドックの中で寝泊まりしているんですか？

VEMARのときとHJC初年度だけはホテル住まいだったけど、それ以外はトラックです。どっちがいいのかなあとかも考えるけど、外で寝泊まりするとオンオフの切り替えをできるんです。ホテルに帰ると何も考えずに寝てすっきりできる。ただ、その半面、ホテル暮らしだとこれをやりたいあれをやりたい、ということの時間が限られてしまう。早く帰らないといけないしメシも食わないといけないから。やり残していることとなんかを考えると、パドックで寝ているほうが気が楽ですね。朝は6時20分くらいに起きて、軽くメシを食って7時くらいから作業を開始して、寝るまでずっと仕事をできる。1日24時間のうち23時間トラックの中にいる、みたいな生活ですね。快適です。

——ずっとパドックにいて、トラックの中で寝るのがいい。

うん。パドックで寝てメシ食って生活するのがいいですね。寝る前に「これやってみようかな」と、たいしたことではなくても思いつくと、ベッドから起きて作業場に入ってちょこちょこやってみたりね。ホテルはぐっすり眠れるかもしれないけど、手もとに何もないのがいやだし、キライですね。

——パドックの魅力って何でしょう。何が長谷川さんをそんなに惹きつけるんでしょうね。

何なんだろう……。パドックの魅力……。

——じゃあ聞き方を変えますが、たとえば同じ報酬をもらえるとしたら、他の仕事をしますか？　それがもっとラクな仕事だったら？

自分に他のスキルがないということもあるし、新たなところに飛び込むのは怖いんで、多少安くても今のまま続けたいかな……。何が魅力なのかわからないけど、ヘルメットが好きなんですよね。……なんだろう、難しいなあ。言われたら言われたままなんですよ、ヘルメットって。バイクの場合はすべてデータに残るけど、ヘルメットは風が入ってくるとかキツいとか言われても、言われるがままで、ときにはライダーの気分次第で文句を言われることだってある。だから、カッコよく言っちゃえばゴールがないんです。ここで終わりね、というのがない。だから、文句を言われるとムカつくけど、次から次へとやることがある。それが楽しいですね。解決して「よかったよ」なんて言われると、おおよかったよかった、って。

——SHOEI時代に仕方なく自分が技術者になって、やがて1、2年すると天職かも、と思ったということですが、それ以前はまさかそんなところに自分の天職があるとは思っていなかったでしょ。

うん。今は人に触らせたくない。他のメーカーではふたりでやったりしているところもあるけど、おれは誰かと一緒にはできないですね。このライダーは任せたよ、と言ったとしても、テープの貼り方ひとつでもすごく気になるし、自分のやったヘルメットは触られたくない。どんなに忙しくたって、時間をマネージメントして自分の力だけでやりたい。今でもＨＪＣの営業の人間とかが現場へ来たときなんかに「できることがあったら手伝うよ」と言ってくれたりもするんだけど、「いいよ、自分でやるから」って断ります。手伝われたくないですね。

――ヘルメットの仕事をしていてよかったなあ、と思える瞬間ってどんなときですか。

「チャンピオンになったとき。予選にしろレースにしろ、パルクフェルメへ行ってくれたとき。チャンピオンはなかなか獲れないですけどね。ヘルメットは、何も考えずにかぶって走ってレースを終えてもらえればいいものだと思ってるんですよ。ヘルメットがよくて勝った、なんてことはありえない。ヘルメットが悪くて、負けたり転倒したり視界が悪くて困った、ということはあると思いますけど。普通にかぶって何もないのがあたりまえ。だけど、何も言われないと寂しい。自分が映りたいというのもあるんだけど、パルクフェルメに行ってお祝いをしたいし、ライダーと一緒に喜びたい。ヘルメットが何もなくてよかったな、とも思うしね。

心配なのは、雨じゃなくてもレースでペースが落ちたりしたとき。おれの責任だったらどうしよう、怒られないといいけどな、とかいつも思ってしまいますね。

――今から振り返ると、転機になったのはいつですか？　ブランクのときですか？

何かが大きくコロッと変わったというのはないですね。でも、浪人しているときはどうしようと思いましたよ。「このままもう戻れないのか、悔しい……」って思いはあったけど。

——その状態からパドックに戻ってくる人ってなかなかいないと思いますよ。

どこでもいいと思ってましたもん、レース活動やるなら。GPじゃなくても何でもいいから、って。でも、運よく声を掛けてくれる人がいた。

——人間って冷たいなあ、と思いませんでしたか。

思った。ヘンな話ね、SHOEIにいたときはみんながナンバーワンだっておだてて褒めそやすんですよ。それはもちろんSHOEIという大きな看板があったからなんだけど、あの頃の自分を振り返ると、ナンバーワンだってちょっと有頂天になっていたと思います。SHOEIを辞めてVEMARを1年で辞めて浪人することになったとき、結局誰も助けてくれなかった。誰も引っ張ってくれなかった。日本のレース関係者も「あなたなら大丈夫だよ」と言うだけで、「これをやってみない?」なんて提案は一切なかった。こんなもんなのか、って。でも、もうひと旗揚げたいという思いがあったから、2年かかったけど常にコンタクトはとり続けていましたね。

転機、と言っていいのかどうかわからないけど、おれ、今がいちばん幸せすぎて怖いくらいです。好きな仕事をやって、いいボスに恵まれて、余計なことを言われずに、韓国のヘルメット技術者やマーケティングからも、「これ、どう思う」ってアイディアや提案を聞いてくれるし。民族差別的なことなんてもちろん何もないし、今の立場がハッピーすぎちゃって、怖いくらいですね。

あとひとつ思い出すのは、日本のSHOEIに勤めているとき、毎日午前8時6分中目黒発北千住行きの電車に乗って上野のＳＨＯＥＩに通ってたんですよ。いつも乗るのは前から2両目。3月のある日、バイク通勤は禁止だったんだけど天気がよかったから今日はバイクで行こうと思って、会社に着いてみたら、日比谷線で大事件があったと大騒ぎになってるんですよ。地下鉄サリン事件。テレビのニュースを見たら、サリンが撒かれたのはいつも乗っている電車の自分の乗っている車両。もしあのときいつものように電車で通勤していたら、アウトでしたね。なんだかまるで作ったような話ですけど。だから最初に言ったように、おれはずっとラッキーだけ。運だけで生きてこられたっていうのは、そういうところにも現れてたりするんですよ、きっと。

▲初めてHJCのヘルメットを被るカル・クラッチロー選手が2019年の開幕戦カタールGPで3位となり、ともに喜びあった長谷川氏。(Photo : Stephan Gerike)

3

ライダーと制御の間に入るのが自分

――島袋雄太

テレメトリー担当者、電子制御メカニック……等々の名前で呼ばれる技術者の仕事は、ピットボックスで働くスタッフの中でもとりわけ専門性が強い特殊技術に見えます。しかも、外部からでは何をしているのかわかりにくい分野の最右翼といってもいいでしょう。スズキファクトリーチームで、２０１５年の復活から２０２２年末の撤退までその仕事を担当してきた島袋雄太さんは、一般的に想像しがちな大学理系学部の出身ではなく、高校卒業後に電子制御に関する知識と技術を自力で身につけたというユニークな経歴の持ち主です。

その話を最初に聞いたときから、どうやってそのような高度なノウハウを習得してきたのかは大きな疑問でした。また、その名前からも想像できるとおり、島袋さんは沖縄の出身です。プロライダーを目指して沖縄から東京へ出てきてからの半生を訊ねてみると、ドラマチックなエピソードが次から次へと飛び出してきました。

――たしか、もともとはライダー志望だったんですよね。

5歳か6歳くらいの小さい頃からポケバイに乗っていて、その延長線上でミニバイク。沖縄はそこまでしかないんで関東に出てきて、最初は（神奈川県）相模原に住んでたんです。そこから筑波サーキットに行ったりしてました。ポケバイ時代に、新垣（敏之）さんが沖縄に帰ってきたときに結構見に来てくれていて、それでつながりがあったので関東には新垣さんを頼って出てきたんですよ。高校を出てすぐの頃ですね。ホントは高校も行きたくなかったんだけど。

――プロのライダーになるんだ、と？

うん。でも、親に「今どき高校も出ていないとバイトもできないぞ」と言われて、たしかにそれもそうだな、と思い直して、それで高校は出ました。

――で、高校を卒業して出てきたのが相模原だった。

高校卒業して半年くらいは沖縄にいたのかな。バイトしてちょっとだけお金貯めて。

――沖縄時代は速かったんですか？

ミニバイクコースが沖縄には1ヶ所しかなかったんですよ。そこで乗ってたんですけど、レコードタイムくらいは出せていました。ポケバイ時代は乗っている人が他にも結構いたけど、ミニバイクでは（レース人口が）どんどん減ってきたので、中学の頃になると「これは沖縄を出ないとダメだな」と。

――では、自分の志向としては中学時代ですでにプロのライダーになるんだ、と。

思ってましたね。そういう状態で高校に行ったんで、進路相談の三者面談でも「要らないです」と言って数分ですぐ終わるんですよ。親も横で呆れていて（笑）。

――その頃の成績は？

赤点ギリギリです。だって、行かなきゃならない日数とか、教科ごとの時間とか逆算して学校に行ってましたもん。

――学校に行かずに何をしていたんですか。

釣りとか（笑）。

――ライダーになるためにトレーニングをしたりコースで走っていたわけじゃないんだ。

そういうときもありますよ。16歳でスクーターの免許を取ったんで、今日は休んでいいなと思ったらスクーターで小一時間くらいのところにあるミニバイクサーキットに行って走ったり、天気がいいときは海に行って釣りをしたり、そんな日々でしたね。

――その当時、ロードレースに接する機会はあったんですか？

テレビですね。グランプリを放送していたんで、それを見ていました。小さいときの記憶があるのは、ケビン(・シュワンツ)がペプシで走っている姿。1990年前後くらいの時期ですよね。9歳くらいかな。俺、'80年生まれなんで。あと、ロスマンズカラーのワイン(・ガードナー)とか。エディ(・ローソン)はギリギリわかんない、記憶がないですね。そのちょっとあとくらいの人たちを見て育ってるんですよ。だから、バレ(バレンティーノ・ロッシ)が出てきて原田(哲也)さんと走ってるような時代を見ていましたね。

——バレンティーノが出てきたのは、ちょうど高校くらいの時期になるわけですね。

そう。バレは俺のひとつ上なんですよ。

——で、高校を卒業して相模原に出てくる。なぜ相模原だったんですか?

当時交際していた女の子が、大学進学で東京にすでに出てきていて、八王子に住んでいたんです。全然誰も知らない場所よりは知っている人が近くにいるほうがいいだろうということで、物件を探したら相模原は家賃もそれなりだったんですよ。新垣さんも関東だったし。

——で、新垣さんを訪ねて行った、と。

そうですね。新垣さんが全日本に出ていた頃なので、レースに連れて行ってもらったりしてました。初めて全日本を観たのは筑波です。それまで全日本を観たことがなかったんですよ。グランプリを見ていたのに。「へえ、こんなレースもあるんだ」と思って。

——当時の全日本はすでにスーパーバイクですよね。

新垣さんもRC45(RVF750)に乗ってました。グランプリから戻ってきて少ししたくらいの時期ですね。

――で、自分もプロレーサーを目指してバイトをしながら活動をしていた。

うん。でもムリでした。カネが回らなかった。

――チームはどこに所属していたんですか？

ハルクプロにお世話になっていました。2年くらいかな。

――当時は青山博一・周平兄弟がいた時代ですね。白いカウルで。

そうそう、走ってました。真っ白のバイクで勝っていた時代ですよね。

――自分自身のクラスは？

125ccですけど、全日本まで行けなかったです。練習しに行くのもカネがかかるじゃないですか。いくらバイトをしても全然カネがないぞ、という状態で。それで、あるとき新垣さんが全日本の練習で筑波に走りに行くというので手伝いに行って、そのときにライダーを走らせる立場も面白いのかな、と思ったんですよ。その後、新垣さんがケンツで全日本を走るようになったのでその手伝いに行くようになり、そのときちょうど北川圭一さんがスズキからケンツに移籍して来たんです。X-フォーミュラで1000ccに乗っていて、やがてそっちに引っ張ってもらって、途中から北川さんのメカニックをするようになった。そのときにチーフメカニックだった人に2年間、いろいろと教えてもらいました。それが2001年くらいかな。その頃はもう自分は乗ってないですね。

――その当時はどんな将来像を描いていたんですか。

メカニックをやろうと思ってました。ケンツで3年目のときに、次の年は店の商売も手伝うようにと言われたので「いやです、じゃあ辞めます」と言ってその場で辞めました。自分がしたかったのはレースの仕事で、すべての時間をレースにしかあてたくなかったんですよ。で、そのときにレイクラフト（エンジン制御開発やデータロガーを取り扱う企業）の原澤真人さんが、「せっかくここまでやってきたのに辞めてしまうのはもったいない。給料はそんなにたくさん払えないけど、来ないか」と言って雇ってくれたんです。「それでいいです、連れてってください」ということで、そこで初めて制御を勉強しました。

――当時の生活はどうしていたんですか。

全日本のレースがあるときは原澤さんから日当を出していただいて、それ以外はずっとバイトしていましたね。よく働きましたよ。最高で月３００時間くらいやりました。普通でも２００時間台後半くらい。

――どんなバイトをしていたんですか。

いろいろやりました。ガソリンスタンドとか測量のバイトとか、イベントの設営とか。

――それをしながら制御の勉強をしていた。

全日本のレースに行って、現場で覚えるやり方でしたね。現場に行って見て覚えて、を繰り返していた状態です。

――制御の仕事だから、電気の知識や工学関係の勉強もしたのですか。

そう思うでしょ。でも、じつはそうでもないんです。そういう知識が必要なのは、自分とは違う職種ですね。この仕事って、一般的にはなかなかわかりづらいみたいですね。たとえば、ソフトを書くのはプログラマと呼ばれる人たち。で、自分の仕事は、中間の位置にあるんです。ライダーと制御の間に入るポジションで、自分がプログラムを作る必要はないから、ある程度わかってさえいればそれでいいんですよ。

――でも、ある程度とはいえ勉強は必要でしょ？

多少は本を読んだりはしましたけれども。でも、いわゆるプログラム言語とかは全然ですよ、本当に。最初の頃から意識してデータを見ていたのは、むしろ、時間かもしれないです。

――時間？

うん。何ミリセカンド後に波形がどうなっているか、ということはずっと意識していました。

――制御担当の仕事は、バイクの挙動を記録するロガーのデータを見てブレイクダウンしていく仕事ですよね？　だから制御ソフトウェアの扱い方は理解していかなければならない。

そうですね。でも、それは携帯電話と同じですよ。スマホって、べつに勉強しなくてもなんとなく使いながら自然と覚えていくじゃないですか。それと同じ。

――制御担当者とライダーは、ガレージでPCの画面を一緒に見ながら、ここのブレーキングがどうで加速がああで、といつもミーティングをしていますよね。あそこで何を見ているのか、何を話しているのかということが、外から見ている素人にはわからないんですよ。

あのグラフには、基本的に全部出ているんですよ。ライダーがしたこと、エンジンがしていること、クルマの動き。それが全部出ている。ライダーは、何かしら不満があるわけじゃないですか。人によってそれぞれだけど、その不満の場所を聞いてデータを見て擦りあわせて、「こういうところ?」って問題を見つければ、その問題を修正するのにどうすればいいかは、またべつの知識になってくる。そのときに、ECU（Electronic Control Unit：電子制御システム）でできることを把握していれば、あとはそれを変えればいい。だから作業の流れそのものはシンプルなんです。

データを見る仕事の、〈ロガー屋〉さんとか〈データ屋〉さんと言われる人たちはECUの知識や技能は要らないんですよ。データを見てライダーの走り方を言う仕事だから。他と比べてここが速いあそこが遅い、ブレーキの握り方がどうだ、という話をする。自分の場合は制御の中身をバイクに入れる〈マップ屋〉と言われる仕事なんで、そのロガー屋さんの仕事プラス、クルマの動きをどうするためにはどうすればいい、という制御の中身をアジャストしていくことになります。

――つまり、ロガー屋さんとマップ屋さんは同じ仕事ではない?

違いますね。マップ屋さんはロガー屋さんをできるけど、ロガー屋さんはマップ屋さんの仕事はできないです。ロガー屋さんの場合はECUを扱う知識がないから。

――ということは、島袋さんはマップ屋さんだからECUの知識も持っている。

ECUの中のソフトウエアですね。そのソフトを自分が書くわけではないので、自分はあくまでもソフトを改良したり作ってもらったりしたヤツを使っているわけです。パソコンで言えば、エクセルとかワードを使って文を書いたり表計算したりする仕事、といえばわかりやすいですかね。エクセルを作る人でもないし、ウィンドウズを作る仕事でもない。でも、ソフトを作る人にフィードバックして改良してもらうことはあるので、それに関するある程度の勉強をしていないとリクエストはできないけれども、とはいえ自分でソフトを書くわけではない、というわけです。

――マップ屋さんがロガー屋さんの仕事をカバーできるのであれば、全部をマップ屋さんがカバーしたほうが効率は良くないですか。人数が多ければ伝言ゲームみたいになって、本来の意図が伝わりにくくなったり間違って伝わったりする可能性もあるだろうし。

だから、ロガー屋さんはチームによっていたりいなかったりしますよね。ところが今のMotoGPを見ていると、ライダーの周りにPCを広げて座っている人が多いじゃないですか、チーメカ以外に。あれがそういう伝言ゲームを生み出している。ほんとは3人も4人も要らないはずなんですよ。でも、担当を細かく分けて仕事を分担させたがるチームだと、そういうことになる。

スズキの場合だと、ライダーの前にはふたりしか座ってない。自分とチーメカだけ。セッション中はそれだけで事足りるんです。もちろん裏側ではデータを見て解析している人がいるけれども、それは次の段階の話で、今、目の前でやっつけなきゃいけない問題はこのふたりがいれば事足りる。セッション中に決めるのは、このふたり。たとえばチーメカがサスを換えると判断すれば、そのリクエストを出して担当メカニックが交換作業をする。自分の場合だと、誰に対してもリクエストは出さない。ライダーのコメントを聞いて（マップを）見て考えて、思ったヤツを次に入れちゃう。FP（フリープラクティス＝練習走行）１とかFP２だと１回の走行が10分ちょっとで、次の走行に出るまでの時間はだいたい２、３分なんですよ。その短い時間の中で、問題があれば優先順位をつけて修正して変えて出しちゃう。

――出す、というのは？

設定を変えてマップを作って、それをオートバイに送る作業。次に走り出すまでの間に、ひとりだと２、３分でもできるけど、何人もいると説明しているうちに時間が過ぎちゃうからできないですよね。

――ひとりでやるにしても、その作業を２、３分でやるのはものすごく短いですよね。

短いです。でもやらなきゃいけないので、よりシンプルにしていく。そのときにデータを見る力が必要になってくるんです。ライダーのコメントを聞いて、ここ、というのを素早く見つけて、どう対処するかをその時間の中で見つけなきゃいけない。

――ライダーのコメントとデータが食い違ってることってないんですか。

ありますけど……あまりないですね。そんなときは勘で変えたりします。コメントと食い違っていて「どれだよ……」というときは、こうだろうと思われる方向に試しに振ってみたりしますね。

――その勘が外れたことは？

今はないけど、昔はありましたよ。今はデータの解析が進んでいるのもあって、年々減ってきています。でも、昔はそんなことばっかりでしたよ。「どれだよ、わかんねえよ……」みたいなね（笑）。

――それは場数を踏んで経験を重ねることで減ってくる。

だと思います。「こういうときにライダーはこういうことを言ってるんだな」という、そのもとを教えてくれたのが原澤さんです。今、自分がやっていることのもとの考え方はその頃から変わっていないです。

――マップ屋さんの仕事をしていくうえで重要なことって何でしょう？

ライダーが人間だということを忘れてはダメですね。

――というのは？

結局は人の感覚なので、さっき言ったコメントとの食い違い、ズレ、ってそこから来るものなんです。今日はいい、明日は悪い、と言われて、何だろうと思ってデータを見てみてもオートバイは何も変わっていない。天候や気温のコンディションはもちろん変化するけれども、何がいちばん変わるかというと、そのコメントをしている本人、乗っている人の感覚がいちばん変わる。それを常に持っておかないと、極端な話、二日酔いの人に合わせてオートバイを作るとオートバイがおかしくなっちゃう。そういうときにはちゃんと、「あなた、今日は二日酔いでしょ。だから何もしないよ」と説明する。そうやって説明する状況を、まず作る。

――そういうときはライダーが何を言おうとも……。

変えない。変えたとしても、前置きとして「今、バイクはこういう状態で、あなたが乗りにくいと言うからこういうふうにするけど、これはあくまでテンポラリーなものだからね」と言って変えますね。重要なのは、ちゃんとライダーとやりとりをする、ということですね。

――つまり、人間というものをどう理解するか、ということが重要になるわけですね。

結局、そこだと思いますね。それに気づいたのはoGPをやるようになってからじゃないかな。

――話を少し戻しますが、原澤さんのもとで制御の勉強をした後はどうなっていくんですか。

原澤さんのところは2、3年ほど雇っていただいて、その後たしか2004年頃に沼田（憲保）さんが全日本のST600で走ることになったとき、「手伝いでちょっと来てよ」と声をかけていただいたんですよ。沼田さんはケンツ時代に8耐で走っていたので、そのときにつながりができていて、そこからは原澤さんの下で派遣される形じゃなく自立してお手伝いをすることになりました。だから、自分を最初にピンで呼んでくださったのは沼田さんなんです。それで全日本を2年やりました。伊藤レーシングで2004年と2005年。ヤマハの600ですね。で、2006年からスズキです。

――マップ屋さんの仕事は、ホンダ、ヤマハ、スズキと、バイクが違えば変わるものなのですか？

今まで1000ccも600もそれなりのオートバイの数をやってきて、ヤマハもスズキもホンダもやったけど、クセがあるだけで基本は同じですね。やってるのはエンジンをどうコントロールするか、ということとなので。

――2006年からスズキの仕事をするようになった経緯は？

ケンツ時代にスズキの全日本スーパーバイクワークスチームと同じピットになることがあったんで、知ってる人は何人かいたんですよ。MotoGPのもてぎを見に行ったとき、スズキの鴨宮（保雄…MotoGPをはじめ数々のスズキレースプロジェクトを率いてきた人物）さんに「なんか仕事ないですか〜」と聞いてみたらあったんで、2006年から浜松に引っ越して、MotoGPのテストチームに入ることになりました。そのときの仕事はロガー屋さんです。あと、ワールドスーパーバイクの開発車メカニック。

で、その年の全日本最終戦に（加賀山）就臣《ゆきお》さんが出たんですよ。これが面白い話で、就臣さんが自腹でプライベーターとして参戦することになったんだけど、オートバイがないんですよ。開発車の中古部品なら使っていい、ということだったので、8、9月くらいからちょっとずつ皆で部品を集めて、やがてムクムクってバイクができあがってきた。でも、プライベーターだから計測器のデータロガーがないわけです。型落ちのヤツとか半分壊れているヤツとかをかき集めて、ハーネスも自分で作ったりなんかして。で、バイクを作って鈴鹿の最終戦に参戦したら、勝っちゃった。

このとき、「おまえ、ECUの制御もできるの?」と就臣さんに訊かれたんですよ。じつはしばらくずっとやってなかったし、できるかどうかもわからないけど、就臣さんにそう訊かれると「やりますよ」と答えるしかないじゃないですか。で「やれます!」つって返事して、そのレースでマップ屋さんをやることになったわけです。ウィーク中には問題が出て、そのコメントに対してマップでうまく調整できたことで気に入ってもらい、'07年からマップ屋さんとして就臣さんが参戦してたSBKに連れて行ってもらうことになりました。

あの全日本最終戦では、もう勝負を賭けましたね。あれがなかったら、きっと俺はロガー屋としてしかスズキの中にいなかった。でも、ロガー屋さんでは終わりたくなかったんですよ。ロガー屋さんには、判断する決定権はないから。でも、自分で決められる仕事じゃないと面白くない。だから、あれはホントに勝負賭けましたね……、なんでしょう。「これでダメだったら俺はこの仕事はダメだな、仕事を変えたほうがいいだろうな」くらいの気持ちで臨みましたね。

――じゃあ、その全日本最終戦は、自分のキャリアの中でも大きな転機のひとつだった？

そうですね。自分が今のポジションにいるのは、そこがポイントでしたね。

――そして2007年からはSBKに行くんでしたっけ。

'07と'08の2年間です。

――その2年間は刺激になりましたか？

それはもうすごく。面白かったですね。

――世界に出たのはそれが初めての経験？

そうでしたね。'09年は日本に戻って竜洋（スズキのテストコース）でスーパーバイクの開発をしていたんですよ。でも、その年の途中で「来年は仕事がありません」と言われたんです。あのときは、契約で仕事をしていた日本人が7、8人ほどいたんですけれども、人員削減で一気に数名いなくなりました。

――それはやはり、リーマンショックの影響ですか。

でしょうね。あのときはその影響で、どこもが規模を小さくしていきましたもんね。

――その当時は、スズキの契約社員として仕事をしていたんですか？

業務委託です。

――ということは、個人事業主？

はい。

――まさに請負の職人仕事ですね。国民年金で国民健康保険？

そうですそうです。

――仕事は'09年いっぱい、とスズキに言われたあとは、どうしたんですか。

シーズンの途中に、SBKのモンツァのレースへ仕事を探しに行きました。あの頃、藤原克昭さんがモンツァの近くに住んでいたんですよ。だから「克昭さーん、モンツァに仕事探しに行くんで泊めてくださいよォ」つって（笑）、1週間くらい泊まりに行って探したんですけどやっぱりなくて、「ないなあ、どうしようかなあ」と。しかたがないので引っ越し屋のバイトにも登録して、クッソーと思ってたら、たしか12月の1週目か2週目にAMA（全米選手権）のUSヨシムラがマップ屋を探しているという話を聞いたので、そこに食いつきました。仕事をするわけだからビザを取らなきゃいけなくて、それも先方がいろいろと手続きしてくれてギリギリ間に合って、1月の1週目くらいにはアメリカに飛んでいましたね。

――住むところはUSヨシムラで手配をしてくれたんですか。

いやいや。最初は、住むところが見つかるまで2ヶ月くらいアメリカ人メカニックの部屋に住まわせてもらいながら、自分で家を探しました。そこから2012年までの3年間ですね。USヨシムラでは、トミー・ヘイデンの担当をしていました。

──アメリカでは、どこに住んでいたんですか。

カリフォルニアです。今、大谷翔平がいるアナハイムの隣町。アーバインっていう街に住んでいました。

──USヨシムラの仕事をするようになったのは、どういう伝手《つて》だったんですか。

スズキの中で探してくれていたみたいです。時期的には、あのあたりでスズキの電気システムが変わってるんですよ。それまで三菱の内製だったやつをマレリに変えた。それが2008年だったと思います。

──それはSBKの話ですよね。

そうです。

──MotoGPでは、電子制御は当時もまだ三菱でしたよね。

その前振り段階みたいな感じで、スーパーバイクでマレリを先行で入れたんですよ。じつは、それをやっていたのは自分なんです。変えたいな～、と思っていたので、変える流れにしてたんですよね(笑)。内乱じゃないけど。

──でも、スズキとしては内製がいいと考えていたのではないですか？

うん。社内では三菱がいいと思ってましたね。

──では、なぜ島袋さんはマレリがいいと思ったんですか。

三菱はすごく使い勝手が悪くて、マニアックな作りをしていたんですよ。「これ、ダメじゃね？」

って思いました。

――マレリを触ったきっかけは？

スズキの中で覚えました。でもね、ヘンな話、何でもよかったんです、マレリだろうがＭｏＴｅＣだろうが。要は、三菱から変えたいと思っていたんです。そのときにマレリが候補で出てきて、取り寄せたり社内にあったものを使ったりして。どんどんそっちのほうへ変わっていく流れにした。けっこうやりたい放題やらせてもらいましたね。

――当時のスズキは、契約メカニックの島袋さんがそれだけ自由に判断して決定できていた、ということですか

決定はもちろん全然できませんよ。だから、あっちこっちにタネを撒いたり焚きつけたりしていると、流れがそっちになってきた。

――少し時代は飛ぶのですが、後にＭｏｔｏＧＰもマレリの共通ＥＣＵになっていきますよね。そのときに日本メーカーってどこも大反対をしていましたが、あれを見て島袋さんはどう思っていたんですか。

いやもうね、「早くマレリになれ、なれ」って思ってました。なれば自分のシェアが広がるから。

――じゃあ、どうして日本の人たちはあんなにマレリになることを嫌がっていたんでしょう？

マレリが、というよりも、変えるということを嫌がるんだと思います。だって、今まで自分たちがずっとやってきたことだから、わざわざ進んで変えなくていいものじゃないですか。変える手間のほうがたぶん大きいから、みんな嫌がるんですよ。彼らも「じゃあ、変えるメリットは何なの?」と思って調査をして、「それなら自分たちで同じモノを作りゃいいじゃないか」と考えて作ってもみるんだけど、同じにはなんないんですよね。あと、マレリにすることの大きなメリットは、人が来る、ということです。

——人が来る?

うん。マレリを使えるようになることで、外から優秀な人を採れるんですよ。たとえば、スズキが三菱を使ってると、よそのチームでイケてる人がいても獲りにくいんですよ。使ってるモノが違うから。でも、マレリだと使える人が多いから人材のマーケットが広がる。それはすごく大きいと思います。

——その一方では、ライバルが増えるわけだから競争が激しくなってゆきますよね。

今のMotoGPがその状態だと思います。もはや使えるのが普通だし、ピットでPCの画面を睨んでいる人は皆、使える人です。でも、俺と同じ感覚を持っている人はヨーロッパの人たちにはたぶんいない。だから、そこが自分の強みかなと最近はちょっと思ってます。

——当時の日本メーカーはマレリの導入に大反対したし、中にはマレリになったから日本メーカーの強みが出せなくなったんだ、なんていう声もありました。

でも、マレリの導入は最終的にはメリットになったと思いますよ。人が回るから。人が回ると、ドゥカティでこれをやってよかった、という制御が来るんですよ。人が来ると、解析方法やノウハウがその人と一緒に来る。その順繰りが今、実際に起こっている。制御が共通になる前はそれがなかったんですよ。日本のメーカーでは、ヤマハがそれに最初に成功したんですよね。ほら、あの人……。

——マテオ・フラミニ？

そうそう。あのあたりの人たちがどこから来たかというと、ドカ流れだったりマレリ流れだったり、そういう人たちがヤマハに行った。だから、一時期はヤマハの電気レベルはすごく高いと言われていましたよね。それはどこから来ているのかというと、つまりそういうところからなんですよ。

——スズキにはそういう人がいましたか？

アレックス（・リンス）のチーメカをやっていたマヌエル（ホセ・マヌエル・カゾー）は、もともとドゥカティの電気屋をしてたんですよ。エンジニアでも、途中で抜けて出ていったりしたけど何人かは入ってきましたよ。

——話をAMA時代に戻すと、そこに在籍していたのは……。

3年間行っていました。2010年から'12年まで。'13年からはMotoGPを再開するというオファーをスズキからもらって、「MotoGPだったらそりゃ行くでしょ」ということで日本に戻ってきました。

——MotoGPでパドックの公用語は英語ですけれども、スズキのチーム内のやりとりはやはりイタリア語が多かったですか？

そうですね。MotoGPでイタリア語を覚えましたからね。特に、マーヴェリック（・ヴィニャーレス）とアレックス（・リンス）でやっていたチームは、ヘッドセットの中が全部イタリア語なんで（笑）。

チームができて、2014年のバレンシアGP事後テストでマーヴェリックが初めて乗ったとき、日曜の夜にチーム全員が合流したんですよ。バレンシアGPはランディ（・ド・プニエ）がワイルドカードで出て、日曜の夜に新しいチームのセットアップをしてメカニックが合流して、初めは皆「ちゃんと英語を喋るから」と言ってたんですが、セッションが始まって5分もすると、みんなイタリア語。ついて行けないから、もう覚えるしかないですよね。限られた時間の中の作業だから、覚えないとついて行けなくなってしまう。

言いましたっけ。俺、高校のとき英語の授業はABCDからやってたんですよ。アホばっかりで、ひとケタの点数の人が多かったんです。「このままだとこいつら卒業できんぞ」ということで特別クラスを作ってもらったんです。それくらい高校時代は英語ができなかった。

――当時はまさか、将来の自分が英語とイタリア語でコミュニケーションすることになろうとは……。

まったく思わなかったです(笑)。だから、文法は今も苦手だし、イタリア語も聞いて覚えた。でも、沖縄だからなのか、外国に対する抵抗はなかったですね。周りに外国人にいるのが普通だったから。

――スズキが2011年に活動を休止したときは、USヨシムラにいたんですよね。

はい。

――で、2013年から浜松のレースグループ。

あのときも、最初は2014年にレースに復帰する、という話だったじゃないですか。だから、「テストチームが1年だったらがんばれるかな」と思って日本に戻ってきたんです。テストチームはやっぱりイヤなんですよね。レースじゃないから。なのに、戻ってきたらやるやる詐欺で（笑）、もう1年延長になった。なんだよ、もう1年かよ、と。あと1年アメリカにいたら、俺、グリーンカードを申請できたんですよ。もし2年間テストチームをすると最初からわかってたなら、アメリカにもう1年残っていたのに。

――グリーンカードを申請できるのであれば、していた？

してましたね。アメリカは好きなんで。それはやっぱり自分が沖縄出身だからだと思うんですけど。

――'13年と'14年のテストチームは竜洋ですか？

自分が制御をやっていたバイクに乗ってもらっていたのは、ランディと津田（拓也）なんですが、津田にはけっこうがんばってもらいました。スズキのオートバイのターニングポイントを作ったのは、じつは津田かもしれない。

――というと？

それまでのスズキのバイクって、乗りにくかったはずなんですよ。ヘンに制御されすぎちゃってて。制御をしすぎてライダーの感覚の部分を消していたんです。制御量とライダーの仕事量は反比例する面があって、スズキのバイクは制御量が過多だった。津田やランディのコメントを聞いたり波形を見ていると、どうもそうらしいと推測できたんだけど、スズキはそれまでずっとその方向で来ているからやめられないんですよ。それがいいと考えて突き進んで来ているので。

それを逆方向へ振るきっかけを作ったのが津田なんです。俺はこっち（ライダーが仕事をする）

の方向だと思っていたので、津田に言って「真逆の方向で制御するから、それで乗れないならそういうふうに言ってくれればいい。でも、ちょっとだけがんばって乗ってみてくれる?」と言って、2014年のセパンテストで乗ってもらった。そうしたら、「こっちのほうが全然いいですよ」ということで、会社の中の流れがそっちに切り替わった。あれは津田ががんばって乗ってくれたからです。

結局、オートバイって、エンジンが非力だと車体もその非力な状態に合わせたものになってしまう。アグレッシブだとそれに見合った車格になっていく。それまでは、ただただ(剛性なども)柔らかくて非力なのに見合った車格だったけれども、そこらへんからどんどん方向性が変わってきた。エンジンが反応するのでそのぶん、ライダーが仕事をしなきゃいけないんですけど。

制御って、バイクの乗りにくさを隠すことはできても、本来的な特性は絶対的にあるものだから直すことはできないんですよ。だから、制御が増えていくと、ライダーがバイクをコントロールする仕事をどんどん奪っていっちゃう。(データロガーの)波形だけを見ていると、よかれと思ってそういう方向についセッティングしちゃうんですよ。でも実際はそうじゃない。バイクが持っている本来の性能よりもアンダーパフォーマンスになってしまうんですね。

——それはつまり、マップ屋さんがライダーに対して「きみの感覚や技術を信用するから、ここまで任せるよ」ということ。

そうです。「今のバイクの状態はこうだから、これくらいにセットしておく。パワーは今よりも出るけど、がんばって乗ってみ」とこちらが言ったとき、ライダーががんばってくれるかどうかは、信頼関係なんです。多少の駆け引きはしますけどね。

――要するにチーメカとライダーとマップ屋さん、三者の相互信頼関係が重要だということですね。今まで仕事をしてきたライダーは、その関係がうまくいきましたか？

いきました。それって、ダビデ（・ブリビオ：復活前〜2020年のチームマネージャー）が組んだ配置なんですよね。俺をマップ屋として、マヌエルとマーヴェリック、その後ライダーはアレックスになりますけれども、そのチームに入れてくれた。そこのマップ屋に、たとえば社員の人を入れていたら（バイクの仕上がりやチームワークは）ああはなっていなかったと思います。

――それはブリビオ氏の人を見る目が卓越していた、ということですか。

そうだと思います。ダビデはすごいと思いますよ。ホントにすごくいろんな部分を見ている。

――いろんな部分、とは？

たとえばマヌエルにしても、チーメカはスズキで初めて経験したことなんですよ。それまではドゥカティで電気屋をやっていて、メカニックふたりと3人でスズキへ来た。

そもそもダビデにはプランがあって、彼は新しいスタイルの、エンジニアリング的チームを作りたかったんです。経験と勘に頼る昔ながらのチーメカたちじゃなくて、しっかりとしたエンジニアリングとデータに基づいたチームを作りたかった。それで集めたのがマヌエルのチーム。それぞれのポジションの人がキレイにそこにはまっていて、全部が最初からシームレスなんですよ。ストレスはゼロ。こんなにすごくやりやすいんだ、というくらい。それを配置したのがダビデなんです。反対側のチーム、アレイシ（・エスパルガロ）〜ジョアン（・ミル）側はそうじゃない人たちを入れているので、見てるとやっぱりそうじゃないんですよ。雰囲気が全然違う。

——それは外から見ているとわからないことですね。つまり、マヌエル・カゾーチームのほうが、緊密な連携を持った高い水準でまとまっていたということ？

スズキでベース車として持っていたのは、常にマーヴェリック車〜アレックス車です。それが基準車で、そこを軸にして変化、枝分かれしてゆき、何かおかしくなったら必ずそこへ戻っていく。

——マーヴェリックからアレックスまで、チームのメンバーは同じですか？

メカニックたちの実働部隊は変わらないですね。すごく居心地がいいし、仕事もしやすい。

——一を言えば十わかる、みたいな。

何も言わなくてもいいくらい。パーフェクトですね、何に対しても。余計な説明をする必要がないし。カゾーにも余計な質問や説明はしないですね。

——とはいえ、チャンピオンを獲ったのはジョアンですよね。

獲りましたね。そっちのほうが正しかったのかなあと思いながら、「えー……」みたいな。

——Team SUZUKI ECSTARのライダーがチャンピオンを獲ったということではすごくうれしかっただろうけど、その半面で微妙な思いもあったのでは？

あれはめちゃめちゃ微妙ですよ。ライダーを担当する仕事をしていて、（リンス側チームは）いちばん微妙だったんじゃないですかね。

――俺たちのやってることのほうが正しいはずなのに、みたいな？

そうそう。でも、「うん、チャンピオン獲ったよねぇ……」みたいな（笑）。じゃあうれしくないのかというと、そんなことはなくてうれしいはうれしいんですけど。

――自分のやってきたことは果たして正しかったのか、と考え込んだりしませんでしたか？

考えましたよ。「えー、あっちが正しいのかなー。じゃあ、ちょっとマネしてみる？」とも思うんですけど、「いや、それではつまらんなあ」と。

――ところが、チャンピオンを獲ったあとのジョアンは苦戦が続きました。一方で、表彰台に乗り、優勝し、結果を出してきたのはアレックスの側でした。

実際にクルマを作ってきたのが、そうでしたからね。自分たちはやることがぶれなかった。ダビデが連れてきた各ポジションのプロがひとつにまとまっている状態だから、ただの集まりやなれ合いの状態にならないんですよ。

――ダビデが抜けた影響は、やはり大きそうですね。

でかいです。ダビデがいれば、たぶんスズキはレース活動を辞めていないと思います。

――でも、ダビデがいようがいなかろうが、撤退は企業としての判断だったわけですから……。

たしかに会社の判断なんですけど、そこにアピールして、たとえば「辞めたらこうなるよ」とアピールするのはレースチームの仕事だと思うんですよ。それを、外に対しても中に対しても発信しなければならない。リビオは残念なタイミングでチームマネージャーになっちゃっただけで、彼には何をすることもできない、どうしようもない状態だった。ダビデがいなかった2021年が、いちばん効いてしまったんじゃないですかね。会社員の佐原（伸一：プロジェクトリーダー）さんには、そこはできない仕事だったと思います。

――その部分に卓越した能力を発揮していたのがダビデ。

マネージメントのプロですからね。リビオが来たときには、すでにもう遅かったんだろうと思います。

――シーズン途中に撤退の話を聞いたのは、中にいる人間として、どう思いました？

あー あ……、って。会社の決定は自分たちにはどうすることもできない。上のそのまた上のほうからの話なんで、どうしようもないですね。

――鈴木俊宏社長は、サンマリノGPと日本GPに来ていましたね。

取材で囲んじゃえばいいのに、と思いましたよ。でも、（公式会見のようなことは）何もやってないですよね。それくらいのことをやっても充分いいくらいの決定だと思うんですけど、なーんにもなかったですよね。結局、あのペラペラの紙一枚で終わっただけ。スズキらしいといえばスズキらしいですけど。

――でも、悔しいでしょう？

もったいないです。

――オーストラリアGPと最終戦のバレンシアGPで完璧な勝ち方をしただけに、よけいにその思いは強いでしょうね。

チームの皆ともよく話をすることなんですけど、アレックスってチャンピオンを獲っていないんですよ。これだけ長期間、アレックスと仕事をしているとわかるんですけど、あいつ、ポカミスをするんですよ。レースでも0・2秒くらいのちょっとしたミスをしたりとかね。でも、それを5回やると1秒になるじゃないですか。それを今まで何回も見ていて、何回もポディウムを落としている。だから、よけいにもったいないと思いますね。クルマはそれくらいのレベルを常にキープできているのに、「これ、捨てちゃうの？　捨てちゃうんだねぇ……」、と。

――最後のレースで独走優勝したシーズン最終戦が雄弁に物語っていると思うのですが、この年のスズキはドゥカティに対して唯一、遜色なく戦えるバイクでした。

ドゥカティとは得意分野が違うだけで、けっこう戦えていましたよね。波形で見ると、フィリップ（アイランド：オーストラリアＧＰ）のレースがベストです。あのときはもうね、アレックスが無理をしたいときに無理をできる状態のクルマだった。あれはすごかったです。

――マルク（・マルケス）とペコ（・バニャイア）と競りあって、勝ったレースでしたもんね。

あれはすごかった。クルマのキャパシティがホントにすごく広かった。

――最終戦は？

あのときは、どっちかというと淡々としていました。波形を見ても普通っぽい。普通にいいよね、という走りですね。でも、フィリップのヤツは波形からも〈戦ってる感〉が出ているんですよ。

――では、今まで自分がずっとレースをしてきた中のベストのレースはいつですか？

あのときのフィリップですね。自分がやったことに対して結果がちゃんと結びついているから。俺がいつも気にしていることは、ライダーが戦う気になるかどうか、というところなんです。ライダーが勝負したい、行きたい、というときに行ける状態のオートバイに仕上がっていることに重きを置いて、気持ちよくレースをしてくれればいい、という状態をキープするようにセッティングしているんですよ。フィリップのときのバイクはたぶん、そうなっていた。あいつが行きたい、と思ったときに、キャパを超えているけれども行ける、しかも速い、という状態。

――では、自分が最も感動したレースでもある？

感動しましたね。あれは波形を見ていてもアガります（笑）。「すげえ、こいつ。こんな乗り方できんの?」って。

――あんなレースは他にはない？

ないです（断言）。あれはもう、すごかったですね。

――それだけのことをできるライダーなのにポカミスをする。だから余計にかわいいとか？

それはありますね。なんだかんだ言って、今までの自分のキャリアの中で、アレックスはいちばん担当している期間が長いんですよ。2017年からだから、6年間。それまでは、だいたい2年とか3年で交代でしたから。

――では、自分が今まで担当してきたライダーでいちばん印象深いライダーは誰ですか。

それはやっぱり、就臣さんじゃないですかね。2006年の最終戦もそうだし、テストをしているときでも、それは思います。

――テストしているとき、とは？

あの人って、ずっとスズキに乗っているじゃないですか。俺はよく、「スズキがああいうＡＩのような人間センサーを作ったんだ」と言うんですけど、それくらいクルマのことを理解する能力がすごい。それは誰よりも、ですね。

――加賀山さんは人柄、心意気の面でも多くの人を惹きつけるそうですね。

それは絶対的にあります。就臣さんがＴｅａｍ ＫＡＧＡＹＡＭＡで８耐をやってたときも、ずっとマップ屋で行ってたんですよ。ケビン（・シュワンツ）が乗ったときもマップ屋でチームに参加しました。就臣さんがＴｅａｍ ＫＡＧＡＹＡＭＡを立ち上げたときはまだアメリカにいたんですけど、日本に戻ってきたとたんに呼ばれて、全日本にもちょいちょい行きましたね。「就臣さんが呼んでくれるんなら行きますよ！」というかんじ。プライベートでも、就臣さんに呼ばれたらノーとは言えない。就臣さんって、そういう人だと思います。

ＭｏｔｏＧＰでも、就臣さんはヨーロッパに何回か来たんですけど、いつもウェルカムだし、「ユキオは次、いつ来るんだ？」とチームの皆が言っていました。就臣さんをチームマネージャーにすればよかったかもしれない。きっと面白かったと思いますよ。ヨーロッパのスタッフからも慕われているし、スズキの中のことも知っているし、実はいちばん適任だったような気がする。そういうポジションに行くべき人だったんだろうなと思います。

今まで、ポイントポイントでいろんな人に出会ってきたけど、就臣さんもそうだったし、沼田さんもそうでした。まだケンツで丁稚《でっち》をしていたときなんですが、8耐でリタイアしたんですよ。そのとき、レースが終わって「あー疲れた〜」ってトラックの後ろの荷台に座っていたら沼田さんがわざわざ来てくれて「ありがとう、ごめんな」と言ってくれた。たった22〜23歳の若造のところまでわざわざ来てくれて、そんな言葉をかけてくれたことがすごく印象的で。

――人柄に惚れますね。

克昭さんもそうです。そのときも8耐で、北川さんと組んで走っていて最後の1時間までトップだったんです。

――たしか、電気系か何かのトラブルで最後のピットインで出られなかったとき?

そうですそうです。端子が折れたんですよ。最後に克昭さんが出るとき、あとは走りきったら優勝だったんですけど、直すのに小一時間くらいかかって、結局ダメだった。克昭さんが出て行く番だけどクルマをばらしている状態なのに、クソ暑い中、克昭さんはグローブをつけて、何も喋らずにずっと待っている。ただその姿だけでカッコよかったです。ライダーは何かしら、皆、カッコいい、そういった惚れる部分がありますよね。

自分はライダーに恵まれてきました。そういうライダー、イケてる人としか仕事をしたことがない。

――それが仕事の醍醐味のひとつでもあるのでしょうね。

ついてるなと思います。自分はただラッキーだっただけ。

――皆さん、自分は運が良かったと言いますが、そうじゃないと思いますよ。やはりその折々に決断をしているからこその出会いや結果なのであって、運だけではないと思います。

自分で意識して勝負を賭けたのは、さっきも言ったけど2006年最終戦の鈴鹿。あれは勝負を賭けましたね。「やれるのか、自分で?」と思いながら「やるしかねえな……」と。自分の認識と変わった結果の両方がリンクしているという意味でも、あれはいちばん大きい勝負でしたね。あとはノーチョイス。アメリカ? 行くしかないな、みたいな。

――でも、そこでやはり躊躇《ちゅうちょ》する人もいるのだろうし。

行っちゃいましたね(笑)。直近で悩んだのはGASGASに行くかどうか。2023年は俺、GASGASなんですよ。アウグスト・フェルナンデスの担当。KTMじゃなくてポンちゃん(エルベ・ポンシャラル:Tech3チームオーナー)契約で、マップ屋じゃなくてロガー屋さんなんですけど。ポンちゃんに「ロガー屋のポジションだったらあるけど」と言われて話をしたのがフィリップだったんです。MotoGPにはなかなか良さそうなポジションがなくて、その前にMoto2のITALTRANSチームとも話をしていて、向こうはぜひ来てほしい、マップ屋として電気全体を見てほしい、ということだったんですよ。

――ITALTRANSにはジョー・ロバーツがいるので、そのつながりですか。

ジョーは、Team KAGAYAMAで8耐を走ってますからね。夏に冗談半分でジョーに「仕事ないんだよ、仕事くれよ」と言ったら「マジで? 来てくれるの?」みたいなことになってすごくプッシュしてくれた。ポンちゃんの話が1週間遅れていたら、ITALTRANSに決めてましたね。

――GASGASに決めた理由は？

それはやっぱり、MotoGPだから。ポジションがマップ屋じゃなくてロガー屋だからすげえ悩んだんですけど。でも考えてみれば、スズキに入ったときと一緒か、と思って。

スズキに2006年に入ったときはロガー屋で、その前に沼田さんをやっていたときはマップもロガーもやってたからホントはマップ屋さんになりたかったんだけど、ロガー屋さんのポジションしかなかったので「やります！」と言って入った。それがマップ屋をできるようになったのは、就臣さんの最終戦があったから。だから、あのときと同じ感じだな、と思ったんですよ。何でもいいからまずは行って、その後に（やりたいポジションに）なりゃいいかなと。それに、MotoGPにいないとそこに戻ってくるのは大変だ、とヨーロッパの人たちの話を聞いていて思ったし。ライダーでも同じですよね。MotoGPとMoto2の選択肢があるのならMotoGPに行くべきで、ライダーのことなら簡単にわかるのに「なんで自分のことはぐだぐだと考えとる？」と思って。

――そのチーム契約は1年ですか、複数年ですか。

1年です。

――スズキ時代はどうだったんですか。

ずっと1年の契約にしていました。社員になる話もあったんですよ。'07年だったか'08年だったか、世界不況で社員を増やしておきたかったか何かで、どこの会社も社員を採りだす時代があったんですよ。「社員にならない?」と言われたんだけど、「なりません」ってすぐ断りました。

——なぜ社員にならなかったんですか。

プロでありたかった。あくまで自分の持ってるイメージなんですけど、契約メカニックってプロフェッショナルという認識があるんですよ。プロになりたかったし、プロでいたかった。だから、社員にはならなかった。

——社員になると人事異動もあるし。

それで辞めちゃったのがケンツですからね(笑)。やりたくない仕事はやりたくないから、すぐ辞めちゃう。

——それ以降は、社員になる話はなかったんですか?

今回もありましたよ。スズキは撤退するけど、(会社に)残りたいなら社員の話もなくもないんじゃないのかな、みたいなね。

——でも、レースの現場で仕事をするほうがいい。

そうですね。しかも、契約という形態がプロだと思ってずっとやってきたから、プロでやりたかった。それに、「今から会社員になって毎日会社に行く? 今から堅気の仕事? ムリだー」みたいな(笑)。

——GASGASの単年度契約も、契約社員のような形態ではなく……。

個人事業主として、個人対会社の契約です。

……実はスズキのときに1年契約にしていたのは……、欲じゃないけど、ひょっとしたら他にいい話があるかもしれないじゃないですか。そうなったときにスズキに複数年契約で縛られたくなかったんですよ。複数年の話ももらったんですけど、ずっと単年で契約をしてもらっていました。

――ずっとスズキで仕事を続けてきた理由は何ですか。スズキに対する魅力？

今までずっとスーパーバイクからやっていて、自分のことをわかってくれてくれる。だから、いい意味でやりたいようにできる環境だったんですよ。話も聞いてくれている。

――逆に、もうこの会社はイヤだな、と思ったことはないですか？

正直なことを言えば、スズキは自分のキャリアとしてはあと1、2年で出たいなとは思っていました。

――それはなぜ？

違うものが見たかった。もっといろんなものを得たかったから。

――では、スズキがもしもMotoGPから撤退しなければ、2024年や'25年にチームを出ていたかもしれない？

ですね。

――打診するとか感触を当たるとか、していたんですか？

してました。でも、こういうことってタイミングも大きいと思うんだけど、それが合わなかったですね。1回チャンスがあれば、たぶん（自分の能力を）見せられるんですよ。オートバイがヘンなふうになっているとしたら、一度きっかけがあれば、ライダーのコメントがあって、それをもとにちょっとでも変えていくことができる。それってやりがいじゃないですか。

逆に、スズキはここ数年見た目が変わってないでしょ。変えられないんですよ。熟成している状態だったんで、何かを入れたとしても今あるものを超えられない。でも、こういう仕事をしているとクリエイティブなことをしたいじゃないですか。でも、それがだんだん難しくなっていた。マップということに限らず、飛び道具はもう入れられない状態でしたね。

――飛び道具というか、新しいモノは最近ではドゥカティからしか出てこない状態ですね。

やっちゃえばいいのに、と思いますけどね。

――どうして日本メーカーからはあのようなイノベーションが出てこないのでしょう。

単純に、展開力だと思います。日本が作れないわけじゃやなくて、やれるけどやらないだけ。ホンダを見ていても、あのカッコいいV5を作ったホンダはどこに行ったんだ、あの気の狂ったような5気筒を作ったホンダはどこに行ったんだと思いますもんね。

――なぜ日本から技術革新が出てこないんでしょう。

1回やってみて、ダメだったらやめりゃいいじゃん、という発想がないのかも。

――スズキはどうでしたか。

なくなってきていました。どこも一緒だと思うんだけど、今はシミュレーションと解析が進んでいるから、ある程度のものは作る前にいい悪いが判断されてしまう。でも、やってみないとわからない。それを実際にやってるのがドゥカティなんですよね。

エアロだってリアのデバイスだって後ろの羽根だって、まさにそうですよね。

――その欧州陣営の一角に移籍することになるわけですよね。

そうですね。欧州メーカーやチームの仕事で日本人の電気屋って、今までいなかったと思います。メカニックなら日本人はいますけど。

――欧州メーカーで社員になろうと思いますか？

ないですね（即答）。

――社員になりたいと思ったことは、生まれてこのかた一度もない？

ないですね。やりたいことのためだけに、今までずっとやってきてるから。

――つまり、個人事業主の請負として仕事をすることはリスクもあるけれど、そのぶん見返りも大きい？

あまり深く考えてないのかもしれないですけど。レースがやりたくて、今はメカニックじゃなくてこの職種、というだけの話なのかな。レースの仕事をしていて、自分がコントロールできるポジションがここになった、というだけの話で。

――天職だと思いますか？

んー、どうだろう……。向いてるかなと思いますね。

――そう思えるようになったのはいつごろ？

ここ4、5年くらいじゃないかな。MotoGPって、やはりちょっと特殊なので、その前まではクルマのことを覚えながら、そこに自分が知っているものを擦りあわせていって、それがある程度固まってきたのは、ここ4、5年くらいなのかなあ。

――でも、その時期もべつに、自分はこの仕事に向いているのかな、どうなのかな、とは考えていなかったでしょ。

べつになーんにも考えてないですよ。やるだけ（笑）。

――この仕事をしていなかったとしたら、どんな職業についていたと思いますか。

このあいだ、映画の『トップガン マーヴェリック』を観たときに、そういえば子供の頃は戦闘機乗りになりたかったな、と思っていたのを思い出しました。ライダーか戦闘機乗りになりたかったんですよ。

――子供時代に戦闘機に乗りたいと思っていたのは、マンガか何かの影響ですか。

いや、上をふつうに飛んでいましたからね。沖縄だから。

▼2019年の日本GP翌日、モビリティリゾートもてぎの北ショートコースで行なわれたTeam KAGAYAMA主催バイクレースでのひとコマ。アレックス・リンス選手とともに。（本人提供）

4

チャンスを逃すと二度と来ない――金子直也

現在、Moto2クラスのMarcVDSでテクニカルダイレクターという要職に就いている金子直也さんは、日本生まれのブラジル育ちという経歴の持ち主です。22歳のときにブラジルから欧州へ渡り、以後は一貫してグランプリパドックでライダーたちを支える仕事を続けてきました。加藤義昌、宇井陽一、阿部典史、中野真矢、といった日本人ライダーと一緒に仕事をし、近年ではアレックス・マルケスがMoto2クラスに参戦していた時代にクルーチーフとしてピットボックスで常にライダーの隣に座っていました。

冷静な表情を崩さずに阿部選手や中野選手と日本語でコミュニケーションしながら、チームクルーに対しては多言語を駆使して陣頭指揮を執っていた姿は、その当時からとても印象的でした。そんな金子さんが語る半生は、ある意味で、激動のグランプリ史を接写サイズで見てきた記録、とも表現できるかもしれません。

――金子さんが最初にグランプリを転戦したのは１９９４年、ということですけれども。

ＲＯＣヤマハです。当時は、ヤマハがエンジンをリースしていたので、ＲＯＣがヤマハのエンジンを自社の車体に搭載したバイクでグランプリに参戦していたんです。僕はヤマハブラジルで働いていたんですが、その関係で会社の人に話をしてヨーロッパへ行くことになりました。

ほんとはＧＰではなくてスペインに行きたかったんですよ。スペインではオープンＤＵＣＡＤＯＳカップとかをやっていたので、そういうところでレースをやりたいなと考えていたんです。ブラジルにいた頃、国内ではプロダクションレーサーしかなくて、ＲＤカップとかＣＢＲカップとか、そういうカップレースをやっていたんですが、その中では限界があるので外に出たいと思ってヤマハの人に相談してみたら、「スペインで職場をゲットできればそこでレースもできるんじゃないか」、ということになった。それが'93年。当時の部長からは「こんな大事な時期にレースみたいなことで自分の将来を棒に振ってもいいのか」と言われたんですけど、僕はヨーロッパに行く気満々だったので「棒に振ってもいいんです、レースをやります」と言って会社を辞めた。それがそもそものきっかけですね。

でも、その頃はスペインが大きな経済危機に陥って外国人を雇わなくなっていて、これでは職を見つけるのは難しそうだ、という状況になりました。もともと工場のサービスでメカニックとして働いていたから機械的な知識はあったので、「じゃあメカニックとしてGPを回ってみるのもいいんじゃないか、コンタクトしてみようか」と言ってもらって、日本のヤマハのレース部門でカスタマーサポートをやっているところに繋いでいただいたんです。レースでもファクトリーとカスタマーはきっちりと分かれていて、そのカスタマーのほうにコネクションがあって、その人に無理矢理頼み込んでROCヤマハのオーナー、セルジュ（・ロセ）さんに繋いでもらいました。

今思えば、セルジュさんは日本のヤマハの知人の頼みだからということでしぶしぶ了解してくれたんだろうと思うんですけどね。ただ、そのときの雇用条件が、

「シーズン初戦にこちらへ来るためのエアチケットは、すでに用意してある。ただし、1ヶ月働いてみて、これはダメだと我々が判断したら自腹でブラジルに帰国しろ」

ということでした。そういう条件でも「あ、いいです。それでも行きます」と言って'94年開幕戦のイースタンクリークへ行ったんです。そこで500ccのお手伝いをしたのが、すべての始まりですね。

——行きの航空券代は出してやるけれども使い物にならないと判断したら自腹で帰れ、というのは、要するに試用期間ということですよね。その間の生活費はどうしていたんですか。

GPのチームは食事や宿泊の面倒を見てくれるから、そこは大丈夫なんですよ。フランスのアヌマス（ROCヤマハの本拠地）で生活することになると、そのコストはある程度自分でまかなわなきゃ

いけなくなるけど、住むようになれば契約金をもらえることになっていたし、どういうわけだかそれ以降1年間働くことができたので、それがGPキャリアのスタートですね。

――渡欧する前の金子さんはブラジルヤマハで働いていたということですが、育ちはブラジルなんですか？

僕は'71年生まれなんですが、12歳のときにブラジルへ行きました。あの頃は日本から移住する人は少なかったんですけど、すでに現地に親戚がいたんです。その人たちがビジネスを構えて呼んでいたこともあって、両親は決断したんだと思います。最初はあまり馴染めずに日本人学校に通い始めて、現地で就職に至るまでずっと向こうにいたので、日本で生まれてある程度の時期までを日本で過ごし、12歳から22歳までをブラジルで過ごして、その後はGPを回り始め、結婚して日本へ戻ってきた、という経緯ですね。

――ということは、小学校を卒業する頃まで日本ですか。

小学校は日本で卒業してないんです。6年生の真ん中くらいでブラジルに行きました。

――小学校6年生の12歳って、多感な時期ですね。

実際は、あまりそうでもなかったように思います。というのも、小さい頃は病弱でぜんそくがひどくて、家族はたぶんそれを考えて「もっと温かいところへ行かないと、この子はヤバいんじゃないか」と考えたんじゃないですかね（笑）。そういうこともあって、子供の頃の記憶はあまりないんです。ブラジルに行っても苦労しましたよ。最初は言葉がわからないから会話はできないし、ブラジルの習慣は日本とはまるで正反対だし、結構キツかったですね。でも、今から振り返れば、それがGPの世界で働くことのいい訓練になったんじゃないかとも思います。というのも、昔は日本人のライダーがいたから日本人のメカニックの人たちもたくさんいたんですよ。じゃあ、なぜ僕が残って他の人たちが辞めてしまったのかというと、べつに彼らの能力が劣っていたとかレースに対する情熱が少なかったわけではけっしてなくて、自分の見解では、おそらく異国の習慣に馴染めなかったりそれを快適に感じられなかったからなんじゃないか、と思うんですね。僕は子供の頃から実生活でさんざん試されてきたんで、日本人的な常識がまるで通用しない場合でも、「これはこんなもんだな」と思うし、「そんなことを気にしなくていいぞ。くよくよ悩んで生きていかなくても大丈夫だ」と考えることができるようになっていました。

日本人は一所懸命に働くし、外国人も彼らは彼らで一所懸命やるんだけど、何か根本的にわかり合えないところはやっぱりあるんですよ。僕は日本からブラジルに行って、そこからヨーロッパに行ってふたたび日本に帰ってきたことで、その国々の歴史や宗教から来る習慣の違い等でやはり根本的にわかり合えない部分もあるんだな、ということを、実生活を通して理解できた。でも、そこを理解しないまま外国にいると、きっと知らず知らずのうちにストレスがたまり、疲弊してしまうんでしょうね。そうすると続かなくなってしまう。それが、アジア人がGPで生きていくうえでの、技術的な面以外の難しさなのかな、と思います。

基本的に、ヨーロッパで行われるグランプリは個人主義的な白人社会なんですよ。日本人はまずルールを決めるときに万人に良くなるように務めますよね。結果的にそうならないにしても。でも、彼らはたぶんそこは重要視しない。自分たちがアドバンテージを取れるところを探して交渉して、それで何が悪いんだ、という考え方で、とにかくガンガン主張してきます。協調性を大切にする教育を受けた日本人には「えっ!?」と思う瞬間があるはずです。競争だからその考えでも悪いわけではないんですが、それも一長一短で、自分の中でバランスを取る必要があるな、と年を重ねるごとに思うようになりました。じつはそれが、結婚したときに日本をベースにしようと考えた理由でもあるんです。

皆から、レースに携わっていくならなんでヨーロッパに住まないんだ、と言われたし、実際にワーキングビザも持っていたんですけど、でも、日本人として恵まれている部分を外国生活を通して感じていたんですよ。日本だけで住んでいると比較の対象がないから、きっとわからないですよね。そういった意味では、海外生活は比較材料を知る良い経験にもなります。だから、これまでの人生でいろんなところに移り住んできたことにも意味があったのかな、なんて今は思いますけどね。

――12歳から22歳までブラジルということですが、家の中では日本語で、日本語学校でも使う言葉は日本語ですよね。家や学校の外の生活環境はポルトガル語だったんですか。

ブラジル、とくにサンパウロは世界の中でも日本移民が多かった場所で、いわゆる日系人が8万人くらいいる環境でした。うちの親父とおふくろは日本食品関係の仕事をしていたんですけれども、あまりポルトガル語を喋らなくても生活できる環境ではあったんです。はじめは僕も、わざわざ喋る必要はないな、というかんじでした。

中学までは日本人学校があるんですけれども、高校は日本人学校がないので現地校に通うかアメリカンスクールに行くか、という選択肢になるんですね。日本人学校に通っていたほとんどの子たちはアメスクに行くんですよ、いずれ帰国することを考えて。でも、僕は卒業後その方向へ進まないで現地校へ入った。環境は完全にポルトガル語ですね。中学卒業前に、将来の進路について先生に尋ねられることがあったんですが、そのときに僕は「レーサーになりたいです。どうすればいいですか」と真顔で質問したのを覚えてます。卒業後もその先生がそれをずっと覚えてくれていて、日本人コミュニティの中で「じつは卒業した生徒の中にこういう子がいるんだけど」と話してくれていたようです。

そもそも、その先生の考えでは、レーサーになるためにはまずオートバイのことを知らなければならないだろう、そのためにはその関係の仕事をするのがいちばん近道なのではないか、ということで、高校に行きながらブラジルの現地の日系人がやっているオートバイ屋で1年間働いたんですよ。その後、しばらくしてその先生から電話がかかってきて「こういう人がいるんで話をしてみないか」とヤマハブラジルの駐在員の方とお会いする機会をいただくことになって、その方が帰国するときに、搭乗直前の空港に行って話をさせてもらい、そのご縁もあって高校を卒業したときに現地のヤマハに就職した、という経緯ですね。当時のヤマハはRD350カップを世界各地でやっていて、最後はヘレスで世界一決定戦をやるというイベントがあったので、それに出たいとなんとなく思っていて、ヤマハに就職したらそれに出ることができるんじゃないかという、じつに安易な考えだったんですよね。

――そもそも金子さんがライダーを志した理由は……。

マンガです。

――バリバリ伝説？

そうなんですよ（笑）。ブラジルの日本人コミュニティでは、少年マガジンとかのマンガ雑誌を読むことができたんです。親戚のおじさんが雑誌を取ってくれていて『バリバリ伝説』なんて読んでいるのはオレだけなんじゃないか、と思いながら読み漁っていました。GPで働き始めてからずっと後に知ったことなんですけど、中野（真矢）くんもそうなんですよね。彼のバイクナンバーも56番じゃないですか。ダンティン（ルイ・ダンティン：元ライダーのチームマネージャー）のチームで一緒になったときに、あ、そうなんだ、と。あのマンガの影響力ってここまで浸透しているんだということに、びっくりしましたね。僕も、日本人学校の中学に行ってるときに読んだ、あのマンガがきっかけなんですよ。

――ブラジルで学校に通っていた当時、バイクに乗ってはいなかったんですか。

うちの親父の方針は、勉強にはいくらでも金は出すけれども遊びに金は出さない、遊ぶ金がほしければ自分で稼げ、という考え方だったので、オートバイ屋さんで働くようになってから、単気筒のオートバイを貸してもらって、それで走り回っていました。ブラジルはそのへんがかなりフリーな環境でしたから。

――免許を取ったのはブラジルですか？

そうです。じつは免許を取る少し前から乗ってたんですけどね。

というのも、当時僕が住んでいた家からそのバイク屋さんに行くまで、すごく時間がかかっていたんですよ。公共交通機関が日本のように発達していないから、オートバイで行けば20分くらいのところが、バスや電車を乗り継いで1時間半くらいかかっていた。それだったらこれを使えばいいじゃないか、ということで店の親父さんにバイクを貸してもらって乗っていました。でも、その頃は免許をまだ持っていなかったから「いいんですか?」と聞くと、「捕まったらオレが迎えに行ってやるから大丈夫だ」と。

免許を取って走り始めたのは、高校を卒業してからですね。で、レース活動も始めてもう少ししっかりしたレースをしたいな、ステップアップしたいな、と思ったんですけれども、ブラジルってお金持ちとそうじゃない人たちの貧富の差が極端に乖離《かいり》してるんですよ。だから、こうやればいいという参考になる例がなかった。(アレックス・)バロスのように国外のチームと契約して南米のチャンピオンシップを走れればいいけど、そんなお金なんて一般の家庭にはとてもないわけです。で、ナショナル選手権を走ってみて、楽しいなあ、と思っていたんですよね。レーサーのTZとかRSではなくて、プロダクションのカップレースがナショナル選手権として認められていて、僕が乗っていたのはRD350とCBR450。それでレースを走ってましたね。

——子供の頃に何かを見て強烈に刷り込まれた、という体験ではなく、ブラジルで読んだバリ伝がその後の人生を決めたわけですね。

あの頃はインターネットがない時代だから、あとは雑誌を探すんです。『ライダースクラブ』なんかを読んだのも覚えているけど、そういうものを通じて、レースってこういうふうにやってるんだ、スペンサーとロバーツが戦っているんだ、ということを少しずつ知っていきました。ヤマハに就職してからは、WGP速報がファクスで入ってくるんですよ。映像じゃなくてファクスだけ。それをよく読んでました。ウェイン・レイニーさんがケガをしたということを知ったのも、そのファクスの速報でした。あの頃は必死になって情報を探していましたね。

――ブラジルでは、テレビ放送はしていなかったんですか。

ダイジェストはやっていました。ブラジルで最大手のGLOBOという放送局が、週末深夜のスポーツ番組で5分くらいダイジェストをやるんですよ。125ccはこうで250ccはこうで500ccはこうでした、というあっさりした内容でスタートとフィニッシュしか映らないんだけど、それが唯一の映像情報だったからわくわくしながら見ていましたね。

インテルラゴスにGPが来たときは、ヤマハで働いていたので初めてパドックに行ったんです。そのときはドゥーハンが脚をケガしていて、レイニーはレイニーでエンジンが壊れまくっていた年ですよ。で、チャンピオンシップがかかったレースがインテルラゴスに来た。レースはレイニーが勝ったんですけど、初めて行ったパドックはとても華やかでしたね。

――生まれて初めてのパドックで、しかも当時の金子さんはまだ20歳過ぎでしょ。もう、夢の世界が目の前に広がっているような状態ですよね。

そうそう。500なんて「こんなぶっといタイヤをつけて走ってるんだ！」って思ったし、市販車にはないレイアウトじゃないですか。V4はエキゾーストが4本出ていて、ジェット機みたいなシルエットだったんで、すごいなあ、と思いました。別世界ですよ。じつはF1がブラジルに来たときも、必要な買い出しのお手伝いみたいな感じで行ったことはあるんですが、あまりなんとも思わなかった。ということは、きっとF1にはあまり興味がなかったんでしょうね。

――インテルラゴスに行ったのは、ヤマハの手伝いですか。

スクーターの手配とかモノを調達するアシスタントみたいな仕事で、現地のヤマハから送り出されるんですよ。当時は桜田（修司：当時のヤマハ発動機を率いていたプロジェクトリーダー）さんがチームロバーツを担当されていて、「レイニーの祝勝パーティをするから君も来なよ」とシュハスカリアに僕も入れていただいたんですけれども、「いやー、すごいなあ。いいなあ……」と（笑）。

――夢のような世界を目の当たりにしたわけですね。

その世界でまさか自分が働くことになるとは思ってもいなかったですけどね、そのときは。

――先ほどの話だと、自分の志向はあくまでヨーロッパでレースをすることが目的で、GPの仕事はあくまでそのステップ、ということでしたね。

'94年ですね。イースタンクリークの初戦。そのときに初めて、ROCヤマハのライダーにピットウォールでサインボードを出したんですよ。ジュリアン・ミラレスという、今、若い子たちの育成をしている人なんですが、その人のボードを出していたんです。

イースタンクリークは6速全開でストレートを通過して、1速ポンと落として1コーナーに入っていくというすごい高速コーナーなんですが、そのときにラッキーストライクカラーのシュワンツが（スロットルを）ポンと切ってシフトダウンしたときに焼き付いちゃって、目の前でバリアに突っ込んでいくのを見たんですよ。そのときに「……これはヤバい」と。死んだんじゃないかというくらいのスピードだったんですが、すぐに起き上がってポンポンと埃をはたいて立ち上がって歩いていったのを見て、「いやこれはすごい世界だ……」と思いました。それでやりたいことを辞めたわけではないんですけど、その後は一所懸命で気がついたら違った職の違った道に進んでいた、ということですかね。

――ROCヤマハに入ったときは、あくまでも自分がレーサーとして活動をする最初のとっかかりにするために、パドックの仕事をしたんですよね。

スペインが経済危機のような状態で行けなくなったので、1年間くらいプロのトップレベルの世界を見てみるのもいいかなと思い、経験のひとつとして行ったわけです。

――で、目の前でケビン・シュワンツが転んだ。

あの映像を今でもくっきりと思い出せるということは、相当に自分の中では強烈な体験だったんでしょうね。4ストと違って2ストの場合は（スロットルを）切ると風切り音しかしないんですよ。それが、ブワァーと目の前を通り過ぎた次の瞬間に、消えたんです。「あ、人が亡くなるときってこういう感じなのかな……」と思わせるような、それくらいのことが目の前で一瞬のうちに起こったんで、「うわー……」と思った。これは好きだけでやっていける世界ではないな、と感じさせてしまうような、ちょっとそれくらいのすごいインパクトがありました。そんなリスクを冒してライダーはいつもレースウィークを迎えているんだな、と。しかも、その出来事はレイニーさんの事故が起こったあとだったから、そういうものを目の当たりにすると、「ヤバいじゃん、これ」と思いましたね。

――「メカニックの仕事ってこんな面白さがあるんだ」と、何かに目覚めてその方向へ進んだわけでは……。

ないですね。でも、メカニックにしてもライダーにしても、勝利したい、勝ちたい、という気持ちは同じなので、それに支えられてきたんでしょうね。明日は今日よりも良くしよう、そうすればやがて勝利に近づくだろう、というのが自分のスタンスです。というのは、最初に入ったのはカスタマーチームだから、勝利なんて考える余地もなかった。ただ走らせて満足だったらそれでいい、という状況。その1年後に同じヤマハのカスタマー部署の人から「日本人のライダーを見てほしい」と言われて、それが加藤義昌さんだったんです。チームはホルへ・マルチネスのチームアスパーで、そのプロジェクトを始めると、ヤマハが関与しているから良くなっていく手応えがあった。そういうことを経験して、「もっと良くなりたい、勝ちたい」と、どっぷり浸かっていったんじゃないかと思います。

その次に宇井陽一くんが来て、そっちに付いてくれと言われたんです。ヤマハクルツでやっていた頃ですね。加藤さんはたしかその後、センプルッチに移ったのかな。アスパーはヤマハからアプリリアに変わったので、そこから抜けて加藤さんはセンプルッチ、僕はクルツで宇井くんと一緒に3年間やりました。この当時のヤマハのプロジェクトは、その後にデルビからKTMへ移っていくハラルド・バートルと一緒に進んでいましたね。バートルは今もオーストリアGPに遊びに来ますよ。「いまだにやってんのか」と言われますけどね（笑）。「やってますよー」って答えてます。

当時ヤマハのエンジンは、ホンダのRS125と比べると場所によっては時速15km くらい遅かったんです。ライダーに「これでよく勝てるよね、キミたち」って言ってたくらいですから。スペインはちょこまかした小さいコースが多いので、そういうところでは勝てるけど、アッセンみたいに大きいコースに行ったら話にならない。スリップ（ストリーム）につけずにあっという間に離れて行っちゃう。他にもミシュラン対ダンロップのタイヤのコンペとかいろんな要素があって、それでアスパーのプロジェクトが終わった。クルツでは、バートルが自分でシリンダーなどを加工していたんですが、ヤマハはYECというキットを出しているから会社としてはそれを使ってほしいじゃないですか。でも、バートルが作ってるキットのほうが、壊れるけどパフォーマンスは優れていたんですよ。ライダーとしてはこっちを使いたい。でも、ヤマハが金を出しているだけにそっちのパーツを使わなければならない、という政治的に難しいことにもなんとか対応しつつ、シーズン終盤のブラジルでは宇井くんも表彰台に立つことができて、だんだん良くなってきているね、というところに、ヤマハが125ccのプロジェクトを打ち切ることになったんですよ。で、デルビとの契約を掴んだバートルが宇井くんを連れて一緒に移籍した、という流れだったと思います、たしか。

――パドックでメカニックとして仕事をしていたこの当時の金子さんは、12歳でブラジルに移民したことでポルトガル語はすでに習得していたと思うんですが、スペイン語を覚えたのは何歳頃なんですか？

今思えば……、いつだろう。標準的なスペイン語とポルトガル語ってすごく似ているんですよ。日本でいえば方言程度の違い、というくらい似ているんですけど、じっさいに僕が話しているスペイン語をスペイン人たちは、「おまえの言葉はポルトニョール（ポルトガル＋エスパニョール）だ」と言いますね。あの当時にスペインでプレーしていたブラジル人サッカープレーヤーみたいで、訛《なま》ってるということなんでしょうけど。だから、気づいたら馴染んでいました。でも、バレンシアーノやカタランは違うんですよ。あれはもうホントにわかりづらくて、最初は苦労しました。

――では、20代前半ですでに日本語、ポルトガル語、スペイン語を操っていたわけですね。パドックの公用語は基本的に英語だから、早い時期から4カ国語を駆使して仕事をしていた。

でも、英語は日本人も学校で習うじゃないですか。その習ったモノを思い返して、あとは耳に入ってくるものを聞いて文法に合わせてリピートするだけなんで、そんなに苦労はしないと思います。でも、たとえばフランス語は日本人が生まれてからこのかた絶対に使わないような発音が入っているので、それを喋るのはすごく難しいですよね。イタリア語、スペイン語、ポルトガル語はすごく似ているんですよ。でも、フランス語は書いているものと発音が全然違うんで、「えー、なにこれ⁉」みたいな。ROCで1年間フランスに住んでいたので習得しようと思ったけど、「いやー、これはちょっと難しいな……」と。

そういえばあの頃は、エンデュランスもやっていたんですよ。当時のROCは、ヤマハモーターフランスのエンデュランスを仕切っていたんです。その年は、後に亡くなった永井康友さんとクリスチャン・サロン、ドミニク・サロンがポールリカールのボルドールで勝ったんですが、そういう活動も

GPの間にやっていました。でもね、24時間はキツいですよ。僕はタイヤを担当していたので、休む時間が全然ない。練習から数えたら30数時間ノンストップでやってるんですよ。でも、レースが終わったらみんな寝ずにそのまま帰りたがるんですよ。「おまえら大丈夫なの?」って(笑)。そういったいろんなものを経験することで、活動をサポートしてくれるたくさんの人たちがいるんだな、ということも学びましたね。

——ROCからアスパー、クルッと移っていった頃は、チーム契約として仕事をしていたんですか?

そうです。今でもそうですよ。期間は1年だったり3年だったりと変わりますけど、基本的には年間契約ですね。

——ずっと個人としてチームと契約をしていた?

そうです。個人契約で、いわゆる個人事業主です。それは今でも。最初の頃は仲介がありましたけどね。ヤマハ関係の仕事をいただいて、そこで話をしてくれたところに沿って動いていたのは、ヤマハから受けた恩義もあったからなんですが、それが変わったのはカワサキのときですね。というのも、ヤマハが125もやらない250もやらない、と活動を縮小していって、MotoGPだけになっちゃったじゃないですか。個人にはそれはどうにもできることではなかったのでカワサキに移ったんですが、それまでは、そもそもの始まりからの恩義があったのでずっとヤマハのチームで過ごしてきた、というところはありますね。

——で、そのクルツ時代に話を戻すと、その次がダンティンに移ってノリックとの仕事になるわけですか。

クルツの3年間は労働があまりに厳しくて、365日ずっと働いているんじゃないかというくらい仕事をしていて、疲れがあったにも関わらずかなり無理をしてました。このままいくとヤバいな、と思ったんですよ。そんなときにドイツで大きな交通事故をやったこともあって、そろそろライフスタイルを変える必要があると思ったんです。

――どんな事故だったんですか？

ドイツってよく雨が降るじゃないですか。で、時速40kmくらいの速度制限の山道をたぶん80kmくらいで走っていたんです。あっ、と気づいたらカーブが目の前でブレーキを踏んだんだけどアクアプレーン状態になって止まり切れず、どん、と下に落っこっちゃった。大きな木にクルマがぶつかった拍子にエアバッグも飛び出してきました。さいわいケガはなかったんですけど、ヘリコプターも出動するような大騒ぎでした。

その頃は、すごく移動が多かったんですよ。ピストンはイタリアの会社で作って、チューナーはオーストリアのザルツブルグなのでそこに持って行って組み立てて、今度はそれをチームのベースがあるドイツのローゼンベルクに持って行って、と、それをずっと僕が車で行ったり来たりしていた。レースが終わるとすぐオーストリアでベンチにかけて、どれくらいパフォーマンスが落ちたかというデータを取って、クランクシャフトはスイスまで行って、ドイツへギアボックスを取りに行って、ということをずっと自分で往復して運んでいたんですよ。これでは体力が持たないなと思っていた時期なんですが、その1年前にダンティンからオファーをもらっていたんです。ちょうど彼がホンダからヤマハに乗り換えてTZMに乗っていた時期だったと思います。で、いよいよヤマハが125の活動を辞めてバートルと宇井くんがデルビに移るとき、じつは僕もデルビの契約を提示してもらってたんですよ。

——ハラルド・バートルにしてみれば、ライダーの宇井さんと一緒に金子さんにも移ってもらいたい、ということだったんでしょうね。

僕はスペイン語も喋れるし、都合としては良かったんでしょうね。でも、このまま続けてもきっとハンドリングしきれないだろうと思って、そのオファーは断るつもりだったんですが、その前に、ダンティンのところに行って「去年もらった話だけど、まだ考えてる?」と聞いたら「ああ、そうだな。来れるのか?」ということになった。僕としては、一度生活をリセットする必要があった。そこでプロダクションレーサーを使って純粋にセッティングを追究して、若い子とレースをするのも良いかな、と。だから、ダンティンへ行く決断をしました。

僕の考えとしては、125ccからステップアップしてくるフォンシ・ニエトとダビデ・ガルシアというふたりが250ccクラスに参戦して、スパニッシュチャンピオンシップでも走らせる、という予定だったんです。だから、「やったー。これでヤマハの市販車が来て、それを組んで走らせて、セットアップに集中してレースをできるぞ」と思っていたんですよ。そうしたら、半年ほどした頃にドイツGPで桜田さんがやってきて、「ノリックのクルーチーフをやってくれ」と。こっちは250だってまだ半年しかやってないわけだから、「何を言ってるんですか!? シーズンの中盤でしかも500

んですけど。
の経験もないのに、できるわけがないじゃないですか！」と思って、そのときはもちろん一度断った

――1999年は、ノリックがダンティンヤマハに移って1年目のシーズンですよね。

その年は、クルーチーフが2回替わっているんですよ。なぜ2回変わったのかは僕にもわからないんですけれども。でも、桜田さんに言われて結局やることになって、そこからノリックがダンティンから離れるまでずっと一緒にやることになるわけです。

――ノリックとの付き合いが始まったのがそこ。

そうですね。そこから付き合いが始まったんですが、まあホントに大変でしたよ最初は。

――というと？

すべてが、ですね。だって、自分としてはゆったりとレースを楽しみたいと思っていたんですよ、若いライダーたちと。デルビではなくてこのチームへ移ったのはそういう理由だったにもかかわらず、ノリックを担当することになってしまった。「えー……」って。

最初の頃はそれこそ、どのようにレースウィークの週末を回していかなければならないか、ということもわからない状態でした。当時はタイヤメーカーも鎬《しのぎ》を削っていたので、タイヤ選択がすごく重要だし、サスペンションとかキャブレーションとか、いろんなもののいろんな情報を精査しながら、どこが重要かを選んでいかなきゃいけない。でも、チームとしても500を始めたのはその年が初めてだったので経験の蓄積がなかったし、チームの中にもそれを知っている人がいなかった。全員が手

探り状態だったので、その年の終盤にブラジルでノリックが勝てたのは、今から考えると奇跡的だと思いますよ。クルーチーフがそんな状況で進めていたんだから。

だから僕たちはシンプルに、基本に忠実にやってました。今のMotoGPと違って、500ccはエンジンを自分たちで組んでキャブレーションやマッピングも自分たちでやって、と手作り的なところが多いんですよね。当時はヤマハから6台の500ccマシンが走ってたんですが、その6台の中でもトップスピードはうちが良いことが多かった。「ノリックのマシンがなんであんなに速いんだ」とマックス（・ビアッジ）からコンプレインが来るくらいだったんですが、別に特殊なことはやってないなかったんですよ。基本に忠実にエキゾーストのコネクションをぴっちりと合わせたり、クランクタイミングもギアの合わせ方の基本的な作業に時間を掛けて、かっちりとひとつひとつ真面目に積み上げていった。それが良かったんだろうな、と今になって思います。基本は大切だな、とつくづく思いますね。けっしてまぐれで勝ったわけじゃない。

――当時のヤマハのエースはマックスでしたね。

ファクトリーにマックスと（カルロス・）チェカがいて、僕たちのチームがいて、ギャリー・マッコイも（翌年には）3戦くらい勝った。500の経験が何もないチームに入って、しかもプレシーズンテストからではなくてシーズン途中にいきなりクルーチーフとして放り込まれて、「やってくれって言ったって、無謀だよな……」とあのときは思ったし、なぜヤマハがそういう決断をしたのかは今でも不思議だけど、逆にそれは僕にとってはすごくいいチャンスであり、いろんなことを吸収できる機会になったんだろうな……、なんてことは今だからこそ思いますけど、当時はそんな余裕なんてまるでなくて、レースウィークを終わらせるためにきっちりと回していくことで精一杯でした。

キャブレーションはここをもう少し良くして、ギアリングはここを変えて、というようなことは常に考えてましたけど、それで何位を目指そうというような意識は、そのときはなかったですね。これは余談になるんですが、あの頃はヤマハはノリックが勝ったりマックスが勝ったりマッコイが勝ったりしていた時代で、マシンも極端にセッティングが分かれたりしていたので、同じバイクに乗っているようでも同じバイクじゃなかった。だから、将来の方向性を決めるという点でもエンジニアを悩ませている、というような印象を受けました。

――マッコイはなんだかいきなり速くなりましたもんね。

あの活躍は、「ああ、こういうアプローチのしかたもあるのか」と、ヤマハの中で視野を広げるという意味で、すごく勉強になりました。そういうことって、勝った人や速かった人のいろんなデータを精査していかないとわからないと思うんですよ。そうやって比較検討しているうちに、重要なことは何で、こういった思い込みはなくてもいいんだな、ということもだんだんわかってくる。「マックスが勝った、マッコイが勝った。次はノリックが勝った。共通点は何なんだろう……?」という、そういうことを常に考えていました。ホンダはドゥーハンしか勝たなかったじゃないですか。何でなのかなあ、といろいろ考えたし、そういうことを学べたのは、自分にとっていい財産になりました。

でも、勝利って一瞬のことなんですよね。ヤマハの人たちに「勝ったのになんでうれしい顔をしないんだ」とさんざん言われたんですけど（笑）、ずーっとこれだけのプレッシャーの中に置かれてやってきて、いい結果が出たときはたしかに一瞬リラックスして「あーよかった」と思えるけど、レースは待ってくれなくてすぐに次のレースがやって来るじゃないですか。だから、すぐにその準備に向かわなきゃいけない。大騒ぎして喜べる人たちがうらやましいな、なんて思ったりしてましたよ。「そりゃそうだよなあ、こういうときはきっと喜んだほうがいいんだよなあ……」と思いつつも、僕はいつもそんな考え方でしたね。

――じゃあ、世間でよく言われるような、このレースが印象深かった、というようなものは、金子さんは特にはないんですか？

ありますよ。宇井くんがブラジルで3位に入ったとき（1997年リオGP）。あのときは、ホンダやアプリリアに技術的な差を開かれていたので、あそこで表彰台に上ってくれて、自分たちの仕事が結果になって現れたのは、それまでやってきて良かったと思った瞬間でしたね。ブラジルは自分の第二の故郷なので、ノリックがそこで勝てた（1999年リオGP）のと、鈴鹿で勝てたこと（2000年日本GP）も印象深いですね。ブラジルで勝てて日本で勝てたのは何かの縁なんだな、と感じました。

でも、いちばん印象に残っているのはアレックス・マルケスとタイトルを獲った2019年のセパンですね。あのときはもうホントに、「なんとかして獲ってくれ……」と思っていたレースで、後ろについて2位で終わればチャンピオンだったから、勝てなかったけどあれでいい、という内容で、あのチャンピオンは感無量でした。というのも、あそこに持っていくまで5年かかったから。よく5年間も続けられたよな、と自分でも思いました、アレックスがＭｏｔｏ３でチャンピオンを獲ってＭａｒｃＶＤＳに入ってきた初年度は、（アレックス・）リンスたちに比べると全然ふるわなかったけど、ホンダエンジン時代の終盤には勝てるようになってきて、２０１９年がトライアンフの1年目だったんですよ。「そこしかない。こういう変動期にアドバンテージを取って、そこでチャンピオンを獲るしかない」と内心では思っていました。

――それはシーズンの初頭から？

いや、そのシーズンの1年前から。翌年はトライアンフになるとわかっていたし、アレックスがチームに残留することもわかっていた。僕たちはアレックスのマネージャーのエミリオ・アルサモラとも話しながら、「過渡期はチャンスだから、そこで勝てるように来年の用意をしっかりしなきゃいけない」と準備を進めていたんですよ。

じつは、ホンダエンジン最後のシーズンだった２０１８年も勝つ予定だったんです。でも、ライダーは勝てると思うとかえってプレッシャーがかかったり力が入りすぎたりすることがあって、かえって結果が残らない場合も多々あるんですよ。力みすぎるのかな。とにかく'19年は集大成として開発をＫａｌｅｘ（Ｍｏｔｏ2クラスの車体コンストラクター）と力を合わせてしっかりと進めたけど、シーズン序盤はすごく苦労しました。カタールでは7位、ヘレスでは転倒。その先のフランスくらいから連勝してチャンピオンを決めたけど、あの年は感無量でしたね。その前の年からしこたま働いてたんで（笑）。わからないところにアプローチしていく過渡期は、チームにとってはチャンスなんですよ。

――過渡期ということで言えば、2002年に2スト500から4ストのMotoGPになったことは、ものすごく大きな過渡期でしたよね。

あれはものすごい過渡期でしたね。どんなカテゴリーになるか、きっと誰にもわかっていなかったでしょうね。たぶんホンダ以外は（笑）。やがてそこにドゥカティが入ってきて、日本車だけの独占市場が壊れたというか、開いたというか。

僕自身については、'99年から2002年までノリックで、中野くんは（エルベ・）ポンシャラルのところから来たのが2003年ですね。

ヤマハのYZR-M1は、最初はキャブレーションだったんですよね。途中からインジェクションになって、そのバイクをフィリップ（・アイランド）で渡されたんですけど、ノリックの乗り方では速くは走れなかったですね。エンジンを台上で吹かすとまるでF1みたいなエンジンで、自分の意志には到底ついてこないようなレスポンスのものだったので「これ、大丈夫？」と思いました。結果的には、いいリザルトは出なかったですね。

――2003年は中野真矢さんがダンティンに来て、そのときの金子さんの立場はチームのテクニカルダイレクター（チームの技術統括者。チームによって、テクニカルマネージャー、テクニカルコーディネーターなど様々な呼称がある）ですよね。で、翌年はふたりともカワサキへ移籍するわけですが、これは一緒に移ったんですか。あるいは、たまたま移籍先が同じだったのですか？

たまたま同じだったんですよ。僕もその年にヤマハとダンティンが別れるということは聞いていたんです。自分自身でも125から500、MotoGPまでやりきった感はあったので、ダンティンがヤマハと継続しないのであればそろそろ変わろうかな、と思って、ダンティンと一緒にドゥカティへ見学に行ったりもしていたんです。ダンティンと一緒にドゥカティという話もあったけど、最終戦後にダンティンが持っていたYZR500の展示用バイクを返却しにバレンシアサーキットへ行ったらある人に呼ばれて、「ちょっと話があるけど、来ないか」と言うんで行ってみたらカワサキのハラルド・エックル（当時のチームマネージャー）に会わされたんです。で、話を聞いてみると、テクニカルコーディネーターを探している、ということで、「あなたは日本人だし、真矢もカワサキに来るから、一緒にやらないか」と言われて、それもいいかなと思ってその場で決めました。それが、最終戦後のテストのとき。

――そういえば中野真矢さんも、最終戦後に松田さん（松田義基：開発責任者）にガレージとマシンを見せられて、その場で決めたと話していました。

僕の場合、なぜ興味を持ったかというと、一緒に働いてみたいなという人がそこでテクニカルダイレクターをやっていたんですよ。ヘイミッシュ・ジェイミソンという人なんですけど、ギャリー・マッコイがレッドブルカラーのWCMで500を走ってた頃のクルーチーフなんです。独創的なことをやる、すごく緻密な方で、その人とエックルの面接があって、「ああ、いいなあ。この人と一緒に働いてみたかったんだよな」と思って契約してワークショップのあるドイツに行ってみたら、その人がしていた仕事をこっちが引き継いでその人は辞める、という話だったんです。「えーっ!?」ってびっくりして「一緒にやるんじゃないの？」とちょっと思ったんだけど、続けることにしました。ヘイミッシュさんはＧＰに自分の人生を捧げていた人だったので、それであのときに引退したんじゃないですかね。ワークショップで説明を聞き終わると、「僕は今日で終わりだから。引退してアフリカのザンビアに行くんだ」「エッ、こないだはそんな話してなかったよね」と（笑）。

――カワサキの時代はどうでしたか？　充実していましたか。

ものすごくいい勉強になりました。あそこは何が良かったって、カワサキのＭｏｔｏＧＰはゼロからの発進じゃないですか。４ストのエンジン開発がどう動いていくか見る機会なんて、なかなかないんですよ。たとえばヤマハにいたら、メーカーが持ってくるモノをただ乗せて走るだけだから、何がどう変わったかわからないんですよ。ところがカワサキの場合は、スーパーバイク用に作られていたエンジンがＭｏｔｏＧＰに変わっていく過渡期を一緒になって観察することができたので、カワサキのエンジニアさんたちの素晴らしい能力に感動しました。カワサキのＭｏｔｏＧＰプロジェクトって、世の中の皆さんが思っているほどの人数はいなかったんですよ。

――建屋の隅っこのほうでやってましたもんね。

この規模でよくあそこまでやれるよな、ってホントに感心しました。よそと比べると「エッ……」ていうくらいの規模でしたからね。テクニカルコーディネーターとして内側に深く関わって行けたし、カワサキの設計者も個性的な人たちが多くて、皆さん疲れていましたけど、このプロジェクトは素晴らしい能力の人たちが集まっているな、と感心しました。エンジンはこんなふうに耐久性が上がり、こういう形でパワーが上がり、こうやって使いやすさや操安性やデリバリーが向上するのだな、と。今は皆がソフトウェアでやろうとするけれども、それでやりきれないところはどこなのか、と理解する面ではとても良い経験で、素晴らしい勉強になりました。

——当時、依田(一郎：ヤマハからカワサキへ移籍したMotoGPプロジェクトリーダー)さんが「カワサキに来たとき、なんかくたびれるなー、と思ったんだけど、よく考えたら寝てないんだよね」と言って苦笑していました。

依田さんは、エックルのあとに入ったマイケル(・バルトレミー)が「レースを知っている人を連れてこなきゃだめだ」と言って、そこから始まった話なんですよ。ヨーロッパ人のように、必要だったらよそから取ってくる、というスタンスじゃなかったら、あのプロジェクトはあそこまで進まなかったでしょうね。依田さんがいい形でカワサキ社内をガイドしてくれました。

——それはたとえばどういうところですか？

依田さんがいたから、組織だった開発を進めることができたんだと思います。でも、それってヨーロッパ的な考えかたですよね。自分たちのところでやるんじゃなくてわかってる人を連れてくる、という発想は。

あれは日本サイドから出た話じゃなくて、チームサイド、特にマネージャーだったマイケルがカワサキに呼びかけて、それで動いた話だったんですよ。で、依田さんに現場へ来てもらって、スキルのある技術者の方々がいろんなものをデザインして様々なトライアンドエラーを繰り返してゆきながら、あそこまで到達して開花した。そういう意味ですごく魅力的なプロジェクトでした。それが2008年末になくなっちゃったのは、非常に残念でしたね。

——カワサキの撤退の話はあまりに突然でしたね。

まさに寝耳に水でした。だって、翌年に向けてすべてが決まっていて年末にテストもやって、じゃあこれから皆でがんばって行こう、というときにリーマンショックのおかげで「やりません」と突如決まりましたからね。そういうことが起こりうるリスクは頭の中では認識していながらも、じっさいに自分の身に起こったのは初めてだったので、ショックでしたね。

——たしかにその少し前から125㏄や250㏄クラスでは、スポンサーの撤退やチームの活動休止発表なども少しずつ見聞きするようになっていました。とはいえ、まさかMotoGPクラスで、しかも来年に向けてすでに動き出したはずのプロジェクトがいきなり撤退の表明をするのは、すべてが決まっていると見えていただけに……。

いや、実際に決まっていたんですよ。翌年にHAYATEで使った部品はすでに作られていましたから。決まっていたにもかかわらず辞めた、というのはすごく悲しいですよね。悲しいというか、「会社ってこういうふうに動いちゃうんだな」と思い知らされました。株主が良くないと言えば、活動を閉めることのほうにさらに大きなお金がかかるとか、現実的に正しくないだろうという事情がいくらあったとしても、対外上、カワサキは本業の人員削減をするのでこういうことにお金を使ってはいられません、というデモンストレーションが必要なのかな、と思いましたね。今回のスズキもそういうことだったのかどうか、外からは想像しかできないですけど、株主の意見を主体とした会社の社会構造が浮き彫りになっているというか……。

——象徴的な例ですね。

逆にヨーロッパはモータースポーツに対する理解がある。皆が自分の利益をどこかで取りたいとは当然思っているんでしょうけれども、「活動を続けることは我々の使命だ」と考えて継続してゆく。そんなことをいちいち口に出しては言わないですけどね。そういう文化が彼らの中に根ざしているし、辞めるのは自分のルーツを切っちゃうようなものですからね。

——カワサキ時代にそれを痛感しましたか？

しましたね。だって、バランスシートのことだけを考えるなら続けていたほうが良かったのではないかという気もします。それを株主に対して「我々はこれくらいのお金をセーブしています、それでもだめだから人員削減するんです」という理由付けのための材料で、そこが日本とヨーロッパのモータースポーツに関する文化の違いなんだな、と思いましたね。

——金子さんは、カワサキの後継として1シーズンだけ参戦したＨＡＹＡＴＥレーシングには参加しませんでしたが、その1年間は何をしていたんですか。

ベルギーで走行会の仕事などに関わったりしていました。でも、「レースは楽しいな、そこまでわくわくできる仕事って他にはないよな」と現実に他の仕事をやってみて感じ、その年の最終戦のバレンシアにたしか行ったのかな。そのときにＭｏｔｏ２をやるからということでフォワードレーシングにも誘われたんですけれども、ダンティン時代に一緒にやっていたフォンシ・ニエトが「Moto2を走るからこっちに来てくれない?」と言うんで、ホリデージムレーシングに参加したんです。モリワキの車体でしたね。翌年は、Tech3に行って2年間、ミストラル(ギー・クーロン設計のMoto2用車体)のプロジェクト。ハンドメイドでよくできたバイクだなと思いました。で、2013年からが、今のMarcVDS。

——現代のMotoGPは、電子制御や空力技術やライドハイトデバイス等が大きな要素を占めるようになってきましたが、Moto2の場合はどうですか。ライダーの力で決まる要素は今もかなり大きいですか。

Moto2はピュアにライダーですね。あとは、チームが何をやらないべきかを知っているかどうか。

——何をやらないべきか、というのは?

今は練習走行がどんどん短くなってテスト日数も制約されてきて、いろいろなことを試す余裕がなくなっているので、そうすると、何をやるべきではないか、ということをしっかり把握して、このプラクティスはこれをチェックして次のプラクティスはあれをやって、と組み立てていけるチームが強さを発揮します。一回のプラクティスをヘンな風に使っちゃうと、その週末巻き返すのが難しくなる。だから、何をやるべきかということは、つまり、何をやらないべきか、ということ。今のMoto2はマシン差がないのでそこで違いを出せないし、タイヤも決まっているうえにリアタイヤの空気圧まで決まっている。では、いったいどこで違いを出すのか、ということになると、決められたパラメータをスイートスポットに入れつつ、あとはライダーがいい形で確信を持って練習に望める状態を常に保ち、乗れている状態を維持しながら戦っていく。でもその前に、チームは速く走る可能性のあるライダーと契約できるマネージャーのスキルと資本力が大前提ですね。

――そういう厳しい条件の中で、では金子さんのテクニカルダイレクターはどういう仕事を求められるんですか？

さっきも言ったように、何をすべきでないか。何をすべきかということは、各クルーチーフは自分たちの考えを持っているんですよ。２０１０年にＭｏｔｏ２が始まって12年。トライアンフも２０１９年以降に蓄積してきたデータがあるので、そのスイートスポットのデータをライダーがどう使っているかを見て、調節してガイドしていく。いかに時間をうまく使えるかを考えて助言しながら、ライダーが確信を持ってマシンに乗れるようにしていく、ということが基本的な仕事ですね。最終的な決断はクルーチーフに委ねているので、その結果を読み取って数値化して出し、彼らがそれを消化する。次にそれを使ってくれればいいな、という形で動いていますね。

――クルーチーフとテクニカルダイレクターと、どっちが楽しいですか？

どっちも楽しいですよ。やることがちょっと違うんですけど、どちらもパフォーマンスに関与できる仕事ではある。ただ、クルーチーフの場合は天候などいろんな条件を逐次感知して用意しなければならないので、細かい部分の解析まで行ける時間がないんですよ。テクニカルダイレクターはそういう時間があるので、学ぶことがたくさんありました。

今のMoto2でそれをできるのは、たぶんMarcVDSくらいじゃないかな。他のチームでは、なかなかできないでしょうね。そこにお金を割けないですよ。エクストラで人間がいるわりに、それをやったからといって必ずしもチャンピオンに繋がるかどうかはわからない。速いライダーが来てくれればそのストラクチャーは活きるけど、どのチームも必ずしもそういうストラクチャーはないわけでね。そういう状況で働かせてもらっているのは、素晴らしいことだと思います。チームにとってはコストがかかるけど、それがMarcVDSを引っ張ってきた原動力かな、とも思うんですよ。MarcVDSはこれまで3回、Moto2でタイトルを獲っていますが、ティト・ラバトもフランコ・モルビデッリもアレックス・マルケスも、過去のケーシー・ストーナーやマルク・マルケスのような超トップのスーパータレントライダーではなかった。ただ、そういう人たちを発掘してチャンピオンになることができたのは、チーム全体の総合力も示されていると思うんです。

――カワサキの撤退後、自分自身はHAYATEに関わらず1年間いろいろなことをやっていたとき、もう一度パドックに戻ってきたいと考えていたんですか。あるいはMotoGPの世界はもういいな、と思ったんですか。

その時間は他のことを見聞するいいチャンスだろう、と思ったんですよ。で、他のことをいろいろ見ていった過程で、「今までやってきたことは、自分に合ってるかどうかはともかくとしても、すごく情熱を傾けていたことなんだな」とあらためて再確認した、そんな印象ですね。楽しくないと思ったり、情熱がなかったりしたのなら、あの時点で辞めて他のことをやっていたと思います。

——辞めることは考えなかったんですか？

いや、考えたんですよ。お金が儲かればいいかなともちょっと思ったんだけど、1年目から都合良く儲かる仕事なんてないし、お金だけに左右されるのは何か違うな、とも感じたし。毎日が楽しくないと人間は幸せに暮らせないんだろうなとか、いろいろなことを考えましたよ、時間はやたらとあったから（笑）。

それで、「技術革新や勝ち負けを競いあって仕事をすることが自分は好きなんだな」とわかって、そういうところで働けるチャンスがあるなら戻ってきてもいいなと思ったんですよ。で、パドックに行ったら呼び止められたんです、ニエトファミリーに。来年走るんだけどちょっとウチに来ない、と説明されて「ああ、いいですよ」というかんじで。だから、これは純粋に人の縁ですね。

——ニエトファミリーから声が掛からなければ、何をしていましたか？

あまり考えなかったですね、そのときは。継続して走行会のオーガナイザーをやるかどうかはわからなかったけど、これをやろうというような具体的なことはなかったですね。食べていくためには何かやらなきゃいけないので、レースの世界にこだわらず何かするだろうとは思っていましたけど、それも何か縁があるのなら、というかんじでしたね。

——きっと何かあるだろう、という考えだったんですか？

何かあるだろうというよりは、僕の人生では次にやりたいことを漠然と考えたとしてもそうなったためしがないんですよ。何かの縁で何かの話がすっと来て、じゃあやりましょうか、という調子でやってきたことがほとんどです。最初のヤマハの件もそうだし、自分があちこちに履歴書を出しまくったわけでもなく、すべて何かの縁で繋がってきた。

――何かの縁で繋がっていたとしても、その都度決断はしていますよね。

即答ですね。たとえば、毎年契約更新の時期が巡ってくると、「このまま行ったらどうなのかな」と思うときはあるんですよ。でも、いくらそう思って、じゃあこうしようかなと考えたとしても、そうなったためしがない。自分が思ってもいない意外なところからオファーが来たり、意外な決断を自分自身でしたり、それがこの50年生きてきた中で起こってきたことなので、きっとそういうことなんだろうなあ、と今は感じていますね。

必ずしも自分が思い描いたようにはならない。たとえば、僕はライダーになりたいと思ってこの業界に入ってきた、と口で言うのは簡単だけど、実際にはそうなってないわけじゃないですか。プロダクションレースはやっていたけど、そのあと何かの縁があって、フランスのチーム、スペインのチーム、ドイツのチーム、といろんなところに関わって、いろんな人といろんなカテゴリーを、125、250、500、MotoGP、Moto2、と、Moto3以外はほぼすべてのワールドグランプリを網羅したわけですが、そういうことも縁だと思うんです。ひとつのカテゴリーやひとつのチームに固執せずにやってきた。でも、ひとつのチームにずっといる、という人だっていますよね。それも縁なのだろうと思うんで、最近はいろんな妄想が浮かんでくると、「まあいいか。時間が来れば、後々になるべくしてなる方向に行くだろう」と思うようになりましたね。

——じゃあ、たとえば若い頃は、将来のことを考えて不安になった時期もありましたか？

不安というか、どこに自分が住んでいるんだろう、と不安になったことは一度ありました。スペインで彼女ができたときに、60歳や70歳になったら年末に12粒のぶどうを鐘の音と共に食べたり、パエーリャを前にしたりして生活してるのかな、とも思ったんですけど、それを想像した瞬間に「いやいやいや、それは絶対にない」と思って軌道修正しました（笑）。

——最近のパドックを見渡すと、金子さんや我々世代の「昔の若い世代」が多い半面、自分たちがパドックに来た頃のような「今の若い世代の同世代感覚」という人たちはなかなかないようにも見えるんですが。

最近の若い世代はスペインから来ますね。モンラウ（メカニックなどの技術者養成専門学校）を卒業した人たちが、MotoGPやSBKやCEV（FIM CEVレプソル選手権：欧州を舞台に戦うMoto2やMoto3の選手権）に行くみたいですけれども。昔は、メカニックって職人だったんですよ。好き嫌い、できるできない、がはっきりと分かれる職業だったけど、今は流れ作業でネジ締めを行っている作業員、というような方向に移行し始めているようにも見えますね。

——メカのできることが少なくなっている？

いや、そういうことではなく、やる気のレベルです。自分が好きで「こういうものを覚えたい」と思って修練した人と、それとは別に、極端なことを言えば「モンラウでも行って学校で成績表をもらっておこう」という気分で、その結果として仕事でレースに来るような人たちもいるんですよ。華やかな世界には憧れるけれども、実際のメカニック業にはあまり興味がなさそうな人たちも見受けられますよね。

そんな人たちは、見ていてもできる人が少ないですよ。「なぜこれがこうなるんだろう」と常に細かい部分に疑問を持ちながら作業をやってくれる人が組み上げたマシンは、たとえプロダクションのマシンでも違うんですよ。同じものでもなぜかこっちのほうがいつも（時速）1～2㎞速い、というのをよく見てみると、そういう各自の努力がある。でも、そういう学校を出て就職気分でやってくる人たちは、向上心がなかなか出ないみたいです。そういう人たちって、経済的に余裕のある家庭からやってきますからね。モンラウだって学校だから、お父さんお母さんが学費を払ってそれで得た経歴ですから。

――パドックの中で丁稚奉公をして修行する経験って、金子さんの時代はあったでしょ？

ありましたね。でも今は……、ないとは言わないけど少ないですよ。ある程度お金をもらってグランプリの環境に入り、メカニックとしてやりながらテレビにちょっと映ったりツイッターに写真を載せて楽しい生活をしてみたい、という人たちが集まってますね。そうじゃない人たちももちろんいるけど、そういう姿を見ていると、残念だなあと思います。今の機会って、そう誰にでも与えられるものじゃない。それを有効に活かせないのは、もったいないですよ。ビジネスクラスで旅行したいとか海外遠征の食事費用を15ユーロから20ユーロにしてほしいとか、そう主張する一方で、完璧にモノを仕上げようというときには時間がかかるからやりたくないとか。そんな話を見聞きすると、ちょっと残念ですね。何かの縁があってせっかくそこにいるんだから、その機会を活かせないのはもったいないし、今を逃すと同じチャンスは二度と来ないかもしれないのに。

――金子さん自身も、このチャンスを逃したら次はないぞ、というようなできごとはあったんですか？

ヨーロッパに行くと決めたときですね。何がなんでもモノにしてやる、という気持ちではなかったんですけど、「プロの世界の頂点を生で見ることができるんだから、ダメなら1年で終わってもいい」と思って行きました。無謀だったなと思いますけどね。あのとき、セルジュさんに「１ヶ月働いてみてダメだったら自腹で帰れ」と言われたのも良かったんじゃないかな、と今では思います。だって、そうじゃなかったらあそこまで必死に仕事をしなかったでしょうからね。あのときに緊張感がなければ、なんとなくレースの雰囲気を楽しんで終わり、となっていたかもしれない。

僕はブラジルに１９８２年頃から住んでいたんですけど、年間インフレ率が２０００パーセント、というハイパーインフレの時代があったんです。現在では考えられないような経済状況で、すごく貧富の差がある社会だったので、働いているときでもお金持ちの友達とファベーラ（貧民街）に住んでいるような友達がいて、オートバイ屋で働いているときに思ったのは、貧乏な人たちはお金があるときにチェーンやスプロケットを換えてくれと言って持ってくるんですよ。何十万キロと走って、「これ危ないんじゃないの!?」というようなヤツを。払うときもその場で現金払い。じゃあ金持ちの人たちはどうなのかというと、輸入車で1年に２００㎞くらいしか走ってないようなバイクを持ってきて、「支払いはつけといて」と言って6ヶ月くらい払ってくれないときもある。そういう人たちを見て、誠実さや幸福とお金は必ずしも比例するものじゃないということを、ブラジルの生活で感じましたね。だから、あまりお金にはとらわれないほうがいい、とその頃から思っているんです。お金というものは右から来て左に流れていくものだから、働いたことで受け取るお金に感謝して、使う時は清く手放す。お金持ちになるためにそれを自分のところでせき止めたりしたところで、人の幸せは測れない。そこに固執しすぎてしまうと、もっと大事なものを見失ってしまうかもしれない。そんなふうに思うんですよね。

――金子さんが今まで見てきた中で、いちばん印象深いライダーは誰ですか？

一緒にやらせていただいたライダーの皆さんそれぞれ印象深いのですが、ひとり選べと言われれば、やっぱりノリックですかね。ノリックにはプロ意識とはどういうことかというものを、いろんなシーンで見せられました。

――たとえば？

彼にはいろんな華がある。これは聞いた話なんですけど、鈴鹿で勝ったあと、帰宅中にポルシェをぶつけて全損したそうなんですよ。でも、そのあともフェラーリやすごい高級車に乗り続ける。

「わざわざ高いカネ出して、こんな高いクルマを買わなくてもいいじゃん」

と思ったんですが

「自分は日本人を代表する世界選手権の500ccライダーだから、そんな自分が誰もが乗るようなものに乗っていたら、あとに続く人の夢を壊しちゃうでしょ。だから乗るんですよ」

と言っていたそうなんですね。

どんなケガをしたときでもけっして弱音を吐かない。横から見ていて「こんな体調で大丈夫かな」という状態でも乗りますからね。チーム員をケアするために笑いも提供するし、ホントに人間的に素晴らしいと思います。僕が仕事をするにあたって、いろんな人たちと接してきたことを考えても、彼に学ぶべきことは多かったし、本当にグランプリ界のスターだなと痛感しました。じつは、彼が最初に500ccに抜擢されてドニントンに来たとき、ちょっとチヤホヤされている印象もあって、「またひとり、チャラ男が来たな」という印象だったんです。その時は後年に一緒に仕事をすることになるとは夢にも思っていなかった。で、一緒に仕事をしてみると、セットアップについてはたぶんあまりこだわらなかったと思うんだけど、直感的に状況に順応する能力はものすごく高かった。いろんなことを総合すると、いちばん印象が強いのはノリックですね。人間的なスター性やカリスマ性もそうだし、何よりもショービジネスに必要な華があった、このスポーツをリードしていくという自覚が彼にはありましたよね。彼のクルーチーフをして、それを感じました。

——ノリックは金子さんより少し年下ですよね。

少し下ですね。だけど、人当たりが良く礼儀正しくお茶目でもあり、常に人々を楽しくしてくれましたよ。そういう点でも、ノリックはいちばんフラットで気兼ねなく、お互いにリスペクトを持ちながら付き合えたし、彼はレーサーとして大きなカリスマ性を持った数少ない日本人のライダーだったとつくづく思います。

仕事内容的には、5年かかってアレックスと一緒にチャンピオンを獲得したこともすごく印象的ではありましたが、いちばん印象に残ってるライダーと言われると、やっぱりノリックですね。

――自分の子供が将来自分のような仕事をしたい、と言ったらどうしますか。

いいんじゃないですか。「やってみれば?」と言うと思います。僕のようにやりたいと思っても、時代も違うしいろんな変化もあるだろうから、同じようにはならないと思います。でも、何かをやりたいと思う気持ちが大切なんですよ。それを潰すべきではないと思う。やらずに後悔するよりも、まず一所懸命やってみてほしい。重要なのは、成功するまで継続することです。成功する前に諦めてしまうと、そもそもそこにたどり着けないですからね。アレックスの例が典型的だけど、5年かかってチャンピオンを獲ったから、自分でもそれを実感するところが大きいんですよ。

だから、もしも自分の子供がそう言うなら、「それが本当に好きならやってみなさい」と言うと思います。でも、忍耐力はもちろん必要ですよ。僕の妻は子供たちに安定した就職をしてほしいと思っているのかもしれないけど、お金の勉強ももちろんして経済的なしがらみから解き放たれ、人生を通して自分の情熱を注いで没頭できることをできるようになればいいいんじゃないのかな。僕はそう思います。

▲アレックス・マルケス選手がMoto2王座に就いたマレーシア・セパンサーキットにて。（本人提供）

5

楽しいことをやる。いつ死ぬかわからないから——新井武志

少年時代からバイクに魅せられ、フレディ・スペンサーに憧れた新井武志さんは、高校卒業後にサスペンションメーカーのショーワに就職。20代前半から念願のグランプリパドックで仕事を開始しました。その後、ミック・ドゥーハンやニッキー・ヘイデン等、チャンピオンライダーたちのサスペンション担当エンジニアとしてライダーたちの信頼も獲得し、順風満帆なエンジニアライフを重ねているように見えました。

レース経験が豊富にもかかわらず物腰は丁寧で人当たりも穏やかな新井さんとは、オートバイとはまったく関係のない自転車ロードレースイベントでも偶然に顔を合わせたことがあり、その引き締まった体躯《たいく》の由来と、健全な精神は健全な肉体に宿る、という古諺《こげん》を地で行く人柄には大いに納得をしたものでした。日本のサスペンションメーカー技術者として充実した日々を過ごしているようにも見えた新井さんでしたが、あるとき、人々を驚かせる大きな決断をするに至ります。

――ショーワのエンジニアとして、かなり早い時期からグランプリを転戦していましたよね。

もともと大学に行くつもりはなくて、高校を卒業してショーワに就職しました。ぼくには兄貴がいて、実家は（埼玉県の）秩父なんですけど、その兄貴がバイクに乗っていて、兄貴の後ろに乗っけてもらってバイクの楽しさを知ったようなかんじですね。その頃ちょうどテレビでフレディ・スペンサーとかやってるわけですよ。当時は、たしかアニメもあったんですよね。

――ふたり鷹。

そう、それ。そのオープニングにフレディが走っているシーンがあったんですけど、それを見て「あー、カッコいい」と思って。兄貴のバイクに乗せてもらったり、あと、家にはヤマハのメイトがあったので庭先で勝手に乗って怒られたり。自分の自転車に、段ボールでカウルを作って走ったりもしましたよ。で、高校に上がって就職活動のときに、そういう仕事はないかなあと思って、やっぱりフレディ・スペンサーだったんで「僕はホンダレーシングに行きたい。絶対にＨＲＣに行くんだ」と思ってたんですが、求人票を見ても、ホンダ関係の募集はあったとしてもどこかの製作所とかだった。他にもいくつか求人を見ていると、ショーワの会社案内にフレディの写真が見開きで載っていたんです。サスペンションの会社だということをそのときに知って、もうここに行くしかない、と。担任の先生にここに行きたいと言うと、その担任の友達もショーワに行っているので話を通しやすいということで会社見学に行って、就職したのが今に至る第一歩ですね。

ショーワに就職したのは自分でもレース活動をしたかったからなんですが、入ってみると、社内チームというものがなかったんですよね。ホンダでいえばブルーヘルメットとか鈴鹿レーシングのような、そういう社員のレース活動チームってあるじゃないですか。ショーワにはそれがなくて、でも、レースサポートの部門があってそこがHRCと一緒に仕事をしているということだったので、これはもうその部署に行くしかないと思って、役員にもぜひそこへ行かせてくれと直談判して、で、研修が終わるといきなりそこに配属になったんですよ。

――ラッキーというか自分の思いが通じたというか。

でも、実際の仕事となると、当然なんだけどレースの現場なんてまだ行かせてもらえなくて、めんどくさい計測などの業務をしていて、それが下積みというか下働き時代ですね。会社があったのは埼玉の行田で、ぼくの実家は秩父だったので寮に住んでいたんですが、入社して1年で二輪レース部門が静岡へ移管になったんですよ。

――就職して1年目だと、19歳くらいの時期ですね。

GPに初めて行ったのは23歳で、それまでは全日本にちょこちょこと行かせてもらっていました。

1987年とか'88年くらいの時期で、その頃は宮城（光）さんが全日本の500を走っていたんですよ。TERRAカラーで走っていた時代で。

――〈レース界のマッチ（近藤真彦）〉と言われていた時代。

そうそう（笑）。宮城さんは憧れていたので、一緒に仕事をできてうれしかったですね。最初は先輩が担当していて、そのお手伝いから始まったんですけど、やがて少しずつ任せてもらえるようになって、筑波のレースでは、あの調子で「すごい良くなったわ。ありがとう!!」と言ってもらえて、その頃から仕事に喜びや楽しみを感じるようになっていきました。清水雅広さんとか田口益充さんとか小林 大さんとか、そういう名だたるライダーの人たちと仕事をできたし、いろんなサーキットに行って行動を一緒にしていると、まるで生活を共にしているような感覚で楽しかったですね。あの頃は全日本もレース数が多くてスポンサーもたくさんいて華やかで、いわゆるバブル経済の時代ですよね。

――バイクブームのまっただ中で、鈴鹿8耐もすごく人気がありましたよね。

そうなんですよね。地方選手権でもSPのレースが盛んで、台数がすごく多くて予選が何組もありましたね。そんな時代にこの仕事をスタートできたのは、とても幸運だったと思います。友達が筑波にレース観戦に来たりなんかすると、自分はそういうところにいてそういったユニフォームを着て仕事してるわけですよ。すると、その友達から「おっ、なにやってんだよ」みたいなことを言われたりなんかして、そんなときはちょっと鼻高々でうれしかったですね。ホンダレーシングには就職できなかったけれども、ホンダレーシングと一緒に仕事をできていたわけですから。

GPに行くようになったのは'92年からで、その頃はショーワから先輩とふたりで行っていたんですが、当時はHRCのウェアを着ていたんです。だからその年もロスマンズホンダのシャツを着て仕事をしていました。あの頃は開幕戦が鈴鹿だったんですね。シーズンが始まる前には冬のテストがあって、当時は合同テストじゃなくてプライベートテストだったんですけど、フィリップアイランドとかシドニー郊外のイースタンクリークとか、そういうところでやっていたような記憶があります。だから、初めて海外に行ったのはオーストラリア。そこでチームの皆に合流すると、ワイン・ガードナーとかミック・ドゥーハンとか、錚々《そうそう》たるライダーが目の前にいるわけですよ。すごく緊張しました。

――そりゃそうですよね。初めて海外に行って、会ったライダーがガードナーやドゥーハンだったら。

そのテストのとき、フィリップアイランドで雨が降ったんです。で、路面を乾かすためにミックがレンタカーでコースを走ってくるということになったんですが、そのときになぜかぼくが後ろのトランクに放り込まれたんです。それでミックがコースをものすごいスピードでキュキューって走行して、後ろのトランクではぼくがゴロンゴロンゴロン（笑）。すごく大変な目に遭ったんですけど、「こんなに貴重な体験はない」とレースファンのような気持ちになってました。ぼくは高校時代に陸上部だったんでその頃からよく走っていたんですが、ミックもケガをする前だったのですごく走ってトレーニングをしていました。ホテルからサーキットまで走って行ったり、サーキットでもよくランニングをしていて、ミックと競争をしたこともありましたね、ランニングの。たしかあのときは負けたと思います。ランニングでも速かったですよ、彼は。その年は先輩がミックの担当をしていて、僕はアーヴ（・カネモト）さんのチームで仕事をすることになったんです。

――グランプリ初年度からアーヴさんのチームで仕事をするというのも貴重な体験ですね。

すごく勉強になりましたね。アーヴさんって、いわばレジェンドじゃないですか。

――しかも子供の頃に憧れたフレディと一緒に仕事をしていた人だから……

そうなんですよ。チームには背の小さい、あのジョージ・ブクマノビッチさんもいて、強烈なメンバーでした。ライダーはガードナーと250がルカ・カダローラ。これも強烈なメンバーですよ。その当時にガードナーのチーフメカニックをやっていたのが雑賀《さいが》（博之）さんという方で、八代（俊二）さんと一緒にGPに行った人なんですが、当時の僕は言葉が全然できなかったので助けていただいて、ガードナーの言ったことの難しいところは雑賀さんが日本語に訳して僕に教えてくれて、すごくお世話になりました。とても勉強になりましたね。

あの頃のGPって、行ったら行きっぱなしなんです。春に行ったら夏まで3ヶ月ずっとヨーロッパ。HRCのワークショップがベルギーにあって、そこを拠点にしていたので、スペインのヘレスもイタリアも全部クルマで移動していましたね。3～4人が1台のクルマに乗って、ガソリンがなくなったら給油のタイミングで交代。当時はナビもないので、コーディネーターのロジャー（・ファン・ダー・ボート）から経路をマークした地図と交通費を渡されて、それだけを頼りにサーキットまで運転して行きました。当時はまだボーダーがあったから、たまに道を間違えてボーダーで銃を向けられたりとかね。付き合っていた彼女に、日本で流行ってる曲を録音したカセットテープを送ってもらったり、なんてこともしてましたよ。でも次に日本に帰ってきたときには、その彼女はもういなくなってたりして。

その当時は、さっき言ったみたいにGPではロスマンズホンダのシャツを着ていたんですけど、あの頃ってGPに参戦しているライダーが全日本の最終戦にたくさん出ていたじゃないですか。全日本のレースでは、ぼくはショーワのシャツを着ていたので、そのときに若井（伸之）さんから「あれ、なんでショーワのシャツを着てるの？」と訊ねられたりしたことがあったのも憶えていますね。

――最初に'92年にグランプリに行ったときは、ショーワの社員として、いわば業務命令というか、そういう形でレースに行くことになったわけですよね。

そうですね。仕事としてはまさに業務命令で、最初は自分からGPに行きたい行きたいと直訴をしてたんですけど、やがてそれに慣れてくると、行きたくないと思ったりするようにもなるんですよね。そういえば'92年の最終戦はキャラミだったんですが、そのとき決勝レースの翌日にフレディがテストするということがあったんですよ。そのときに僕はそこにいて、「おいおい、フレディが来たよ……」と。

――たしかそのときの彼は、ポン乗りでレースタイムと遜色ないラップタイムで走ったという話を聞きました。

そうです。「さすがだなあ。アーヴ・カネモトとフレディ・スペンサーのコンビって、やっぱり違うわ」と思いました。あの年はガードナーが引退した年で、ドニントンで発表してそのレースで優勝したんですよね。２５０ではルカもチャンピオンを獲りました。自分がそのふたりの担当で、先輩はミック付き。250のサテライトには(ロリス・)カピロッシとか(ドリアノ・)ロンボニとか、(ヘルムート・)ブラドルとかがいて、それを先輩と手分けして見ていたのかな、たしか。

ミックは'92年に最初すごく勝っていたけどケガをして、'93年に少しずつ体調が戻ってくるとバイクに対するコンプレインも出てくるようになりました。すると彼は、Fのつく言葉をすごく多用するんですよ(笑)。

――それは国分さん(国分信一:HRC開発室室長)からよく聞きました。

当時の国分さんはHRCの車体担当スタッフで、まさに一緒のクルマでずっと移動したりしていたんですよ。'93年にミックにボロカスに言われ、'94年の事前テストのハラマでは「'92年のバイクのほうが良かった、サスペンションも'92年のほうが良かった」と言われたんですが、ぼくは設計担当者から構造上は同じだと言われていたんです。当時は、ちょっと変更したことが効いてくるという知識も経験もなかった頃で、それがじつは問題だったみたいなんです。'92年のサスペンションもテストして、それに乗ってコースに出て行ったミックがピットインして来たら、チーメカのジェレミー(・バージエス)のところへ行く前にぼくのところにつかつかとやって来て「おまえは嘘つきだ」と言うんですよ。「おれの一年を返せ」と。国分さんからは今も会うたびに「あ、一年返せと言われた男だ」と言われます(笑)。

――ミック・ドゥーハンにそんなことを言われて、どんな気持ちでしたか?

もうショックでしたね。パーツは違っていても特性は同じはずだと日本から言われていたんですよね。そうやって言われているから、ぼくとしてもライダーにはそう説明するしかない。で、そう言ったら「おまえは嘘つきだ」と言われて。自分の気持ちとしては、ミックに対しては申し訳ない、会社には文句を言いたい、というかんじでしたよね。

――その経験は、後々の自分の仕事の進め方に影響を及ぼしたり、ライダーとのコミュニケーションの指標になったりしましたか？

してますね。会社の言うことってあくまで理論上の話で、「計測したら同じなんだから、変わりはないはずだ」と言うしかないんですよね。それもたしかにわかるんです。でも現場では、いくらデータの数値が良くてもライダーがダメって言えばダメなんですよ。「ライダーがダメだと言ってしまえばそれまでなんです」と会社に説明しても「そんなはずはない、同じなんだから」ということになってしまう。会社としては計測した数値で見るしかない。しかも、ショーワはもともとレース専用の会社ではないので、「ライダーがそんなこと言っても、パーツがないんだからしようがない。だから、ごめんなさいと言ってね」という返事で、こっちとしては「えっ、明日がレースなのにどうすんの……」ということはありましたよね。

会社員としては良くないことなのかもしれないけど、ぼくもずっと現場にいると、会社よりもだんだんライダー寄り、チーム寄りになってくるんですよ。だから、「こうやってライダーが言ってるんだからなんとかしてよ」と、会社に対してつい強気に出たりすることもありましたよね。日本から遠く離れ、彼女とも別れ（笑）、夜遅くまで眠い目をこすりながら会社にレポートを書いて、だって当時は手書きでファクス送信ですからね。でも、そうやってせっかく送ったレポートを日本では読んでくれていなかったりして「それ、レポートに書いてあるじゃないですか」「ごめん、読んでなかった」というようなこともあって。まあ、誰でも経験することなのかもしれないですけど、でもその頃は自分も若かったから、「どうして理解できないんだ！」と電話でキレたこともありました。日本企業の小回りのきかない面にイライラしたというか。

——レース現場と日本の企業では、スピード感に対する理解が今でも全然違いますからね。

温度差というか、いろんなものが違いますよね。そういうことがあると「自分はいろんな犠牲を払って現場に来ているのに……」とストレスがたまることもありました。やっぱりレースが好きで現場に来ていたわけですから。だからといって、会社を辞めようとまでは思いませんでしたけれどもね。

——辞めようと思ったことは一度もなかったんですか。

ありましたよ、何度も。でも、悪いことがあればいいこともあって、リセットされてチャラになるんですよ。

——たとえば？

ミックが初めてチャンピオンを獲ったとき。チャンピオンを決めたのはブルノ（チェコGP）だったと思うんですけど、あの年は車体担当の国分さんがすごく苦労していて……。

——ミックに中指で呼ばれた、と言ってました。

そうそう。まさにそれをぼくもやられたことがあります。今となってはミックとも笑いながら思い出話をするんですが、当時の彼はホントにすごくとんがっていましたから。でも、それくらいじゃないとチャンピオンになんてなれない。テストでもいつも全力、100パーセントで走るから、こっちもそれに応えてあげなきゃ失礼だと思うし、最高のモノを最高の形で最高のタイミングで用意してあげたいと思う。そういうことがあると、会社を辞めたいという気持ちもどこかに飛んでいってしまうんですね。たとえものすごく時間がかかる作業でも「サスペンションのこのへんの設定をこれくらい変えて、もう少し乗りやすくしてあげよう」と考えたりなんかして、遅くまで仕事していましたもんね。

――そういう仕事を重ねて、「自分もある程度一人前になってきたかな」と思えるようになったのはいつ頃ですか？

ミックがチャンピオンを獲った'94年は、パドックの中で仕事をする時間が長くなってきたことで知り合いも増えて、さっき言ったカピロッシやブラドルの250のサテライトチームとも話ができるようになって、やったことに対するフィードバックももらえるようになってきました。良かったと言ってくれると自分に対する自信もついてくるし、いろんな人たちとも少しずつ片言で会話もできるようになって意思疎通ができると、技術的なことも話を聞いてくれるし、彼らからもあれをやってほしいこれをやってほしい、と頼ってくれるので、うれしいし楽しかったですね。

――250㏄クラスのサテライトチームは、500と250のファクトリーチームを見ながら仕事をしていたんですよね。

そうですね。ホンダとしてもファクトリーをメインで見て、時間のあるときにサテライトも面倒を見てほしい、ということで、それは（サテライト）チーム側も承知していることで、何かあるとそのチームのトラックに行って組み替え作業をしたりしてましたね。各チームにもサスペンション担当はいるんですけれども、そこまでの知識もないしパーツもないから。

――当時は最高で何チームくらい見ていたんですか？

４チームくらいですかね。

――忙しいですね。

ですね。でもそこにやりがいを感じていました。だから、ちょっと時間がかかるようなことでも躊躇せずやっていましたね。

――ミック・ドゥーハンのチャンピオンは'94年。GPに行ったのが23歳だったから……。

その年は25歳ですね。非常に若い年で経験したけど、今となってはそれが非常に良かったと思います。あるときからは仕事を任せてくれて……、というか人がいなかったからやるしかなかったんですが、そうすることで責任感も生まれてくるし、チームとの交渉ややりとりで、イタリア人やスペイン人と話をする際の、ある意味ではちょっとしたズルさも覚えるようになって（笑）、そういったことが今にも活きているかなと思います。いい経験をさせてもらいましたね。で、その'94年でぼくはGPを１回終わるんですよ。'95年は全日本をやっていたかもしれない。で、'96年にSBKに行くようになって、たしか２００１年までやっていました。当時のSBKはホンダの人たちはふたりか３人くらいで、日本人はホントに少なかったですね。

――当時のホンダのSBK活動はファクトリーですか？

そうですね。ホンダUKで、中本（修平：元HRC副社長）さんがやっていた時期で、よく中本さんとふたりで移動しました。SBKはGPとはまた違った雰囲気で楽しかったんですが、イギリス滞在で「これはとんでもねえところへ来ちゃったな」と。メシはまずいし物価は高いし……。

——寒いし。

5月に雪が降ったこともありましたよ。SBKでもオーリンズとのコンペティションだったんですが、そのときも日本にリクエストをしてもレスポンスが悪くて、やっちゃいけないと言われている改造を現場でやったりしてました。レースの結果は良かったんですけど会社からは怒られて、「なんだよチクショー」って思ったり。そのときはアーロン・スライトがカール・フォガティとチャンピオン争いをしていたんですが、アーロンからはすごく良くなったと言ってもらえました。イギリスのジャーナリストの人たちも評価してくれて、インタビューを受けたこともありましたね。「おまえのサスペンションで乗ってみたい」と言ってくれるライダーもいて、サスペンションのエキスパートのように扱ってくれたことはすごくうれしかったですね。

——スーパーバイクが2001年までということは、コーリン・エドワーズがカストロールホンダでチャンピオンを獲った年も担当していたわけですね。

そうですね。そのときもいました。そのあとは……今度は何をやったんだろう……。AMAもやってたんですよ。デイトナもやったし……、ニッキー（・ヘイデン）がAMAスーパーバイクにいたときですね。レースによっては行ったり行ってなかったりしていて、彼がチャンピオンを獲ったレースはいませんでしたね。ぼくはどっちかというと、サスペンションのセッティングで、「責任取れないからやっちゃダメ」と会社がサラリーマン的な判断をしている場合でも、「ここは触ったほうが絶対に良くなる」と自分で思ったところはあえてやっていましたね。

――そういう意味では、当時の新井さんは日本のショーワの従業員というよりも、完全に現場側のスタッフになっていたんでしょうね。

そうですね。現場に馴染んでいけば現場側になりますからね。

――バレて会社に怒られた、という話がありましたけれども、黙って隠し通すことはできないんですか。やっぱり、会社にバレてしまうものなんですか。

黙ってた場合もありますけど、パーツを加工してスペアが必要になったりすると、「なんでそのパーツが必要なの?」ということになりますから。黙って加工したサスペンションも、後に会社に戻ってきたときに解析すると「なんだこれ? 誰がやったんだ?」みたいな話になりますしね。そうすると「すいません、ぼくです。でも、ライダーはこれがいいって言ってるし」って。

――それは怒られてすむ程度の話だったんですか。

始末書を書いたのは1回だけ。ステッカーを勝手に作ったんですよ、〈SHOWA〉のロゴを使って。ニッキーを担当していたときで、チャンピオンを獲った翌年だったから、2007年ですね。チャンピオンを獲ったんだからオリジナルのスペシャルステッカーを作ろう、ということになって、彼も僕も自転車が好きだから、アルカンシエル(自転車の世界選手権優勝者が着用するジャージ。緑、黄、黒、赤、青のストライプが入っている）のラインを入れたステッカーを作ったんですよ。

——**へえ、カッコいいじゃないですか。**

うん。ニッキーも喜んでくれて、そのステッカーを何レースか使っていたんですが、その年にホンダからCBRのレプソルカラーレプリカでニッキーのチャンピオン仕様を限定バージョンで販売することになったそうなんですね。「ついては、そのCBR限定仕様車にショーワのこのスペシャルステッカーを使いたい」、という連絡がHRCから会社に行ったんですよ。そしたら、アルカンシエルのラインが入ったそのステッカーが、「なんだこれは？」ということで会社で大騒ぎになって（笑）。すみません、ぼくです、と告白したら、開発部の朝礼みたいなところで大きなスクリーンに映し出されて、「勝手にこのような行為をやった者がいて、規則違反で云々……」ということで、「つまんねえ会社だなあ」と。

——**子供が朝礼の時に前に立たされてさらし者になる、みたいな。**

まさにそれです。そのステッカーを作ったことはけしからんと会社は言ってたんですが、もてぎのコレクションホールにはそのステッカーを貼ったバイクが展示してあるんですよ。パンデミック前の2019年にMotoGPでもてぎに行ったときには、まだ飾ってありましたね。

——**会社としては、知的財産権などの問題もあるから看過できなかったんでしょうね。**

今思えば、そういうことなんでしょうね。自分で作って自腹で制作してサスペンションに貼ってたんですけど、HRCにも言ってなかったし、今となってはそれもまずかったのかな。HRCはきっと正式なステッカーだと思っていただろうし。

――最終的にそのステッカーはニッキー仕様のCBR限定バージョンに採用されたんですか。

採用されなかったです。その後、グレシーニチームなどを担当して、ショーワのMotoGP活動が終わるのと同時にぼくも現場が終わったように記憶してます。2014年か'15年かな。

――活動が終わる前のニッキー時代に話を戻すと、2003年に彼がMotoGPへ来たのと同時期に新井さんもSBKからAMAを経てMotoGPに戻ってきた、ということですか

いや、その年はたしかカワサキの全日本をやっていました。それと、SBK。その他にちょっと変わったところでは、当時HRCが自転車のダウンヒルもやっていて、ぼくがショーワのプロジェクトリーダーだったんですよ。ファクトリー仕様はカーボンをふんだんに使ったフロントフォークで、リアのサスペンションにも電子制御が入っていたりして、最終的にはワールドチャンピオンになりました。プロジェクトリーダーになったのは、ぼくが自転車をやっているというただそれだけの理由だったんですが、そのときは「なんていい会社なんだ」と思いました(笑)。このときはカーボン技術を勉強して、面白かったですね。KTMのMotoGPでWPに行ったときは、このカーボン技術の経験が活きたかな、と思います。ショーワ時代には、後年にMotoGPでもプロジェクトリーダーになりました。

――それはいつですか?

アルバロ(・バウティスタ)がグレシーニに行った年ですね。2012年かな。GO&FUNの前で、サンカルロカラーだった年です。

――で、新井さんがGPパドックへ復帰してきた時期はニッキーと同時ではなかったという話。

そう。その当時、グランプリを担当している者がいたんですが、言葉の問題で意思疎通があまりできなかったのと、ライダーコメントの対応にもクエスチョンマークのつくことが多かったようで、あとはミスもあったりしたのかな。で、現場から「新井を出してくれ」ということになったようで、それでカワサキのスーパーバイクをやっているときに復帰した、という経緯ですね。

――担当はレプソルホンダですよね。

そうですね。レプソルホンダも最後はオーリンズに変わっちゃいましたけど。

――当時は、ニッキーと……

(アレックス・)バロスもいたし、マックス(・ビアッジ)もいましたね。マックスは、彼が250ccにやってきて間もない頃にアーヴさんのチームにいたことがあって、そこで一緒に仕事をしたことがありましたね。直接の担当ではなかったんですが、いろいろやりました。その後、他のカテゴリーなどをやることになって、いったんレプソルホンダを外れて、もう一度担当になったのが2007年。その時の担当者が日本に戻りたいということになって、その後任に、コミュニケーションを取れないということで一度外された人が行ってたんですが、やっぱりだめだったということで、そのシーズンの途中からぼくになった。で、例のアルカンシエルステッカーを作ったんですよ(笑)。

――ニッキーとはAMAスーパーバイクで仕事をしていたけれども、MotoGPで仕事をしたのはそのときが初めてだったのですか。

そうですね。ニッキーからも来てくれと言われていたので、うれしかったですね。

――あの当時はショーワの人たちがたくさんパドックにいましたよね。250ccクラスでも活動していて、たしかホルヘ・ロレンソの250cc初年度はショーワだったような……。

そうでしたね。ドビ（アンドレア・ドヴィツィオーゾ）も、（青山）博一もやっていました。ドビも、MotoGPに上がったときにやってくれという話をもらって、うれしかったですね。

――当時のショーワはエンジニアの方々がたくさんいて、専用トレーラーもありましたよね。

ありましたね、最後は売っちゃいましたけど。あれもいろいろと悶着があって、当時はIRTAのレギュレーションなどでどんどん車両が大きくなっていった時代で。

――小さなキャンパーじゃなくて大きい車両にしなさい、という御触れが出てパドックの雰囲気をどんどん重厚長大にしていった時期。

そうそう。でも会社としては「なぜこんなに大きい車両が必要なんだ」と言っていたんですが、最後は納得してくれました。

――その大きなトレーラーが入ったのは、時期的に500からMotoGPになった頃ですか。

ちょうど切り替わる頃かな。バロスがWESTカラーで2スト500に乗っていた年があったじゃないですか。あのときにはもうトレーラーがあった記憶があるんで、きっとそれくらいの時期に買い換えたのかな。

――巨大なトレーラーを用意して仕事をするくらいだから、当時は結構な人数のフィールドエンジニ

アの方々が仕事をしていたわけですよね。

トレーラーの中に各自の作業台があって、最大で7、8人いた時期があります。それぞれが2、3チームを担当していたので……、多かったときはそれくらいの人数がいたと思います。

——それだけたくさんのエンジニアが現場にいたショーワが、ある時期から減って、雪崩を打ったように皆が一気にオーリンズへ替わっていきましたよね。あれはなぜですか？

採用するチームが減ったということもあるし、ホンダファクトリーがオーリンズに替えたこともあったし。当時はタイヤがワンメークになってゆく時代で、皆が他のチームやメーカーとの違いをなるべく少なくしたいと考えるようになり、タイヤもサスペンションも同じになると違いはエンジンとシャシーだけなので、クエスチョンマークを減らしたいからオーリンズになっていったんだ、と言われてましたけれども、実際のところはどうだったのかわからないです。

——ショーワは性能で劣っていたんですか？

いや、装着して良かったということは実際に聞いています。あとは政治的な問題かも。「うちに使ってほしいんだったらこれだけの金額を払ってください」「無償で提供してください」ということが結構あったんですよ。サテライトチームも、他のチームと一緒に合わせるというのでどんどんオーリンズになっていった。

あとは会社のプロモーションも良くなかったですよね。ファクトリーが使ってチャンピオンを獲って長期間やってきたのに、そういうことを前面に出していかなかったし、雑誌広告もやらなかったですよね。ぼくらは、いろいろと提案したんですよ。海外でこういう声があるよと伝えて、「もうちょっと前面に出すべきですよ」と話もしたんですが、会社は「うちはＯＥＭメーカーだから」と言ってそういうことに積極的ではないところがあって、「なんてつまんねえ会社なんだ」とぼくの中でまたもやフラストレーションがたまっていって（笑）。

――ＨＲＣもショーワからオーリンズへ替えるときは一気でしたね。たしかドビはミザノかどこかでシーズン途中に替えて、翌年にはダニもオーリンズになったと記憶しているんですが。

たしかそうでしたね。あのとき、ぼくは現場にいなかったんですが、「エンジニアを替えないとオーリンズに替えるぞ」ということでぼくが行くという話もあったみたいなんですが、会社はそんなことには対応しないという態度で、あとはダダダダッと替わっていって現在に至る、というかんじですよね。

――ＨＲＣは替えるときにはあっさりと替える、という印象があるんですよ。ミシュランからＢＳにタイヤを変えたときもそうなんですが。それは意志決定が迅速ということでもあるのかもしれないし、勝負の世界だから義理人情は関係ない、ということでもあるんでしょうけれども。

そうですね。だからしかたなかったとは思うんですけれども。あとは、ブランドイメージというものもあったんだと思います。ユーザーからすれば、オーリンズのほうが知名度は高くてしかもバレンティーノ（・ロッシ）が使っている、というスペシャル感があるわけじゃないですか。ショーワはたしかにホンダファクトリーが使っているけど、ちょっとね、みたいな印象もあったのかもしれない。

その当時のショーワってEICMAにも出展していなかった頃で、「うちはそんなことしなくても売れるんだ」くらいのことを上の人が言ってた時代なんですよ。「何言ってんの、そんなわけないじゃん」と思いましたけど。でも、偉い人たちがそこに気づいたときには、もう遅かった。

――当時のMotoGPはショーワ勢がどんどんオーリンズになっていきましたが、オーリンズのほうが性能は勝っていたんですか？

なんて言えばいいか……、ショーワはどちらかというとピンポイントなんですよ。決まっちゃえばすごく性能がいいけれども、レンジが狭い。オーリンズの場合はある程度のところで広くレンジがあるので、いろんな人に対応して万人受けする。ショーワはそこが狭いんですね。ハマったらすごいけど、ハマんなきゃそれを探っていくことになってしまうので、いろいろと詰めていかないといいところまで到達できない。オーリンズはレンジが広いから、ある程度から先はすごく伸びるわけじゃないにしても、その中でいろいろとやりとりをできる。それにレンジが広いから、ぱっと乗って良さがわかる。

あとは、いろんな人が乗っている、というところですかね。バレンティーノが乗っていますよ、同じセッティングもできますよ、と。100パーセント同じではないとしてもね。ましてや人間のすることだから、「隣の芝生は青い」じゃないけど、それを使っているライダーがいい成績を出すと、やっぱりあっちのほうがいいのかな、と考えるじゃないですか。そこなんですよね。

――で、最後はグレシーニだけになってしまう。

Moto2は話がいっぱいあって、ショーワにいた人がMoto2チームのエンジニアになっていたりしたので、使いたいと言ってくれたりもしていたんですけどね。

ショーワ出身のクルーチーフやエンジニアってじつはけっこうたくさんいて、たとえばマルク・マルケスのクルーチーフをやっているサンティ・エルナンデスもショーワにいましたし、アレイシ（・エスパルガロ）のクルーチーフのアントニオ・ヒメネスも、だいぶ前なんですがショーワにいました。あとは、スペインのテレビでコメンテーターをしているホアン・マルチネスもショーワだし、ヤマハでホルへ・ロレンソやフランコ・モルビデッリのクルーチーフをしていたラモン・フォルカーダもそうです。Moto2時代の中上貴晶くんを担当していたファウスト・ベンチベンニもショーワ出身ですね。ショーワはクルーチーフ養成所だというふうにも言われていて、ぼくも「やらないの？」とか言われましたけど、残念ながら声が掛からなかったです（笑）。

――で、新井さん自身はグレシーニの担当がショーワのMotoGP時代最後になるわけですね。

最後はあそこしか使ってくれるところがいなくなっていて、アルバロを担当して、最終的にはそれもなくなっちゃうんですね。グレシーニは、その翌年にどうなったんでしたっけ？

――アプリリアに行きました。

そりゃオーリンズですよね。ショーワの最後の頃は、会社の人間がもてぎに来ていてジジ（・ダッリーニャ）ともミーティングをしていました。「可能性はあるかもしれないけど今じゃないね」とやんわり断られました。ドゥカティはいろんなことをやっているから、面白いかなとも思ったんですけど。

――で、新井さんもショーワを辞めることになるわけですよね。

その前に、２０１４年のバレンシア最終戦が終わって異動になって、展示会とか企画をやる部署になったんですよ。だから、最終戦が終わってすぐにミラノに飛んでＥＩＣＭＡに参加し、その部署に入ってからは昔のコネクションを利用してレースの展示車を調達して、というような仕事をやっていたんですよ。その頃のぼくは管理職になっていたんですけど、やはりつまんなくて、辞めたいなという気持ちが募ってきたんですよね。

当時はＫＴＭがＭｏｔｏＧＰのレース活動を開始した頃で、マイク・ライトナーがＫＴＭに行ったじゃないですか。彼はレプソルホンダでダニのクルーチーフをやっていた頃からの知り合いで、ＫＴＭがレースを始めた当初から来ないかという話をもらっていたんですよ。で、会社を辞める前にもてぎのレースを見に行ったとき、マイクと会ってオフィスで話をして、そのときは考えます、ということで終わってたんです。ショーワを辞めたのはその次の年の夏なんですけど、じつはそのときはまだＫＴＭは決まっていなくて、会社とは半分ケンカ別れみたいな状態でとにかく辞めたかったので、仕事も何をやるかはその段階でまだ決めていなかったんです。

――それがすごいなと思うんですよ。だって、この仕事をするんだと心に決めて18歳で入社してからずっとやってきたわけですよね。25歳でミック・ドゥーハンのチャンピオンに立ち会い、グランプリの現場でいろんな人と知り合い、レースの世界で30年以上仕事をしてきて、管理職になったわけでしょ。

ある意味、安泰ですよね（笑）。

――「なんでそんな無茶なことするんだ」と言われませんでしたか？

みんなから言われました。なんでしょうね……、とにかく面白くなかったんですよ、毎日が。朝7時から夜は10時11時までずっと仕事をしていて、わけのわからない理不尽なことがいっぱいあって。会社のレースに対する考え方も常に定まっていなくて、外から見ていても「そうじゃねえだろ……」と思うことはあったんですが、ぼくは口を出す立場じゃないし、言っても聞いてくれないし、もどかしいことがいろいろあったんですよね。それに、マイクから誘われていたこともあるし、何より人生は一度きりですから。その頃は結婚していなくて独り者だったので、どうにでもなるだろう、と。ちょっと鬱《うつ》のような状態にもなって、病院で診断書も書いてもらって。そういったことがいろいろ重なって2018年の7月いっぱいでショーワを辞めて、すぐにブルノに自腹で行き、そこで契約をしてきたんです。そのときにピット・バイラー（KTMのモータースポーツディレクター）とも会って話をして、12月から、ということで10月末にサインしたんだったかな、たしか。で、決めた。

やっぱりレースをしたかったし、人間はいつ死ぬかわからないし、と思って。どうせなら楽しいことをやりたいじゃないですか。自分の可能性を賭けてみたいし、違うメーカーでやるのもいいと思ったし、とにかく面白くやりたい。こういう人生もいいんじゃないかな、と思ったんですね。やっぱり、レースが好きだったんですよ。ショーワにいて現場から離れても、やっぱりレースをやりたかった。会社には戻してくれと言ったんですが戻してくれなかったので、じゃあいいや、と。

――すでにショーワはそのときMotoGPをやっていなかったから、「戻してくれ」というのは全日本などのレース活動、ということですか？

そうですね。とにかくレースの部署。運営もうまくいってなかったたし、関係している社員たちもかなり不満がたまっていたみたいで、辞めたいと言っている人も結構いたようで、それはもったいないからぼくが仕切ってやってみたいなという気持ちもあったたんで上司に訴えたんですが、それも受け入れてくれなかったし。要は、自分自身が会社に対して嫌気が差していたんですね。対応の悪さとか理解のなさとか、そういったところで。でもまあ、どこの会社でも似たような話はきっとたくさんあるんでしょうけど。

――とはいえ、その決断はすごいと思いますよ。20代や30代前半なら新しい前途がたとえ不安定でも、希望のほうがまだ大きいだろうけど……。

もう50歳になろうかという頃でしたからね。

――安定した管理職の地位をなげうって、不安定な契約職で働くレース現場を選択したわけですから。

あと10年我慢すればよかった、ということですからね。そういうこともたしかにあったけれども、それ以上にやってみたかったんですよ。

――そういえば、かつてリビオ・スッポがHRCを辞めるときに「このパドックはドラッグのようなものだ」と言ったんですよ。

うまいこと言いますね。ぼくも中毒者のひとりかもしれないな。

――周りから、バカじゃないかと言われませんでしたか？

言われました。自分でも、バカかなあ、と思いました（笑）。でも、いい経験でしたよ。

――KTMは単年契約だったんですか？

複数年、3年です。その期間にはコロナとかいろいろあったし結婚もしたので、まあいいかな、ひとまず区切りにして、と思って契約更新をしませんでした。で、ちょっと間があって今の全日本モトクロスの仕事になるんですけれども。

――KTM時代の生活のベースはどうなっていたんですか。

シェンゲン協定（協定加盟国以外の国籍の者は、連続する180日のうち90日以上滞在できないという規則）を守らなければならなかったので、1ヶ月ほど向こうに滞在しては日本に帰る、という生活でした。それでずっと行ったり来たり。日本に帰ってきたときは、テレワークでミーティングやレポートを書いたりデータを見て解析したり、という仕事のしかただったので、日本に戻っているときはある程度自由な時間があって、そのぶん向こうに滞在しているときはぎゅっと凝縮して仕事をする、というかんじでしたね。

――結婚したのはKTM時代ですか。

2021年です。戻ってくる年に結婚しました。それまではずーっと独身で、だから会社を辞める決断も自分だけでできたんですよね。自分ひとりだけならなんとでもなるし。結婚していたらそういうわけにもいかなかったでしょうね。

――当時のKTMは、ホンダから多くの人材を引き抜いていったような印象もあります。

それはたしかにあったでしょうね。上にいたのがマイクで、彼の考えとしては、ホンダでやってきたことをベースにして、そこから発展させたかったみたいです。ぼくが彼に声を掛けられたのは、シヨーワにいたことも理由のひとつだったと思います。

――レプソルホンダのサスペンションの蓄積がこの男の中にある、と。

そうですね。じっさい、ぼくが行ってからアドバイスなどをさせてもらって変えた部分もありますし。ぼくはずっとホンダのチームとやってきたし、あとは、ダニがテストライダーで来たことも大きかったと思います。KTMのライドハイトデバイスは、ぼくともうひとりのWPの技術者で作ったんですけれども、ふたりで案を出し合っていろいろやりました。電子制御のアクティブサスみたいにできればいいんでしょうけど、レギュレーションではメカニカルな機構じゃないとダメだということになっているので、ワイヤー引きで後ろから引っ張ってきてやってるんですが、なんだかシブいワイヤーを使ってるんですよ。「そんなのシマノのデュラエースのワイヤーを使えばいいじゃん」と提案してやってみたらスルスルーってうまく行って、楽しかったですね。

――新井さんをはじめ、当時のニッキーチームにいたスタッフでKTMに移った人はたくさんいますよね。

やっぱりマイクの影響でしょうね。自分たちで開発するよりも（ノウハウを）持っている人間を連れてきたほうが早い、ということだと思います。今はトップがマイクじゃなくてドゥカティから来た人になったようなんですが、その影響で元ドゥカティの人間が増えてきたみたいですね。WPもイタリア人が増えて、ほとんどイタリア人になっちゃいました。

——その時々の強いところのノウハウを吸収していく、ということなんですかね。

そういう考えみたいですね、ピット・バイラーにしてもステファン・ピエラ（KTMのCEO）にしても。今のWPのマネージャーも、オーリンズから来た人なんですよ。もともとドビの担当をして、スペイン人だけどイタリア語もできる人で。彼がドゥカティに知り合いが多いのでWPのエンジニアもイタリア人が増えてきて、もともといたオーストリア人やドイツ人がイヤになってどんどん辞めていきました。最後は「え、あのときのメンバーはオレが最後なの？」というような状態になりましたね。

——でも結局、新井さんもそのKTMを辞めることになるわけですよね。

結婚したことも、理由のひとつではあるんですけれどもね。KTM時代はひとりで向こうに行っていたので、日本でひとり心細い思いをさせるのは申し訳ないし、ヨーロッパの人たちでも、家族と一緒にいたいからという理由でレースを辞める人もけっこういますよね。ぼくもそういうふうになってしまったのかなあ、なんて思ったりもします。

——KTMを辞めた時期は……。

2021年の11月いっぱい。ぼくの側にも辞めたい事情はあったし、KTMの側も、海外からの渡航が大変な時期でもあったので人を減らしたいという事情もあったみたいですね。

——まだ、パンデミックの時期でしたもんね。

そうなんですよ。ちょっとタイミングが悪かった。ロードだけではなくて、モトクロスでもKTMを辞めた人たちが結構いたみたいです。

――たしか2021年最終戦のパドックでばったり出くわしてちょっと立ち話をしたときに、新井さんの口から今月いっぱいでKTMを辞めると聞いて、じゃあ次はどうするんですか、と訊ねたら、日本で量産車の仕事をする、と言っていたように記憶しているんですよ。

ＫＴＭジャパンで量産車の仕事、という話があったのは本当なんですよ。ピット・バイラーともそういう話をしていたんですが、ＫＴＭジャパンでミーティングをしたときに、ぼくが思っていたこととは話が違っていたんですね。これは難しいなと思っていたら、知り合いから全日本のモトクロスの仕事があるよ、と声を掛けていただいたので、それもいいなと思って繋いでもらい、そんな人の縁があって今はモトクロスの仕事をしています。

――MotoGPのパドックで長年仕事をしてきて、日本人的な感覚でやっていくことに難しさを感じたことはありましたか。

ありますよ、それは。「きっとこんなふうに考えてくれるだろう」とか「これはやってくれるだろう」とか「気遣ってくれるだろう」とか、そんなものはまったくないですもんね。

――以心伝心のような。

そういったものはまるでないですよね。言わなきゃ伝わらない。そういった意味では、ぼくは人見知りする性格だし、どちらかといえば消極的な人間だったけど、喋らなければ相手に伝わらないし何も変えようとしない、という状態だったので、考えも変わって、ヨーロッパ的になっていきました。でも、前の会社（ショーワ）では逆に、「そんな考え方ではダメだ」と言われましたけれども（笑）。

――つまり、さっきの話にもありましたが、現場に馴染んでいけばいくほど、日本の本社の考え方とはどんどん乖離していく。

そうですね。それはあったかもしれない。自分の考え方は……、そうですね、変わっていきましたよね。それで、そっち（日本）とはうまくいかなくなっていって、結局辞めちゃった。でも、それぞれの国民性に合わせて、たとえばスペイン人にはこういう言い方をしたほうがいいとか、あるじゃないですか。何かが壊れたときでも彼らはミスを絶対に認めないだろうから、理由を聞きだすにしてもそのへんの扱いは日本人に聞くときとは違いますよね。

――自分の過失だとは絶対に言わないから、そこをどうやってうまく引き出すか。

そうそう。たとえば、「ここは設計がこうだったからこうなったんじゃないの？　だからネジを締めたら壊れてしまったんじゃないの？」というような聞きかたでうまく誘い出す、みたいなね。そういうことは学べた気がします。こいつちょっと締めすぎてるよなあ、って思って見ていたら、案の定ポロッとなって、「あ、やっぱり。さあ、なんて言うかなあ」みたいなね（笑）。ポロッとやったほうが悪いんだけど、「ここの形が悪いから壊れたんだ」と主張するから「ああそうか。じゃあ、どういう形で作ればいいと思う？」って聞いたりね。大変ですよ。面白いですけど。

――それを面白いと思えるかどうか。

そうですね。それをストレスに感じちゃって、何でもすべて日本人的な感覚でやろうとして彼らと衝突して、その結果うまく行かなくなって「あいつはいらねえ」と彼らに言われちゃうようなことってて、結構ありますよね。そのへんは、ズルく長く経験を重ねて学んでいくものだと思います。日本から新しく来た人なんて「なんであいつらはこっちの言ったとおりにやってくれないんだ」とヤキモキするんだけど、でも現場の人間にしてみればその人をまだ信用していないんだから、言われたとおりになんてするわけがない。だから、どうやってコミュニケーションを取るか、どうやってその人たちの中に入っていくか。そういうのって重要ですよね。

――日本人は社交辞令ばかりで本音を言わないとよく言われるけど、ヨーロッパの人たちだって相手を信用するまで本心を言わないですからね。

そうですよね。セッティングをするにあたっても、そうやって信用してもらわないとこっちの言ったことを信じてもらえないしうまく進めづらいから、そこに持って行くまでが大変なんですよ。

――ライダーによっても、そのあたりで大変な経験とかはありましたか？

いい例は、ジョン・コシンスキーですよ。

――500で走ったときですか？

SBKのとき。彼はほんとに大変でした、大きな子供をなだめるような状態で。子供をあやすようなかんじです。「これだったら大丈夫だから、キミだったらできるから」と言いかたもそれっぽくして。彼が新しいおもちゃがほしい状態になって一方的にわーわー言ってくるときには、「うん、わかった。でも今回はこれで行ってね。全部はダメだけど、今日はアイスクリームだけ買ってあげるよ」みたいなね。

ニッキーも、自信をなくしたときなんかは「これだったら大丈夫だよ。おまえならできる。行けるよ」と尻を叩いて気持ちを盛り上げる。心配になったら気持ちが不安になったりもするんだけど、調子がいいと「どうだー」みたいにもなるし、すごく素直なライダーでしたね。

――ニッキーは、アルカンシエルのステッカーを作ったくらいだから、仲が良かったんですよね。

そうですね。メッセージのやりとりもよくしていたし、彼のスポンサーにたしかスペシャライズドがついていて、レースで勝ったら自転車あげるよ、とニッキーに言われて「マジか⁉」と。でも、勝てなかったですけどね、そのときは。

――印象深いライダーは誰ですか。

やっぱりミック・ドゥーハン。アーロン・スライトもそうかもしれない。ニッキーも忘れられないですね。ミックは中指で呼ばれたり、Fのつく言葉を連発したり、すごいキャラクターですごくとんがっていたけど、しっかりと実績を残すし、プロだなあと思います。辛いこともあったけれども、それが自分の経験にもなって成長もできた。いろんな意味で（笑）。打たれ強くもなったし。あの当時のミックにはみんながいろんなことを言われていましたよ。サスペンションテストのときでも「おまえが乗ってこい」と言われましたからね。ミシュランのエンジニアも「タイヤテストをしたいならおまえが走ってこい、オレはいやだ」と。チャンピオンを獲る年のイースタンクリークの事前テストだったかな。もちろんミックも半ば冗談で、みんなもそれを聞いて笑っていましたけど。懐かしいですね。だから、今でもMotoGPに行ってみたい気持ちはありますよ。

——さっきのリビオの言葉じゃないけど、パドックとはそれくらい魅力的な場なんでしょうね。

人というものはやはり、そこにいたならいたで何かしら不満や文句が出てきて、ゼロにはならないですよね。カネがないと文句を言うし、あったらあったでもっとほしいと文句を言うのと同じで、要求は尽きない。でもそこには、俗な言い方になっちゃいますけど、情熱がある。

——その情熱の源泉って何でしょう？

文化の違ういろんな人間が集まってひとつの目標に向かい、家族のようにみんなでいろんなところに行って、というところに、何か中毒性のようなものがあるんでしょうね。雰囲気もいいし……、何なんでしょうね、これ。離れていても、そこにまた戻ってみたいなと思ってしまう気持ちって。

ＭｏｔｏＧＰの放送を見ていても、「あ、あいつがあそこにいるな」とか「オレもここにいたんだよな」と思うと、懐かしくもあり寂しくもあり……。行けるんであればまた行きたいな、と思いますよ。そこに関わっていたいんでしょうね。時差ぼけの調整は歳を取ると年々キツくなっていくけど、長時間飛行機に乗ってレンタカーを運転して長い距離を走って、でもパドックに着いて知り合いと「おう」と挨拶したら、その疲れた気分もなくなっちゃう。何なんですかね、この気持ち。

レースだけに限らず人の考えかたや文化の違いや、こういうものの見方もあるんだと視野も広がるし、いろんなことをマルチでできるようになった。そういった意味でもいい経験をさせてもらったし、パドックは面白い場所でもあるなと思います。

▲WPのサスペンションエンジニア時代、
バレンシアのピット内。(本人提供)

6

必死でがんばっている人を放っておけない――根岸直広

ヤマハMotoGPチームの現地要員として、根岸直広さんはパドックでチームや選手たちを支える縁の下の力持ち的な役割を担当しています。また、根岸さんは元国際A級ライダーで、ヨーロッパ選手権等に活路を求めて自力で転戦を開始し、現役活動を退いた後に35歳でスペインGP250ccクラスに最初で最後の参戦を果たした、というユニークな経歴の持ち主でもあります。そして、その数年後には意外な経緯からパドックの仕事を開始し、現在に至るまで20数年間をイタリアで暮らしています。

強烈なキャラクターが多いパドックの中で、いつも穏やかな謙虚さを保っているように見える根岸さんが、じつはその外見からは想像できないほど確固たる意志の持ち主であることは、そのレース活動歴にも現れているとおりです。そんな努力の積み重ねと誠実な人付き合いによって現在のイタリア家族生活に至る半生は、やはり唯一無二のユニークなライフストーリーです。

――まずは根岸さんのバックグラウンドから伺いたいんですけれども、そもそもライダーになりたいと思ったきっかけは何だったんですか？

きっかけというきっかけが特にあったわけではなく、僕らの頃の10代後半や20歳そこそこの頃って、オートバイのレースが日本で大ブームになったんですよ。１９８０年代中盤から'90年代前半くらいの時期。僕はそのブームの前からレースやモータースポーツに興味があって、小学校高学年のときの「将来の夢」という作文で、「プロのドライバーとして活躍できたらいいと思う」みたいなことをすでに書いているんですよね。だから、それくらいの時期からドライバーになりたい、という興味を持っていたんです。池沢さとしさんの『サーキットの狼』とか村上もとかさんの『赤いペガサス』といったマンガが好きでよく読んでましたね。

そんな子供だったんで、モータースポーツにはもともと興味があって、自然とその年齢が来たらオートバイに乗るようになり、魅力にハマっちゃったんですね。友達同士で山に行って走ったり、知らない人と知り合って話をしたり、そんなかんじで世界が急に広がっていって、それがきっと面白かったんだと思います。

――その後、二輪ロードレースに参戦していくのは、どういう経緯なんですか。

本当に好きだったんですよ、乗ることが。もともと競争することに興味もありましたし、実家が渡良瀬遊水地の近くにある自然豊かな関東平野の田舎で、モトクロスのイベントをよくやってたんです。高校生のときに近くでやってたエンデューロ大会を見に行って、いつの間にか自分もそれに参加していて、参加したら主催者の人と仲良くなっちゃって、そのレーシングチームに入ったらまた楽しくて、そしたらそのチームの人が筑波サーキットに連れて行ってくださって、「自分もこれをやろう」と思った、ってかんじです。結城レーシング、というチームなんですが、そこの先輩が乗っていた市販レーサーのTZ250を中古で譲っていただいて、練習のつもりで始めてみたらデビュー2戦目くらいのときに、「これはもしかしたら……」っていうかんじだったんですよ、そのときはね。結果的には二流で終わりましたけども（笑）。そのへんからです。

サーキットに連れて行ってもらって実感したんですが、そこで走っている先輩たちがとにかくみんなすごいんですよ。素直に尊敬できるし、同期の人たちもレースに対する取り組みがものすごく真剣で、そういう人たちと一緒にレースをできることがすごく面白かったです。

――当時は全日本華やかなりし頃ですよね。レースの数は今よりずっと多かったし、大企業やメジャーブランドのスポンサーも多かったし、お客さんもたくさん入っていました。根岸さんがその全日本で走り始めたのは何歳の頃なんですか。

デビューしたのは20歳くらいで、２年間ノービスで3年目にジュニア250。で、1987年に国際A級に昇格しました。僕、町井邦生さんと同期なんですよ。今と違って当時は自分で車両を用意して、オートバイのメンテナンスも基本的には全部自分でやるんですけど、ひとりですべてをやりきるのは大変なので、レースウィークは友達に手伝いに来てもらって一緒に準備して参戦している、っていう形でしたね。機械は、得意ではないかもしれないけど嫌いじゃなかったですね。

――自分でやりながら少しずつ詳しくなっていった、という格好ですか。

そうですね。これもやっぱり先輩たちにいろいろ教えてもらったり、作業を横で見ながらノウハウを盗んだりしていました。2サイクルエンジンがなくなってそういう文化も薄れちゃったと思うんですけど、当時は先輩と後輩の繋がりが濃密だったんで、チームに所属していれば自然にいろんなことを学べたんですよね。

――先輩たちからレースのノウハウを学ぶ一方で、レース活動をしながら生活していくのは大変だったんじゃないかと思うんですけれども。

あれだけ参加人数が多い中からファクトリーライダーになれる人なんて、本当にひと握りじゃないですか。だから、その人たちみたいに自分もなれるのかというと、とてもじゃないけどそういう気はしなかったですね。なにせ始めたのが20歳過ぎでそもそも遅かったし、あとからくる後輩たちは小さい頃からレース活動をしていて、戦略的にもベテランみたいなうまいレース運びするような子たちがいっぱいいたから、もうあっさり抜かれちゃいますもんね。

そういう状態だったんで、あるメーカーの方から実際に言われましたもん、「根岸、おまえ、自分のいろんなものを犠牲にしてやってるけど、もうファクトリーのクルマをもらえるような年齢じゃないぞ」って。当時は25、26歳だったんですが、その人は親心で言ってくださったんですよね、僕の人生のことを思ってくれて。

で、その頃から欧州を意識するようになったんですよ。モータースポーツはやっぱり欧州が本場だし、全日本にこだわっていてもファクトリーバイクには乗れなくて先も詰まっている。それなら、いっぱしの体制じゃないかもしれないけど自分が果たしてどのぐらい通用するのか試してみたい、って気持ちになってきて。

全日本に参戦することで1年間にかかる費用を考えると、なんとか節約しながら運営すれば欧州でもレース活動をできるんじゃないか、と思って調べ始めたんですよ。あっちこっちで情報を集めまくって準備して、炊飯器やら何やら日本から持って行くと便利そうな物をハイエースに詰め込んでTZも乗せて、そのハイエースを船便で送って、で、自分は飛行機で欧州に行ったら今度は日本から送ったそのハイエースを自分で作ったカルネで通関して受け取って、そうやって向こうで移動しながらレースをやってたんです。

——それがすごいですね。以前にその話を人づてに聞いたことがあったんですが、そうやって自力で欧州に渡ってレースをする根性には本当に感心しました。

僕の根性なんてたいしたことないですよ。ちょっと話が戻っちゃいますけど、全日本で僕が見た先輩方や同期の人たちの根性は、もうみんなホントにすごかったですから。だから、自分に根性があったなんて全然思えないですもん。けれども、エネルギーは使いました。なにせ無知で、商工会議所に行っても学がなくて何もわからないから素人の質問で、ゼロから教えてもらいながらカルネを申請して、「これじゃだめです」みたいなことを何度も言われて何度も足を運んで、やたらと遠回りしました。

――それは何歳の時ですか？

27、28歳だったと思います。'92年にそういうことやっていて、ギリギリ20代だった'93年から、今で言うCEV、スパニッシュ選手権に参戦しました。現在はレプソルが冠になってますけど、当時はDUCADOSっていうタバコメーカーがスポンサーをしていたんですよ。ドイツの熊野さん（熊野正人：世界で活躍した日本人サイドカー選手の第一人者。１９９１年の現役引退後もドイツに在住して若い選手の育成に尽力した）を紹介していただいて、熊野さんのガレージの一角をお借りしてそこをベースに活動していました。だから、ドイツの国内選手権にも参戦したし、スペインからドイツへ移動する途中に、たとえばオーストリアのザルツブルクでいいタイミングでレースがあればスポットで参戦したりして、お金のかからない効率の良い日程でなるべくたくさんのレースに参加しながら少しでも早く欧州のレースを吸収しよう、ってやってたんですよね。

――その頃の生活費、ヨーロッパで食っていくための費用はどうしてたんですか。

まずそもそも、スパニッシュ選手権のDUCADOSを選んだ理由が、賞金目当てだったんですよ。それで食いつなぐことができないかなって考えて。上位じゃなくても、僕ぐらいの順位でもそこそこもらえたし、あとは日本にいるうちに資金をがんばって集めました。

実家は根岸研磨というバフ屋をやってるんですけれども、研磨の機械が3台あって、常に動いているのは2台なんです。3台のうち1台はいつも空くというシフトでやっていたので、父親が「1台を好きに使っていいから、これで稼げ」と言ってくれたんです。当時は景気が良かったので、仕事がいくらでもあったんですよ。それで、僕のメカニックの友達と、今のかみさん、当時は彼女ですね。あとはそういうことが好きな同級生。弟もよく手伝ってくれました。とりあえず人数を集めて機械をどんどん回して、製品をどんどん磨いて、それで資金が見えてきたんです。あとは雄志の方にいただいた寄付。まあとにかくいろいろかき集めて、で、最後の最後に困ったらこれはクレジットカードだな、と思って、「何年続くかわかんないけど、とりあえず行けるな」っていう状態でもう見切り発車です。

——すごいですね。

あのときは割りきっちゃってましたね。実家が自営業だったんで、困ったら戻ってきて実家の仕事をやればいい、みたいな甘えもひょっとしたらあったのかもしれないですけれども。あんな無茶ができたのはそういう背景もきっとあったのかな、と今にして振り返れば思いますね。当時はそんなこと思ってもいなかったですけど。もうなんとかして何年間か走り続けたい、とひたすら思っていて、将来の心配はしてなかったです。

——ヨーロッパは根岸さんがひとりで転戦していたんですか。

自分と友達のメカニックと、あとはかみさん。当時は彼女ですね、3人です。だから、かみさんにはほんとにもう、頭が上がらないです（笑）。

――'93年にヨーロッパに渡って開始したレース活動は、どんな風に変遷していくんですか？

行ってみて初めてわかったこともたくさんあって、レースをしながら経験を重ねて勉強していったんですが、プライベートの本当に個人チームだったんで、いろいろと苦労をしました。

資金が必要で大変だったんですが、ちょっと笑っちゃうような面白い話もありましたね。当時の僕は、五本指の靴下を履いてたんですよ。それを洗濯してパドックの裏で干していると、それがもの珍しかったのか、スペイン人のエントラントがやってきて、「これを売ってくれ」って言うんですね。「こんな使い古しじゃなくて、未使用のものがあるからそっちをあげるよ」って言って新品をあげたんですが、そういった珍しい日本の物が結構売れるということに気付いて、翌年はその五本指靴下とか、ピンクや青の色付きのタイラップだとか軍手、あとはガソリンをシュポシュポってやる手動のポンプ。そういったものを百本とか百足単位で持って行って、それを売って資金にしました。面白かったですよ。レースで乗っていた車両のＴＺ２５０も、ヨーロッパで売却したほうが日本よりもいい値がつくので、それも計算に入れてやってましたね。

――レースをしていると、バイクもやはり新しいものをほしくなるでしょう？

そうなんですよ。この世界は、物理的に良いものを使わないと勝負にならない、っていう側面があるじゃないですか。特に2サイクルの時代って、ファクトリーマシンと僕らが使ってる市販レーサーは、致命的なぐらいに差がありましたから。スペイン選手権には、ファクトリーマシンこそ出てこなかったんですけど、メーカーのキット車を使ってる人が結構出ていましたね。カルロス・チェカ、セテ・ジベルナウ、ケニー・ロバーツJr、あとは、(ホセ・ルイス)カルドソ選手や(セバスチャン・)ポルト選手。当時はみんな若くて速くて、メーカーの息がかかったライダーは前年仕様のファクトリーバイクで参戦していました。皆さん、今のパドックにあるような大きいトレーラーでやってきて、組織立ったチーム運営でライダーは乗ることに専念してという、そんな人たちを相手に、自分たちはハイエースでキャンパーを引っ張って転戦していたわけです。

「次のステップに進むためには、ああいう大きなチームと契約するしかないんだろうな」と思ったんですが、そのときはすでに30歳になっていたので、'95年を最後に「乗ることが中心の生き方は、もうこれでおしまいにしよう」って区切りをつけたんですよ。

日本に帰国したら、ヨーロッパで友達になった人たちから、あれを送ってくれこれを探してくれというリクエストが来て、パドックでいろんな物を売ってたということもあるんですけど(笑)、最初は個人的に友達宛に送ってあげてたのが、やがてその人の紹介とか紹介の紹介とか言っていろんな人から声を掛けられて、ショップをやってる人たちからも大量に注文が来るようになったんです。それでなんとなく自然に輸出する仕事がどんどん増えて、研磨屋をやりながら輸出業の仕事が始まっちゃったんですよね。ちょうどその頃にツインリンクもてぎがオープンしたんです。

――'97年ですね、たしか開業は。

ですね。その際に、ライセンスを取りに来る人やスクールのインストラクターとして、北関東出身の元ライダーということで僕にも声が掛かってお手伝いをさせてもらうことになりました。皆さんの前でフラッグの意味を説明したりなんかして、ガラじゃなかったんですけれども、がんばりました。そういうことをやっていると、やがてもてもてぎでグランプリが開催されることになったんですが、僕がヨーロッパ選手権に出てた頃に一緒に走っていたオランダの選手が怪我をしちゃって、もてぎを欠場することになったんですよ。代役は、僕と一緒にもてぎでインストラクターをやっていた黒川武彦さんになったんですが、次のスペインGPも欠場するので誰かいないかという話になって、「ネギちゃん、ヘレス知ってるんじゃないの?」って黒川さんから聞かれたので、「知ってますよ」って返事をしたんです。3年以上もレースから離れてたんですけれども、リザルトは問わないのでとにかく出てくればいいから、ということで、それで急遽参加することになったわけです。それが、僕の最初で最後のグランプリ参戦ですね。

——'99年のヘレスですよね。

そうです。

——様々な紆余曲折の後にレースを引退してブランクがある状態で、いきなりそういうチャンスが目の前に現れたときは、どういう気持ちだったんですか。

怖かったですよね、最初は。周りのいろんな人に相談したんですけど、自分が若い頃にさんざん夢見た舞台だし、こんなチャンスはもう無いだろうという、その辺がお受けする大きな理由のひとつになりました。「ビリでもいいや、とにかくベストを尽くして迷惑をかけないようにしよう」と思ってお引き受けしたんですが、そのときは予選落ちがあることをすっかり忘れてたんですよ（笑）。

実際に走ってみたら意外と感覚を覚えていて、予選もビリじゃなくて、やってみたら後ろにまだ3列ぐらいありました。でも、体力的にはもうヘロヘロでした。

——そのときの根岸さんは、35歳ですね。

そうですね、はい。

——若い頃に憧れていた夢の舞台へいきなり入っていくことに、気後れは感じませんでしたか？

それを思ったんで、ビリでもいいって考えることにしたんですよ。実際に走ってみたら、もう金曜日の最初のプラクティスから全開でした。朝から全開で走って次の走行でまた全開、次の走行でもまた全開。セッションとセッションの間はもう、ベッドの上で大の字になって休んでましたもんね。若い子たちみたいにセッションの合間にスクーターでパドックをふらふら走ったりするなんて、とてもそんな気になれなかった。

——ヘレスの決勝レースを走り終わって、結果は25位でしたね。

スタート直後に目の前でアクシデントがあって、1コーナーに入って行ったときはほとんどビリだったのを覚えてるんですけど、そこからは前を走ってる人も速いし後ろから来る人も速いし、もう必死でした。最後は周回遅れにされました。どれくらいついていけるのか、ちょっと試してふんばった記憶がありますけども、予選みたいに目一杯で走ったら危ないんで、そこはもう割り切って「今の自分のベストを尽くそう」と自分に言い聞かせながら走ってましたね。だから、正直なことを言えばちょっと不完全燃焼なんですよ。自分が現役選手だった時代と比べると、ただ参加しただけ、という内容になっちゃいましたから。

今もときどき、「根岸さん、グランプリに出たことあるんですよね」って話しかけてくださることもあるんですけど、そんなわけだから、自分の中では「そうなんだよ！」って誇らしく話ができるような思い出じゃないんです、じつは。

――ヘレスの参戦は、その後の根岸さんの人生に何らかの影響を与えましたか。

「根岸ってまだレースやるの？」って言われ始めましたね。その後の1、2年は、声を掛けていただくと、軽い気持ちで「いいよ」と調子に乗って、8耐に誘われて第3ライダーとして参加させてもらったこともありますし、もてぎの7耐などのホビーレースにお手伝いで行かせてもらったりもしました。

で、あるレースで全日本時代の同期だった人と同じチームで走っていたときに、彼が転倒してその交換部品代を払うという段階になって、「あ、そうか。こういうときの修理代は転んだ人の自分持ちか」って気づいたんですよ。修理代は結構な金額になることもあるんだから、軽い気持ちで引き受けていたレースの参戦も、事前にかみさんとしっかり相談してからやらなきゃいけないよなあ、って、そのとき初めて気づきました。

僕、そういうのが多いんですよ。事後に気づくことばかりで、失敗して勉強することの連続でしたね。たとえば、もてぎでインストラクターをやってるときも、それまでの僕ってアスリートがレースに参戦するという目線でしかレースを見てなかったんですけど、スクールにライセンスを取りにくる方で世界を目指そうなんていう人はむしろ稀で、自分がいつも乗ってるオートバイで趣味としてサーキットを走ってみたい、という人が大半なんですよね。一般道じゃ高速走行は危ないからサーキットで思いきり走ってみたい、っていう考え方の人たちだから、アスリートとは思考が違うんですね。

たとえば面白かったのは、体験走行中に一回ピットインして説明するときに、とても暑い日だったので日陰に入って「ちょっと皆さん座りましょうよ」って言ったんだけど、地べたに座ろうとしない人もいたんです。僕らの感覚では、革ツナギってどっちみち汚れるものだから地べたに座っても全然構わない、というものだったんですが、趣味で走る人たちにしてみれば何10万円もする高価な装具ですから、地面に座ることに抵抗を感じる人がいるのも当然なんですよね。そういったあたりまえのことをあまりにも知らなかった自分に気がつき始めて、サーキットを走る人ってアスリートだけじゃないんだ、ということから考えを変えていかなきゃいけないと思い知らされました。

サーキットを走る人、サーキットという場所に観戦に来る人、レースを主催する側の人、いろんな立場の人たちと関わってその視点を知るたびに、自分の視野の狭さを反省させられてきましたね、ホントに。

で、そんな矢先に、もてぎに一緒に参戦した友人を介して、ヤマハのグランプリチームに関係する仕事でオランダに住み込みで働ける人を難波恭司さんが探している、っていう話が回ってきたんですよ。僕も、「じゃあ、誰かいないか聞いてみるよ」って探し始めてみたんです。仕事の内容は、カルネを使ってパッキングしたりインボイスを作ったりという物流に関わることだったので、その説明をアイファクトリーの五百部《いおべ》（徳雄）さんにも話して、「誰かいい人はいないですかね？」って訊ねたら「そういう仕事だったらおまえがやればいいじゃないか」って言われたんですよ。「僕ですか？」「そうだよ、おまえが行け」って（笑）。

「うーん、考えさせてください」ってちょっと悩んだんですけど、「自分じゃだめですかね？」って難波さんに聞いてみたら「え、いいの？」って話になって。で、僕がやるということで歓迎されて、で、その仕事をやってみたという経緯ですね。

――ということは、ヤマハがオランダにヨーロッパの本拠を置いていた頃ですね。

そうですね。僕自身も、オランダとはいろいろと個人的な関わりもあったんですよね。輸出入が仕事になっていた'96年から'98年くらいの時期、実家の研磨屋をやりながらパーツや新型車両などをヨーロッパに送っていた頃は、オランダやドイツ、イギリスの取引相手が多かったんです。だからオランダには何度も行ってたし、WGPに代役で走ったときもオランダのチームだったし、そんな関係でオランダ人の友達は結構いたんですよ。オランダに住むこともそんなに抵抗を感じなかったので、「何年続くかわからないけれども、やってみます」っていう話になったんですね。で、気が付いたらもう20年です。

――オランダに行ったのは何年ですか？

２００１年です。２年間オランダにいて、ヤマハの本拠地がオランダからイタリアに移ったので、僕もイタリアに転居しました。

——では、2001年と'02はオランダ生活で、'03年にイタリアへ引っ越した、ということですか。

そういうことですね。長期滞在のビザを取得しなければならなかったので、これもまた自分でいろいろと調べて得意の突撃です。何も知らない素人質問をあちこちにして、それでなんとかなった、って感じですね。

——オランダに行くのは、それまでの人のつながりや土地勘もあったから「じゃあ行ってみようか」ということだったのでしょうが、その当時は1、2年現地にいてしばらくしたら帰国しよう、というような長期的な見通しなどは立てていたんですか。

まったく決めてなかったですね。帰りたくなったら帰ろう、くらいは考えてましたけど、最初から帰ろうとも思ってないしずっといようとも思ってなかったですね。ただ、老後になったらきっと帰るだろうな、くらいにしか想像してなかったです。

——ヨーロッパでの根岸さんの業務は、物流やレースに関わるコーディネーションのような仕事と考えればいいわけですか。

うん。まあ、そんなかんじですかね。

——イタリアの生活にはすぐに馴染めましたか。

最初の2年は大変でした。よく耳にされるかもしれないですけれども、日本とはまったく要領が違っていて、イタリア独特のコネ文化というか、一度知り合いになってしまえばすごく優しいんですけど、たとえばいきなり馴染みのないアジア人が銀行に行って「口座を作りたいんだけど」と言っても、妙に警戒されることもありますよね。携帯電話やいろんなものの契約でも、結構いい加減で内容を間違えられちゃったとか、来るはずのものが来なかったりとか。自分の個人的なことならまだしも、それが仕事に関わってくるとやはり良くないし、ストレスにもなりますよね。

――イタリアだと、そんなトラブルなんてごく日常茶飯に起こるわけじゃないですか。日本の感覚ではなかなか理解できないことなのかもしれないけど。

僕ね、イタリアの生活をしていていまだにいちばん嫌いなのは郵便局に行くことなんです。お役所メンタルの人たちに何かをしてもらうことって、すごくハードルが高いですね。一度知り合いになればとても親身になってくれるんですけど。あとは、誰々の友達なんだけど、とかいうことがわかると親切になってくれますよね。面白かったのは、ヤマハのMotoGP関係の仕事をしていることが判明すると親切になってくれた、なんてこともありましたね。ヤマハといえばバレンティーノ・ロッシ、という時代があったじゃないですか。イタリア人はみんなバレンティーノが大好きだから、サポートが少し手厚くなったりしたなんてこともありましたよ（笑）。

――イタリア語はイタリアに住むようになって習得したんですか？

いや、いまだに全然できなくて、今も勉強中です。子供たちが先生。あとは、かみさんに助けてもらってます。たとえば子供たちをお医者さんに診てもらうときでも、病院で使う言葉は日常の生活で使う単語と少し違ってくるじゃないですか。そういったことの対応は僕にはちょっと無理だなと思いますけど、かみさんは病院へ行く前に辞書で調べたりして、うまく対応してますね。この前も、僕が仕事で留守にしているときに子供が急にお腹が痛くなって入院して手術したことがあったんですが、そういうこともひとりで全部対応してくれました。こっちで暮らしていると、僕らは近所におじいちゃんおばあちゃんや親類がいない本当の核家族ですから、事故や病気や、あとは学校で必要なことの対応で、なんてことないことでもかなり時間がかかったり二度手間になったりするときがあるんですよね。僕は家族を置いてレース現場へ仕事に行っちゃう立場だから、不安になるときもありますよね。子供は上が女の子で下が男の子、ふたりいるんですけれども、たとえば子供たちが熱を出したり、子供は大丈夫でも母親が体調を崩したりとか、そんなときは空港からＷｈａｔｓＡｐｐで隣のおばさんに「実はこういうわけなんで、ちょっと面倒を見てやってくれませんか」という依頼をしたりね。だから（仕事に）出て行くほうもかなり辛いです。

——日本でならなんでもないあたりまえに対応できることが、自分が生まれ育った環境ではなく生活文化が全然違う場所だと、予想外の困難に直面することってありますよね。

もう本当に、日々勉強ですね。

——家族と一緒に日本を長く離れて暮らす人たちが、そういった不安要素にどう対処しているのかということはずっと聞きたかったことなんですよ。

一時期はもう頻繁に、家族会議というかかみさんと相談をしていました。子供ができた頃に僕は「もう日本に帰ったほうがいいんじゃないかな」とも思っていたんですよ。子供が小さいと手もかかるし、僕が仕事に行ってしまえば手伝ってくれる人が誰もいなくなっちゃうわけですからね。かみさんの意思も聞いて、メリットやデメリットもいろいろと考えて、最終的にはかみさんの意思を尊重してここに残ることにしました。家族がいちばんやりたいことが今の自分の中では最優先順位になっていますから。今は隣の人やご近所のかたを頼りに、なんとかやってます。イタリアの人って、子育てをしてる人にすごく親切なんですよ、日本では考えられないぐらい。だからご近所に頼みごとをしやすかったという面もあるんですけど、本当にかみさんががんばってくれているおかげです。

――根岸さんの仕事を考えても、イタリアにベースがあるほうが楽ですもんね。

そうですね。

――新型コロナウイルス感染症のパンデミックの時期は、ご家族のことが心配だったんじゃないですか？

何しろ一番最初にロックダウンしたのがロンバルディアでしたからね、イタリアの。

――まさに中心地にいたわけですね。

日本からもいろんな心配のメッセージや問い合わせをいただきました、MotoGPはなんとかして開催できるぞ、ということになったのは、そっちはそっちでいい話だったんですけど、僕は家族を残してサーキットに行かなきゃいけない。しかも、さっきの話と重複しますが、家族の周りには親や兄弟がいなくて、ご近所にはイタリアの親切な方々もいますけれども、そんな中で僕は家族を置いて行くわけじゃないですか。自分が出掛けるリスクもありますけれども、家に残してきた家族の誰かが感染したらどうしようと考えると、やっぱり気が気じゃなかったですね。でも逆の立場で見ると、僕は家族を残して仕事に出ていたわけだから、家に帰ってきたら自分が外からやってきた危険人物になるわけで。

――（笑）。

家族はちゃんとルールを守って家にいても、自分はパドックから帰ってきた危険人物で外から持ち込む可能性もあるわけだし、そういう面でも非常に厄介でしたね。あの時期はみんな大変でしたよね。皆さんが大変だったように、うちもやっぱり大変でした。

――根岸さんは家族で20年間イタリアで暮らし、ふたりのお子さんもイタリアで育っているんですよね。

ふたりとも日本で産んでますけど、育ちはこっちですね。

――イタリアで子育てをすることと日本に帰って育てることの選択に、迷いはなかったんですか。

ありました。僕はやっぱり日本人は素晴らしいと思っているんですよ。だから、うちの子たちがあまりこっちに染まってしまうことにちょっと心配もあったんですが、そのときも家族会議をして、ある程度のものごころつくまでとりあえず様子を見ようよ、って結論になりました。

今は14歳と11歳で、上の子は高校生で、日本で言えばまだ中学なんですけど、この歳まで育って行くのを見ると、子供たちも子供なりにイタリア文化と日本文化の両方を見て、日本文化の良いところと悪いところ、イタリア文化の良いところと悪いところを、自分たちなりに感じて考えているようで、そんなに心配していたほど染まることもなくて、意外と大丈夫そうだなと感じています。まあ、ちょっとかわいそうだなって思っちゃうときもあるんですけど。

――それはどういうときですか。

だって、僕の都合でここに住んでるわけですから。でも、ここにいるからこそ、たまに日本に帰ったときにお爺ちゃんお婆ちゃんやいろんな人に良くしてもらえるし、おいしいものもあるし、楽しみが増える。子供たちは日本に帰るのが楽しみなんですよ。暮らしの中にそういう楽しみがあるのって悪いことじゃないよな、って思います。

――お子さんふたりはイタリアでの生活にも馴染んでるんですね。

下の男の子は本当に馴染んでますね。完全にバイリンガルで頼もしいです。

――家族を大切にするという観点では、今の仕事から何か他の仕事に変えようかと考えたことはないんですか。パドックで仕事をしている人でも、家族と離れるのが嫌だから家族を選択する、という人もいますよね。

特に欧州の人には多いですよね。

――根岸さんは、そこは思い悩んだことがはなかったんですか。

いやもうそれはね、たぶん1年に何回も思ってます。

――今でもですか。

ええ。毎年、1年に何度も考えてますよ。今も言ったように、いざというときに自分は家にいないわけですから。でも、日本をベースにするとこの仕事は大変になっちゃうし、あとはそれ以外にも……、難しいところはどんな仕事でもあると思うんですよ。でも、なんて言ったらいいんだろう……、この世界ではひとりひとりがそれぞれの分野で、今まで培ってきたものを出し切るために必死でやっていらっしゃるじゃないですか。僕は、そういう人を助けるのが好きなんですよね。なんかこう、助けたくなっちゃう。だから、辞めずにずっとやっているんだろうと思います。自分はサーキットで本当に人の役に立っているんだろうか、と思うこともあるし、僕じゃなくてもっと若い人がやったほうがいいんじゃないかって思うときもあるし、日々悩んでます。

――でもやはりその仕事を辞めないのは、今の言葉にもあったように人を助けることが好きだということと、パドックの中でベストの結果を出そうとがんばっている人たちを助けるところに自分の喜びや達成感を感じている、ということですか。

あと、恩もあると思うんです。モータースポーツ業界に関連する様々な方たちが、自分の現役時代にしてくれたことに対する恩、自分が必死になってレースをやっていたときに周りのいろんな人たちが助けてくれた恩。そっちのほうが比重は大きいかもしれないですね。自分は好きなことをやっていたのに、それを他人様が協力してくれたわけで、皆さんの心の広さは本当にありがたいと思っています。そんな環境の中で自分もそうだし、周りの同期の連中や先輩方もみんな必死でやっていたので、だからこそ今は必死でやっている人たちを助けたくなる気持ちも湧いてくるんですよね。

――自分がしてもらったことを今度は自分が人にしてあげる、と順送りに何かを次に渡していく作業なのかもしれませんね。

やっぱり、ターゲットに向かって必死でがんばっている人たちって、面白くて放っておけないんですよね。そうやって目標を持ってやっている人たちはすごいなあと心から思うので、そんな人たちの助けになりたいんですよ。

――でも、それは形を変えているだけで、また別種のチャレンジなのかもしれないですね。

そうかもしれないですね。いまだに勉強になることや新しく知ることも多いし、そういう面白さはありますね。

――今の仕事は天職だと思いますか。

（しばらく黙考して）……いいえ、思いません。

――あ、そうなんですか。

今は家族と一緒にいることが第一で、そのためには何が必要なのか、という思考になっているんですが、でも、僕はこれでいいと思ってます。今まで受けた恩を少しずつ返せていて、家族もこれでなんとかなっているし、だから今の形でいい。でも、これが自分の天職だという感覚はないですね。

――今のありかたでいいと考え、納得しながら仕事をしている、その仕事の場であるパドックに根岸さんが惹きつけられる理由は何なんですか。

周りにいるすごい人たちに引っ張られて、そういう人たちと仕事をするのってすごく面白いんですよ。そういう人たちが自分のやりたいことに集中するために、僕はその準備をしたり役に立てることを考えていく役割なので、自分がパドックに惹きつけられるのは、あそこに行けばスペシャリストの人たちがいて、その人たちからエネルギーももらえる。それに、なんといってもあの生き様ですね。特に、ライダーやライダーと一緒に必死に勝負をしている人たち。そういう人たちの場所って、やっぱり魅力ですよね。

――今まで長年MotoGPのパドックで仕事をしてきて、ここは世の中で一番魅力的な職場だと思いますか？

きっと僕が知らないだけで、他にもっと魅力的な職場もあるかもしれない。だから、いちばんとは言わないですけど、かなりの魅力はあると思います。自分が現役のときはひたすら突っ走っていれば勝手に後ろでチームワークができていたんですけど、今度は後ろに回る立場になると自分が突っ走らないようにしなきゃいけない。だから、華々しい立場ではないけれども、そこには世界レベルのすごい人がもうあちこちにいて、そういう人たちと働くことは魅力的だし、素晴らしい職場だと思います。

――さきほどの話題とも少し関連するんですが、自分が渡されたバトンを次に渡していく、ということに関しては、日本人のパドック関係者ってどんどん高齢化しているじゃないですか。自分たちが培ってきたものをどうやって若い世代に継承していくのかということは、じつは非常に大きな課題であるようにも思えます。

これはいろんな人たちとよく話題になるテーマなんですよ。世代が違う相手に対して、自分がやっていた頃と同じようにやってほしいと思うと難しいかもしれないんですが、新しい世代の人たちは自分たちのスタイルややり方で、僕には想像がつかないような方法があるのかもしれない。実際に自分が始めたときって、自分のやり方があって、それを少しずつアジャストしてこうなってきている。だから、たとえば今、20歳の根岸がいて何かをやり始めたとしたら、きっと同じようにその時代なりの自分のやり方があって、それを少しずつアジャストしていくんじゃないかな。だから、たぶんそれほど悲観的になったり心配したりする必要はないんじゃないかと思ってますけどね、僕は。

――MotoGPの世界で仕事をしていくために必要な資質、必要な努力があるとすれば、それは何だと思いますか。

難しいテーマですね。似たような話で、日本でロードレース人気が下降して、それをどうやって盛り上げようかという話をするときに、僕はいつも自分の時代の自分がやったことを基準に考えちゃってたんですよ。でも、イタリアに来て思ったのは、イタリア人にはイタリア人のやり方があって、横から見ていると「大丈夫かな?」とも思うし、始まってみると最初はなんだかバタバタしてるけど、何年かすると結構うまく型にはまって来て、それはそれで素晴らしい成果を出すんですよね。

だから、若い世代をイタリア文化にたとえましたけれども、感覚が違う若い人たちが僕らにとってエイリアン文化だとして、そういう子でももしかしたら何年かすればうまく型にはまってしっかりやっていくのかもしれない。

なんでそう思ったのかというと、イタリア文化側を見てると、むしろ未経験の何も知らない人が急に来てポンって入っても、まあもちろん最初は大変そうですけど(笑)、がんばっていれば最後はうまく機能して回っているんですよね。そういうものを見ちゃうと、人とのつながりを活かしながらとりあえずそのポジションでやってみれば、そのうちにうまく回って機能していくのかもしれないなあ、と思います。

だから、もしも日本の若い子たちがパドックの仕事に興味があるなら、今までの自分の経験や資質のことは気にしないで、躊躇せず飛び込んでくればいいんじゃないかという気がしますけどね。

▼緊張感に満ちた慌ただしい週末を過ごすチーム員にとってパドックで唯一くつろげる場所、ホスピタリティでのショット。（本人提供）

7

「やんなきゃ」に追われながら走ってきた——佐伯智博

1990年代後半に、中小排気量クラスのメカニックとしてグランプリの世界へやって来た佐伯智博さんは、典型的なプライベートチームの悲喜劇を経験しながらキャリアをスタートさせます。今となっては笑い話として振り返ることのできる逸話でも、おそらく当時は耐えがたいほどの苛酷な環境に耐えてきたのであろうことは、その話が面白ければ面白いほど、かえってリアルに想像できます。そんな激動の数年を過ごした後、ブレーキサービスのエンジニアへ〈転職〉し、さらにその後、現在では欧州企業のKTMでレース部門の要職に就いています。そこに至る過程もまた、話をよく聞いてみると一筋縄ではいかない出来事の連続だったようです。

また、レースに関わってきた多くの時間をヨーロッパで過ごしてきた佐伯さんは、日本人であることをやめてドイツ国籍を選択する、という大きな決断もしています。欧州で暮らし、欧州の企業で仕事をする、という夢を実現させた半生は、文化や国籍を超えた人々との長年にわたる濃密で誠実な交流の、まさに賜物《たまもの》といっていいでしょう。

――佐伯さんの印象は、250cc時代にチームのテントでいつもバイクの傍らにしゃがみ込んでずっと作業していた姿を記憶しているんですが、WGPのパドックに来る最初のきっかけは何だったんですか。

きっかけは'97年なんですけど、僕の師匠にあたるメカニックの人が眞子《まなこ》智実からGPのメカとして来てくれないかという依頼があって、彼のサブメカとして誘われて一緒に行ったのが'98年。それが最初の年ですね。

――眞子さんが125ccクラスに参戦していて、最終的にランキング2位になった年ですよね。

そうですそうです。それが初めて行った年。チームはUGT3000で、忘れもしない1月24日ですよ、ヨーロッパに行ったのが。

――チームのベースはどこにあったんですか。

南ドイツで、スイスまで約30分の小さい町。ホンダクラフトっていうディーラーの工場にチームのワークショップがあって、そこをベースにして活動していました。

——その頃は日本とヨーロッパを往復していたんですか？

僕らは雇われメカの身だったんで、ずっと行ったっきり。夏に一回帰してもらって、あとはずっとトレーラー暮らしですね。

——パドックでもトレーラーの中でずっと寝起きしていた？

ワークショップでもトレーラー。移動もトレーラー。ほんとはやっちゃいけないんだけど。

——やっちゃいけないっていうのは？

トレーラーって、ヘッド（運転部分の車両）にはふたりしか乗れないじゃないですか。移動中はトレーラーの中に人が乗ってちゃいけないんですよ。でも、僕はトレーラーにずっと閉じ込められて移動する格好で、ワークショップに帰ってくるとキッチンやシャワーもついてるので、そこが僕らの生活する場所。今じゃ考えられないですけどね。

——WGPに行く前の'97年までは、全日本でメカニックの仕事をしていたんですか。

'97年はTZ125のチューニングをやって、仙台のノービスの子たちを見ながら自分も勉強して、全日本には菅生のワイルドカードで参戦していたという、そんな状態でしたね。

——ずっとTZをメインにチューンしていたんですか。

出身は今の西東京で、もともと東小金井のYSPに勤めてたんですよ。自分でもレースをしてたんだけど、走るのを辞めてからTZのチューンを始めた感じですね。

——何歳まで走ってたんですか？

22歳かな。レースを始めたのは'87年、17歳のときです。才能がなかったので走りのほうでは開花しませんでした。だから、ちゃんとレースをしたことはあんまりなくて、たまに地方戦に出た程度です。

――グランプリにはずっと行きたいと思っていたんですか。

そういうものがあるっていうのは当然わかってたんですけど、あまりにも雲の上の世界で、まったく想像もしていなかった。ましてや、'97年は全日本で全戦を回ることすらしていなかった状態ですから。

――雲の上の世界にいきなり行ったときは、どんな気持ちだったんですか。

師匠に「来ない？」って言われた瞬間に、何も考えないで「行きます」って即答でしたね。家族に話すと、嫁はちょっとショックだったみたいですけど、自分ではまったく何の迷いも無かったです。

――単身で行ったんですよね。

うん、単身。当時のメカなんて、特に125ccではそんなに大した給料はもらえないし、それこそヘタすりゃ給料をもらえないなんて話もざらだった時代ですからね。

――そこは大丈夫だったんですか。

僕には家族がいるっていうことで、向こうも支払いの滞納は絶対しなかったですね。ギリギリの金額でしたけど。

――生活は大変だったんじゃないですか。

僕ひとりだったら、飯はどうにでもなるじゃないですか。家族も、親はまだ健在だったし。

――'98年のUGT3000チームは、その後どうなっていくんですか。

そのチームではいろいろなことがあって、最後は「もう二度とこんなところに来るか！」ってドイツをあとにしたんですよ。裏話がたくさんあって、それを話し出すと4日ぐらい必要になるんですけど（笑）。

――聞かせてもらっていい話だったら教えてください。

要は、チームがＨＲＣに返却しなきゃいけないパーツ類を返そうとしなかったんですよ。僕らは日本人だから、日本人同士が裏で繋がってパーツを持って帰っちまうだろうとオーナーに疑いの目で見られていたようで、最終戦のアルゼンチンが終わると、僕らが住んでたトレーラーには帰してもらえず、他のメカニックの家に泊めさせられたんですよ。トレーラーには自分たちの荷物が全部あるんだけど、チームオーナーに「10分だけトレーラーを開けてやるから、自分たちのものを持って出て行け」と言われました。チームにワークショップを貸していたディーラーの社長は、そのうちきっと何か起こるだろうと予想していて、案の定その何かが起こってしまったわけですけど、その人は以前から「何かあったらうちに来なさい」って言ってくれていたので、日本に帰るフライトまでの1週間は彼のアパートに泊めさせてもらったんですよ。それで、フライトの日に電車に乗ってみんなで空港へ行ってほうほうの体《てい》で帰国した。こんなところにもう二度と来るもんか、と思いました。

――二度と来るかと思っていたのに、でもまたＧＰに行くわけですよね。

僕を連れて行ってくれたメカニックの師匠はその後、日本に戻ったんですけど、翌年に眞子は２５０ccに上がってヤマハクルツに決まったときに「佐伯さん、来てもらえませんか」ということになったんですよ。前の年は契約書も何もない口だけの約束で、ただ言われた金額を毎月もらってただけだし、なにより今度はもう嫌な目に会いたくなかった。だから、「その前にちゃんと契約を交わしたいんだけど」と言って契約書を作って、で、250のクルツに行くわけです。悲しくもまたドイツのチームなんですけど（笑）。それが1999年。

——で、その後はしばらくクルツにいるわけですね。

いや、僕もその年の終わりにクルツをやめて、RC甲子園で2年、亀谷（長純）を担当したんですよ。

——全日本に行ったんですか。

うん。そこで初めて全日本をシーズン全戦回ったんです。

——'99年のクルツは、前年のような嫌な思いは大丈夫だったんですか？

それがまたね（笑）。

——あったんだ。

なんかねえ、ちょっといいことがあると次はもっとすごいのがバーンと来るんですよね。クルツはオーナーが大きいバイク屋さんの社長なんですけど、人使いは荒いし指示は細かいし、労働時間を超えて仕事をやらされたりなんかすると、ヨーロッパの人たちは「ふざけるな」って態度で帰っちゃって、そうすると作業がすべて僕のところに来るんですよ。で、なんとルマンのレースが終わった時点、シーズン4戦目か5戦目で、チームがみんないなくなっちゃった。

——辞めちゃったんですか。

僕ひとりになっちゃった。でもライダーはふたりいるんですよ。眞子ともうひとり、スペイン人のルカス・オリバーとふたりいるんだけど、メカはオレひとり。さすがにもうちょっと悲しくなってきて（笑）。

――物理的に無理でしょう、メカひとりでチームを回すのなんて。

急遽ひとりメカが来てくれて……、っていったって準備とかお膳立ては全部僕がやるわけですもんね。そんなチームだから、新しいメカが来てもまたすぐ辞めちゃうということの繰り返しで、いずれにしてもいつかない。最後に僕についてくれたドイツ人のメカニックは、唯一すごく真面目な人で、彼は最後までいてくれた。それまでは、チームのメカはほぼひとりかふたり、トラックの運転手を入れて3人くらい。今じゃ考えられないですよね。

――それでよくチームを回しましたね。

だって、もうやるしかない。いやもう本当にね、あまりにもみんなが辞めちゃうものだからさすがに、「なんなんだ、これ。どうしたらいいんだ」と。

――そういうことがあって、いったんは'99年限りでグランプリを見切ったわけですね。

当時は、日本人が走るから日本人のメカを、っていうセットで考えられていたんですけど、その頃から日本人ライダーがかなり減ってきて、僕もなかなか職を探すのが難しかった。一応、ヤマハ系のチームでヤマハとのつながりもあったので、RC甲子園で亀谷長純のメカが必要なのでそこでどうか、と紹介してくれる話になって。

――で、RC甲子園が2年間。

2000年と2001年、全日本をやったけど、やっぱり物足りないんですよ。お金は問題じゃないんですけど、どうせ苦労するんだったらWGPのほうがいい。で、クルツに確認してみたら、僕がいなかったその2年もやっぱり全然人が残らないんですよ。みんな辞めてっちゃう。「やる気があるなら来てくれ」ということになって、で、クルツで2002年に復活です。

――肉体的にも精神的にも苦しい思いをしたクルツに、どうしてふたたび行くことにしたんですか。

2001年のもてぎに行って、他のチームとも2、3件ほどちょっと話をしたんですよ。だけど、すぐに返事をしてくれたのはクルツだけで、こっちとしてもあまり待てないじゃないですか、仕事もなくなっちゃうし。とにかく向こうに戻らない限りその先もないなあ、と思ったので、仕事の口があるところに取りあえずは行くしかない。

――じゃあ、ある程度は厳しいことも覚悟して行ったわけですか。

また更なる試練というか(笑)。今から考えたら信じられないと思うんですけど、1月末頃に向こうへ行って、そのときすでに決まっていたライダーが関口太郎。太郎と一緒にワークショップに行ってみたら、2001年の終わりにチームがめちゃくちゃにして帰ったままの状態で、もうひどいんですよ。まずね、暖房が壊れてる。暖房がない中で、ひとりで片付けから開始ですよ。水漏れもしてて、なんかそのへんが凍ってたり。もうね、「なんでこうなっちゃうの……」っていう、そういうところからスタート。

——家を修理に来たのかGPの仕事をしに来たのかわからない、みたいな。

で、もうひとりのメカの人が来てくれたのが3月に入ってから。それまではずっと僕ひとり。そのあとにフランス人とドイツ人のメカがひとりずつ、開幕2週間前に来てくれて、それでやっと人が集まった。でも、開幕前のテストに行ってないんですよ。クルマもないし部品もない……。

——クルマがない？

まともな形のものが何もないんですよ、バイクが。開幕まで2ヶ月ないんですよ。ワークショップに何もない。2月末になって、もうひとりのライダーの松戸直樹の契約がやっと決まって、その契約も間に僕が入って契約書の中身を全部説明して、太郎もそうなんですけど、「なんでオレはこんなコーディネーターみたいなことをやってんだ」と（笑）。で、松戸直樹が決まった時点でやっとヤマハが動いてくれて、それから部品を送ってくれたんですよ。それが3月に入ってから。

——2002年は4月開幕でしたよね。

4月第1週、鈴鹿ですよね。当時は、2月第2週か第3週にヘレスで公式テストがあって、その後に多くのチームがもう1回どこかでテストをするんだけど、うちは何もない。ゼロテスト。ライダーは初めて。オレもこのバイク初めて。で、いきなり鈴鹿第1戦。関口太郎も松戸直樹もテストはゼロ。考えられないでしょ。WGPなのにですよ（笑）。

——アパッチ野球軍みたいな。

ありえないですよ。だって、1回も走ってないんですよ。それで開幕。GPですよ。

――ライダーふたりの反応はどうだったんですか。

太郎はあの性格だから、「ま、しょうがないっすよ」みたいな調子。直樹も直樹で契約内容が自分の思っていたものとは違うし、部品もスペシャルなものが来るわけではないし、半ばみんな、「もう、どうでもいいや〜」みたいなかんじ（笑）。で、始まったのが鈴鹿の第1戦です。

僕がひとつ確認してたのは、ふたりともTZのスペシャリストだから、とりあえずバイクをスタンダードでベストな状態で組み上げて、それをベースに進めていこう、と。問題さえ起こらなければ彼らならそこそこは走ってくれるだろうし、15番以内、ポイント圏内くらいのところはなんとかなるんじゃないか……、と思ってたら、直樹が予選で10番に入ったんですよ。

で、決勝は雨。1周目にトップ。しばらくずっと、数周トップで走ったんです。テストしないでトップ（笑）。「なんなんだこれ」って。さすがにちょっとセットをはずした部分があったのでその後は下がっていったんですが、それでも6番ですよ。さすが松戸直樹。まあ、そんな開幕戦でした。

――当時の佐伯さんは、チームオーナーとドイツ語で話をしてたんですか。

当時は英語ですね。チームの中にドイツ人はひとりかふたりしかいなかったので、あまりドイツ語環境って感じでもなかった。

――英語のコミュニケーションはどこで学んだんですか。

中学英語ですよ。'98年からずっとそれで、いるうちに慣れてきた。

――2002年のシーズン推移はどうでしたか。

直樹はちょっとずつ僕らを信用してくれるようになって、クルマの信頼性も上がってきたし、それなりに調子をどんどん上げてきました。しょせん、プライベートのTZだからそんなに戦闘力があるわけでもないし、当時はホンダやアプリリアにバリバリのワークス250がいた時代ですから、そういう中でライダーは何度もひとケタの順位に入ってくれていたので、よくやってたほうかなと思います。

——その後はどうだったんですか。

2003年は継続。ライダーは直樹と、'02年に太郎の代わりで途中から入ってきたヤロスラフ・ヒューレスっていうチェコ人。チームとしては安定してきて、クルマも安定して、直樹は予選でフロントローを数回獲りました。

——雨のエストリルだったかで、トップを走って転倒したこともありましたよね。

それはね、2002年。ダークドッグカラーの年。直樹がトップを独走状態で走っていて残り5、6周くらいでガシャン、って。誰もが勝つだろうと思うような状態だったけど、ちょっと雨が強くなったんですよ。その瞬間に、たしか3コーナーの出口だったかな。

2003年はプライベートチームの中ではすごく調子が良くて、ランキングは9番。ホンダワークスとアプリリアワークスがいて、アプリリアのプライベート勢もいっぱいいる中で、プライベートチームの上位で終わったんですよ。

——チームとライダーの成績が安定してきたことで、スポンサーのお金回りや佐伯さんの労働環境などは良くなってきたんですか？

2003年は初めて、「給料を上げてくれ」って言うことができました、シーズンに入る前に。2002年の開幕前はバイクもテストもないあの状態から始まって今ここまでの成績って、しかも市販のTZですよ、それってどんだけ安あがり（の費用対効果）なんだ、と。その分を請求してもバチは当たんねぇだろうと思って交渉して、今で言えば普通にも満たない金額なんですが、やっとちょっとだけ給料が上がりました。

――次の2004年もクルツですよね。

この年も継続です。2003年にそこそこチームは固まってきたし、バイクも固まってきた。じゃあちょっとチューニングを始めようか、という方向に進みました。それまでは僕も確実なチューニングしかしなくて大きな挑戦はしていなかったんですけど、2004年は風洞にも行ったし、エンジンチューンもあちこちやってみました。でも、なかなかうまくいかなくて壊れまくったので、結局もとに戻って行ったかな。ホンダとアプリリアがすごく力を出してえらく速くなってきたので、もうまったく歯が立ちませんでした。（青山）博一もいたし、ダニ（・ペドロサ）も速かったし。あの年は全然話にならなかったです。

で、クルツはその翌年も、もう1年やったのかな……。ちょっと憶えてないですけど。

――佐伯さん自身は2004年限りでクルツを離れたんですよね。

松戸もチームを離れたし、チーム自体も翌年本当に存続できるかできないかっていうかなりヤバい状態になっていて、いよいよこれはまずいかな、と思ってたんですよ。そのときに、熊谷（義貞：ニッシンブレーキのサービスエンジニア）さんが「人を探してるんだよ」と言ってたことを思い出して、12月のはじめに電話して聞いてみたんですよ、「まだ人を探してます？」と。で、熊谷さんと上野の駅の喫茶店で会って話をしたんですけど……、最前線のメカニックからブレーキ屋になっちゃうわけだから、ちょっと寂しいものもありましたね。

――それまでの佐伯さんは、TZのスペシャリストとしてメカニックの仕事をずっとしてきたから、そこからブレーキサービスへの転身は、いわば全然畑違いの〈転職〉になるわけですよね。

それはね、すごく何回も自分で自分に問いかけました、「本当にそれでいいの？」って。「でも、このままだと仕事はないよ」「ないのは、やばいな」

そんなふうに自問自答をして。

たぶん、一度メカを離れてしまうと、もうこの仕事には戻れないだろうなっていうことも覚悟しました。日本人ライダーが減っていっても、パドックには日本人メカさんたちがまだいっぱいいたけど、それはあくまでもメーカーの社員の人たちで、僕はそういうコネが何もない。ヤマハワークスにメカとして働き口がないか聞きに行けばよかったのかもしれないけど、当時はそういう発想が全然なかったから、聞きに行きもしなかった。それで、ずいぶん自分の中で葛藤しながら、最後は「しようがねえな……。やるか」ということでブレーキサービスになろうと決めましたね。

――やはり、メカニックではなくなることにかなりの寂しさを感じたんですね。

うん。かなり寂しかったですね。

――メカニックとしての仕事は何年やってきたんですか？

全日本にスポット参戦しながらメカとして仕事を始めたのが、'94年なんですよ。だから、ちょうど10年ですね。特にクルツにいたときは、さっきも話したとおり全部自分でやってたわけです。メカだけじゃなくて電気もやるし、どうかしたらトラックも運転するし、スポンサーも集めるし、ライダーの契約書も見る、みたいなね。それがブレーキサービスになると、自分がやる作業はだいぶ縮小する。それまでとは違う分野に行っちゃうもんで、そこの覚悟はちょっと時間がかかりましたね、正直なところ。

――2005年からニッシンのブレーキサービスで、最初の頃はメカニック時代と同様に、単年ごとの請負契約のような業務形態ですか。

最初の2年はそういう条件のもとで、熊谷さんの下でやっていて、で、詳細はちょっと忘れたけど、向こうから「ニッシンと直接契約をしてください」っていう話になったんだと思う。最初の頃は基本的にSBKを担当していて、GPにはたまに手伝いに来る、くらいのペースからだんだん範囲が広がっていって、耐久もそのうち行くようになり、AMAにも行ってました。

――ニッシン時代は長いですよね。

14年です。

――メカニックをやっていた時代よりも、結果的に長くなるんですね。単年契約だったクルツの時代

ヤニッシンの初期の頃、将来に対する不安を感じることはありませんでしたか。

そういうビジョンには、まだたどり着いていなかったかな。ニッシンにいた頃は、年を追うごとにだんだん仕事が板に付いてくると、「オレもブレーキのスペシャリストとして、パドックで長くブレーキを見ていくようになるのかな」とだんだん思うようになってきました。

たとえばチームでメカニックとして働いていた時代は、エルフ（オイル）やレジーナ（チェーン）のフィールドサービスで、パドックでずっと長くやってきたエキスパートの人たちにすごく助けてもらったんですよ。だからなんとなく「オレもそんなふうになっていくんだろうな。それも悪くないな」と考えるようになっていきました。みんな顔を知ってるし、信頼もしてくれてるし。製品性能云々は別にしてもとりあえず人として信頼してもらうのはサービスの仕事では大事なことだから、それはそれでやりがいのある仕事だと思うし。じゃあそれをいつまでやるの、っていう期限のようなものは特に考えてなかったんですけど、ちょっとずつ、メカじゃない仕事のやりがいは自分の中でできあがっていった。

現場で何ができるのかというと、じつはそんなにたいしたことはできないんですよ。当時はいろいろと問題もあったんだけど、そんな問題がある中でチームに対して何をやってあげられるのか、というのは自分がその場で判断するしかない。そうやって現場で判断すること自体は、じつはメカをやってたときと何も変わらないんですよ。問題があればああだこうだということを会社に報告して、現場では少しずつ解決して、それによってチームも喜んでくれる。そうやってるうちに、仕事にすごくやりがいと面白さも出てきた。

僕はそもそも、やっている仕事の中に楽しみを見いだして膨《ふく》らましていく、っていう考え方なんですよ。メカニックもそうなんですけど、言われたことをやっているだけではなくて、自分で工夫していかないとできない仕事だし、そんなふうにやりながら少しずつブレーキ屋として自覚していった、ってかんじなんですかね。

――一人前のブレーキサービスエンジニアになった実感を持てたのは、いつ頃ですか。

5、6年くらいしてからかな。2011年、'12年あたり。というのは、その頃ってブレーキにどんどん問題が出てきてた時代なんですよ、バイクの進化によってブレーキの負担がどんどん増えていって、次から次へと問題が大変になってくる。自分が理解するまでに時間がかかるし、それを解決して、今までにない問題が出てきても、「多分これが原因だろう」って自分で理解できるようになってきたのが、だいたい2012年くらいの時期だったのかな。で、2014年4月からニッシンの社員。

――日本の企業で、バイクの製造メーカーにしてもパーツサプライヤーにしても、現場で仕事をする人が正社員になる例はかなり珍しいのではないですか。

あまりないでしょうね。熊谷さんは引退するまでずっと契約だったと思うし、僕の場合はヘッドハントのような形で、いきなりモータースポーツの親分的なポジションになりました。MotoGPから量産車ベースのスーパースポーツに至るまで、モータースポーツ部署の責任者として全部を見ていました。

――それまで会社員という形での仕事をしていなくて、いきなり人をマネージメントするポジションになったことにプレッシャーは感じませんでした？

それはなかったです。自分でチームを引っ張っていたときも、要はチーフ的な仕事をずっとしてきてたんですよ。人を使うということの専門知識はなかったかもしれないけれども、親父の影響で会社というものを多少だけど理解はしていて、お金の管理や横の連携で会社としてはどうあるべきか、ということが自分の頭の中にちょっとあったんですよ。親父は全然分野の違う仕事だったんですけど、管理職や支店長として会社の話をたまにしたりするときがあって、子供ながらにそれを見聞きしてたんでしょうね。だから、面倒なことでも会社としてやらなきゃしようがないことは、あまり抵抗なく受け入れることができた。

職人気質のメカニックだと「ふざけんなよ、そんなことやってられっかよ」っていう人もいるんだけど、大きな組織の中で仕事をすると、なかなかそういうわけにはいかない場合もある。皆と一緒にやんなきゃいけないこともあるし、会社としても「それはしようがないですね」と受け入れなきゃいけないこともある。何ができるか、何ができないかという「可能と不可能」を受け入れながら切り分けて、じゃあ実際に何ができますか、と判断していくのは、じつはレースでも会社でも同じことなんですよ。

――社員になったときは、どういう肩書きで仕事をしていたんですか。

最初は、動きやすいようにということで日本から出向のドイツ支社社員。当時は日本に主幹という管理職の人が別にいて、僕は2014年4月に社員になってから6月に出向でドイツのフランクフルト支社に出向っていう形。その支社がなくなっちゃったんで、今度はスペインのバルセロナに出向っていう形になって、いよいよ日本の主幹がいなくなったときに日本に引き戻されて、日本の業務も全部引き受けるようになった、というような経緯ですかね。

——日本での業務は、開発業務やスタッフの教育も?

それは社員になった時点からずっとやってました。だから、レース現場にも行くし、しょっちゅう日本に飛んで開発をしてはミーティングもして、図面も皆と一緒に引いたしテストにも行ったし、テストでは自分でも乗ったし。もう本当に、1年の間に何日家にいたんだ、っていう状態。

——当時の家は日本にあったんですか。

日本に家はあったけど、ほとんど洗濯に帰るぐらいですね、何ヶ月に1回。ドイツの家も1ヶ月に1回程度、数時間いて洗濯してまた出てくる、みたいな。

——ドイツの家は、支社の近くですか。

いや、それはずーっと話が遡《さかのぼ》るんですけど、クルツ時代に住んでたアパートにずっと住んでたんですよ。ほぼ家族同様の状態で、彼らのおかげでなんとか生活ができてきた。クルツ時代からのアパートには、クルツをやめてニッシンになってからもずっと帰ってました。

——どこなんですか。

ローゼンベルグ、っていう町。シュツットガルトとニュルンベルクのちょうど真ん中あたりで、人口が2000人くらいの小さなところ。そこにある家の100平米くらいのでっかい屋根裏部屋に10年住まわせてもらっていたんですけど、大家さんの息子が帰ってきたときに部屋を空けて、近くの車屋さんのアパートに引っ越して、結局その村で18、19年くらい住んでいました。村じゅうみんな知ってる、という状態ですね。

——そういう生活の中でドイツ語ができるようになっていったんですね。

彼らがすごくサポートしてくれるので、だから僕もここにいようと思って、そこからずっと動かなかった。みんなが何も見返りも求めずに本当に厚意からすごく助けてくれて、その厚意に報いるとしたら、自分がここにいることなのかな、と。飯も朝昼晩と食わしてもらって、夜遅いときには晩飯を置いてくれている。そんな中でドイツ語を学んでいったから、僕はドイツ語学校って行ったことがないんですよ。

——そうやって20年もドイツの人たちと交流してきて、今はもうドイツ語に不自由はないですか。

まあまあ、とりあえずはね。そのあたりの途中経過を言うと、2014年に離婚をして、2016年にドイツに帰化して、いよいよニッシンとのお別れのときが2018年6月。そこまでずっとドイツにいました。その後はKTMに行って、今のオーストリアです。

——ドイツの帰化は大きい決定でしたか、それとも自然な成り行きだったんですか。

もう日本には帰る気はなかったんですよ。っていうのは、向こうのメンタリティや考え方や生活スタイル、それがやっぱり自分には合ってる。合ってるというよりも、自分がそれを選んだんですね。

あとは、やっぱりあの村の人たちが僕の帰化には一番影響があったのかなあ。10年住まわせてもらった家族とは今もつながりがあるし、彼らがいたから現在の自分がある。

――そういう意味では、いちばん最初にドイツに行ったことにも意味があったということですね。

何の縁があって最初にそこに行ったのかわからないけど、「二度と来るもんか」と言ったドイツにまた行って（笑）、2002年には結局住み着いちゃった。ニッシンをやりだした2005年以降はメカニックをやっていた頃よりも自分の時間ができてきたので、アパートにいる時間も少し長くなってきたんですよね。そこからドイツ語をちゃんと勉強し始めた。それまではあまり勉強してなかった。

――日本からドイツに帰化する例って多いんですか。

あまりいないんじゃないですかね。結婚した相手がドイツ人でずっと現地に住むような例はあるだろうけど、それ以外で「ちょっとオレ、帰化したいんだけど」なんて人はまずいないだろうし、結婚や仕事で住む以外に、個人が単身でひとつの場所にずっと住み続けてる例は珍しいんじゃないですか。

――帰化する、ということは日本の国籍を捨ててドイツ国籍を選ぶわけじゃないですか。人生において大きな選択だと思うんですが、そこに迷いはなかったんですか。

やっぱり、自分の人生は自分で選びたいんですよ。それが選べるのは向こうで、そこには自分を支えてくれる人たちもいる。お金がどうこうということよりも、人として生きていける場所だということが、帰化のいちばんの理由です。

自分がいちばん自分らしくいられるんですよ。でも、日本に帰ってくると自分も変わっちゃうんですよね。僕もやっぱり日本生まれで日本育ちだから、自分が嫌っているものを自分が持ってることを目の当たりにしてしまう。自分がイヤだと思ってる人間に、自分自身がなってしまう。会社員として会社の中で働くのはいいんだけれども、長いものには巻かれろ的に、間違っているとわかっていてもやらなきゃいけない、とかね。あとは、管理職になってヘタに力を持つようになると、自分がふだんは嫌ってるような上司が、自分の中にも出てくるんですよ。それは仕事上しょうがないときもあるんだけど、そんな自分が醜い。オレはそんな人間になりたくない。そういったことも含めて、もっと自分が自然に生きていけるのは、やっぱり向こうなんですよ。

――帰化は、今日しようと思ったからといっても、明日いきなりできるものではないですよね。手続きに至るまでには、それなりに時間がかかったんですか。

申請した段階で、すでに結構長く住んでいたんですよ。正式にビザを取ったのが2006年。それまではいわゆる不法滞在(笑)。当時は規制がまだギリギリ緩くて、ビザが取りやすかったんです。それでちょうど8年過ぎて、8年経つと永住権と帰化の権利が出てくるんです、ドイツの場合。だから、最初は永住権を取ろうと思っていろいろ調べてたんですけど、そうすると帰化できるということもわかった。「へえ、帰化できるのか。それだったら帰化のほうがいいじゃん」っていうんで、移民局へ行って話を聞いて必要な書類を集めて。あとは、ドイツの年金に入ってないから個人年金で最低5年相当のものを用意して、全部書類を揃えてドイツ語の試験。帰化するとドイツの市民権ができるわけだから、簡単な法律や政治の仕組みや国歌、そういうものの試験を受けて、それに合格したのがなんと、申請からわずか3ヶ月。

――3ヶ月は早いですね。

移民局で担当のおばちゃんにビザの申請をしていた頃、僕は毎回ドイツ語でちゃんと対応していて、書類もいつも期限内にちゃんと提出していたので、おばちゃんの対応もすごく良かったんですよ。だから、帰化申請のときもきっと、おばちゃんから担当者に話をするときに、「この人は大丈夫だから帰化させてあげて」というようなことがあったんじゃないかと勝手に思ってるんですけどね。しかも、日本人だからそんなに問題はないだろうし。

でも最初は調べてなかったんだけど、じつは日本人のパスポートも維持できると思ってたんですよ。そしたら、帰化が決まって役所に行って「じゃあ日本のパスポートを出して」と言われて、「はい」と出したら、スッと差し替えられて「あぁ、行っちゃうんだ」って（笑）。そこはもうノーとは言えないから「さよなら～」って。

――日本の国籍もできれば持っていたいと思っていたんですか。

便利ですからね。使い分けられるし、日本のパスポートは世界でも強いから持っていて損はないし。

――でも、渡航先の出入国の利便性という意味では、日本もドイツも変わらないんじゃないですか。

基本的には変わらないです。ちょっと面倒くさいのは、今、再婚して嫁さんが中国人なんですけど、ドイツ人が中国に行くのはビザを取らなきゃいけない。面倒くさいのはそれくらいで、あとは何も困ったことがないです。今の国籍のおかげでシェンゲンの規制もないし、家を建てるときもドイツ国籍だから、ローンを組むのも何の問題もない。

――ドイツの永住権を取りたいと考え始めたのはいつからなんですか。

ちょうどニッシンの社員になった頃。というのは、社員になるといずれ日本に呼び戻されちゃうであろうと予測していて、「今は建前上、僕を引き込むために駐在で外に放り出しているけど、絶対に最後は日本に帰されるだろう。帰っちゃったらもうこっちには戻って来れない。ビザも切れる。そうなる前になんとかしなきゃ」というわけで永住権を考え始めたんですけど、調べている最中に帰化という選択肢もあることを知って、「帰化しちゃったらさすがにもう日本へ帰されることはないだろう」と思った、というけっこう安易な発想です。

基本的に僕の頭の中には「どうやってヨーロッパに住むか」ということがあったんですよ。最終的にはヨーロッパで仕事を得て、職場があるのがベストの状態。日本で収入を得たりヨーロッパで収入を得たりして、あっちこっちに住所があると税金が面倒くさいんですよ。そういうことであっちこっち走り回ったりするのも嫌で、一ヶ所にしたい。今はやっとそれがかなった、というわけです。

――日本よりもヨーロッパのほうがいいと思ったのはいつ頃なんですか。

やっぱり、2回目にヨーロッパに行ったときですね。2000年に日本へ帰ってレースをやってみたものの、物足りなさを感じて、2002年に戻ったら大家さんたちがすごく喜んでくれて、良くしてくれた。本当に、彼らのおかげですよ。

――2018年にニッシンとお別れ、というのは、どういう経緯だったんですか。

さっきも話したとおり、僕のビジョンは、まず、ヨーロッパに住む。そして、ベストはヨーロッパの会社で仕事をすること。じつはニッシンを辞める前の年、'17年に会社に話してはいたんですよ、「向こうに住んで、会社を辞めることを考えてます」って。ちょうどその年の7月に、KTMに面接を申し込んでアポが取れたんですよね。でも、そのときは僕が自分を売り込みに行っただけで、採用にはならなかった。

で、それはそれとして、毎年の年度末にニッシンでは予算取りのプレゼンテーションをしなきゃいけないんですよ。普通の部署はそれほどたいした予算を使わないけど、レース部署はもう桁違いの予算を使うわけですよね。その予算を全部計算して活動費開発費人件費、そういうのも全部計上して、なおかつ「じゃあなんでその開発をするのか」「何のためにレースをやるのか」「それをすることが会社にとって何の役に立つのか」というプレゼンを会社にして、それで役員が承認してくれて、ようやく予算が降りる。それを毎年1月にやるんですけど、2018年のプレゼンをする頃の社内は、もうレースなんてやめろやめろの大合唱になってたんですよ。でも、あなたがたがレースをやりたいと言って、おれにやってくれって言うからこっちはニッシンに来たんだよ、と。それがいらねえって言うんだったら、おれはここに何しに来たの？　だったら、もう必要ねえじゃん、という結論になるじゃないですか。

だから僕はそのプレゼンで「じゃあレースをやめればいいじゃないですか」と役員と社長がいる前で言ったんです。「僕から頼んでレースをやってくれなんて、ひと言も言ってないですよ。あなたがたがレースをやるって言うから、僕は社員で来たんですよ」と。それで「もう無理です」と言って、忘れもしない、ヨーロッパの現場に出張に行く4月初めに、駅へ向かう途中のポストに辞表をぽーんと放り込んだ。

それまでも就職活動はしていてちょっといろいろ探っちゃいたんだけど、やっぱりね、片方で安全な担保を持った状態で動いていると、なかなか仕事って見つからないものなんですよね。新しいのが見つかんなくても、とりあえずニッシンの仕事はあるわけだから。だから、これは僕の性分でもあるんですけど「やっぱり辞めないと本気で探さねえよな」って思って、辞表をポストに放り込んだ。

——その段階で次は決まってなかったわけですね。

うん。全然決まってない。何かあったらどうしようかねえ、とも思ったけど、もうそのときは離婚してたから、「ま、どうにかなるだろう」と。で、辞表をポストに放り込んだら会社の僕のマネージャーから連絡があって「こんなお手紙が来ちゃったんだけど」、と言うので、「いやまあそういうわけですから。帰国したら話します」つって。そのときはアラゴンにSBKで行ってたのかな。キャンパーの中でメールを見てたら、KTMからメールが来て、「来てほしい。いつから出社できる?」という内容で、「すげえ。会社を辞めた1週間後にもう話が来たよ」と思って。

——前の年に、佐伯さんからKTMへアプローチをしていたとはいえ。

その間ずっと音沙汰ナシですよ。これはもうKTMは無理だと思って、一応は他のところにも話をしてたんだけど、その後の反応を見てたらそこもたぶん無理だろうから、どこか他を探すかな、なんて思ってた矢先にKTMから連絡があった。

――そのときKTMはすでにMotoGP活動をスタートしてましたよね。

'16年がテストで、'17年にレースを始めてますね。

――すでに佐伯さんはドイツ国籍になってますよね。仕事で日本に来るのは面倒ではありませんでしたか。

そこはべつに思わないですよ。仕事は現場にいると楽しいし、開発では自分がデザインして、といってもCADで働くのは若い子たちだけど、自分で一緒にこうやってああやって、とやったものが形になってくことも楽しかったし。

――で、KTMからメールが来た。

5月に面接に行って、「いつから働ける?」って言われて、ニッシンには辞表を出しているけど、6月いっぱいまではそこの社員なので、7月まで待ってくれと言って、で、7月1日付けでKTMです。

――KTMの仕事はどういう内容なんですか。最初はたしか、テストチームのメカニックをしていたような記憶があるんですけど。

そうそう。最初の半年はテストチームにいました。その頃、ちょっと手を悪くして、しかも右手だったもので工具を握るにも具合が悪くて。ちょうどその頃、工場にいた人が入れ替わりでいなくなっちゃったんで、代わりにしばらくやってくれということになって、そうこうしているうちに他に人がいないもんだから工場の仕事を全部やるようになり、今は工場長です。

メカの仕事は、2021年にレースチームのひとりがちょっと入院したことがあって、その人の代わりで最後の4戦、代打で現場に入りました。レースチーム初登板で、初MotoGPメカニック。

――手を悪くしたのは、代打でメカをやったときに影響はなかったんですか？

まあ、それはね、1年ぐらいで治ったんで大丈夫でした。

――では、現在は工場長専任なんですか。

今はマネージャー的な仕事で、ロードレースの工場全体の職場コントロールや人のコントロールや、仕事のマネージメントですね。車体のマネージメントで、扱ってるのはMotoGPとMoto3です。

――量産の仕事は？

それは全然関係ないです。2022年7月にKTMモータースポーツGmbhが独立したので、レース以外の業務はいっさいないです。特に今はレッドブルのイベントで、サッカーの試合にダニを連れてエキシビジョンで乗せたり、イギリスにドラッグレースに行ったり、グッドウッドに行ったり。ブラッド（・ビンダー）が南アフリカでビデオ撮影したときも、それを全部お膳立てして現地まで行ってきたり。

――工場長というと、一般的なイメージとして量産車の生産ラインがある製作所というイメージがあるけど、話を聞いていくとむしろ研究所みたいなかんじですね。それこそホンダでいえば朝霞研究所のボス、みたいな。

そうですね、そういうかんじです。あとはね、オーストリアでは研修員制度があって、大学に進学しない人は15歳から丁稚のような研修に出るんですよ。KTMでは毎年40人ぐらい研修生を受け入れていて、自分のところも若い子たちがふたりきたんです。ふたりとも研修を卒業したあとも僕のところに残って居ついてくれてるんで、「オレもそんなに悪いことをしないてないよね」と（笑）。だから今は自分が表に出て行くよりも、後ろで人を育てて若い子たちのこれからを作っていく、そういう仕事ですね、どっちかと言うと。

そりゃ正直なことを言えば現場の方が楽しいけど、でも、人のマネージメントをできる人ってこの業界にはなかなかいないんですよ。「俺がいちばんのメカニックだ、自分こそいちばんだ」っていう人たちばっかりで、一歩引いて全体を見る人っていうのはなかなかいないんですね。

――一歩引いた場所から全体を見る仕事は、ニッシン時代にもやっていたわけですよね。

だからまあ、べつにいいんですよ。さっきも言ったように、仕事をしている中で楽しいことって、自分の中でいくらでも作り出していけるわけだから。現場にはメカニックやニッシンのときに一緒にやってた人がいっぱいいて、みんな知ってる。だから仕事することもすごく楽しい。なにより、パドックに行けばみんなに会えるし。

――ここ最近は現場の仕事から遠ざかっているようですが、佐伯さんがレースの仕事に惹きつけられる魅力の源泉は何だと思いますか。

この仕事を始めた頃から今まで、自分の気持ちの中ではいろいろなことが移り変わってきてるんですけど、まず最初は自分がやりたい、レースをやりたい、ということだったんですよね。それが、メカをやりたい、速いバイクを作りたい、というふうに変わってきたんだけど、気がついてみると「やんなきゃ」ということにずっと追われながら、ただひたすら走ってきた、っていうかんじなんですよ。楽しいと思うからやっている、というような裏付けって、じつは自分の中にはあまり何もない。

たとえばニッシンのときもそうだけど、けっして自分が好んで選んだことではないし、そもそも初めてGPに来たときだって、自分から進んで踏み込んだわけではない。あちこちに声をかけて探しに行って「やらせてください、やらせてください」って頼んでいたわけではないですからね。そのときに与えられたものの中で自分ができることを、いつもずっとやってきた。ただ、それをやってきたのはけっして自分ひとりではないんですよ。いつも必ず支えてくれる人がいて。その人のつながりだけで、今、自分はここに来ている。

レースなんて誰が一番になるかっていうだけの話なんですけど、一番になる人はひとりしかいなくて、結果はいいときもあれば悪いときもある。だけど、それとはべつに、みんなで一緒に何かを作り上げていくのは人とのつながりがあるからで、仲間がいるからやっている。

たとえいいものを作ったとしても、できあがってしまえば次を考えなきゃいけないんですよね、新しいものを。だから、開発には終わりがない。今作ったものに対しても、その過程の中ではいろいろと多少の思い出はあるけど、じゃあそれがすごく大事なものなのかっていうと、べつにまあいいんじゃないの、と思うんですよ。レースや開発の過程の中で、結局はどんどん捨てられて過ぎてくものばかりだから。

僕なんか、'98年の最初の年に眞子が年間ランキング2位を獲ったのが最高の成績で、チャンピオンになったことは一度もない。250でワークスを抜いたりフロントローを獲ったりという楽しみはあったけれども、それだってべつに人に自慢できるような楽しみでもない。だから、果たして何か残してきたのかっていうと、正直、べつにないんですよ。だけど、人とのつながりはずっと続いていくわけじゃないですか。そこだけですよ。それがあるから、僕は今こうやってここにいる。

――メカニックからブレーキサービスのエンジニア、そして現在のKTMで人をマネージメントする立場までいろいろと仕事を変わってきたわけですが、その折々には「この世界と離れてまったく別の仕事を探そう」と思ったことはなかったんですか。

ニッシンに辞表を出したときは思ってましたよ。「なんでもいいや、何か仕事はあるだろうから何でもやろう」って。大型免許を持ってるからトラックの運転はできるし、ヨーロッパでレース以外にどんな可能性があるのかということはちょっと想像がつかなかったですけど、それでもとりあえず何かあるだろうな、と。その辺はかなり楽観的で、なんとかなるだろう、と思ってました。

不思議とね、今までの流れもずっとそうなんですけど、間一髪のギリギリで全部繋がってきてるんですよ。「もういいや」って辞めても、誰かが拾ってくれる。あっちで交渉してあらかじめ話をつけておいてから辞めるという、そういう器用なことができないんですよ、性格的に。辞めるなら辞めるで、べつにそこになんの保証もなくスパッと辞めてまず断ち切ってから、新しいものを作る。クルツを辞めたときも熊谷さんが拾ってくれたし、ニッシンを辞めてもKTMが拾ってくれた。

たとえば大学を受ける場合だと、いくつか受験するわけじゃないですか。滑り止めがあって第一志望校があって、と。その時点で安全を確保しておくのは大事なことだと思いますよ。だけど、（ボルダリングで）石を摑むにしたって、こっちを確保しながらだと次の石は摑めないでしょ。やっぱり、一気にジャンプして取らないと。たとえばよく思うことなんですけど、自分のほしいものって手に持てるこの量しかないんですよね。両手の量を超えるものは、自分には持てない。だから、ひとつ大きなものを取るのか、小さいものをいっぱい集めるのか。さっきも言った仕事の中でやりがいがあって楽しい、っていう小さいものは手にいっぱい乗るんですけど、でもそれは自分の本当のほしいものではない。大きいものを取るには、小さいものを捨てなきゃいけない。だから、大きいものを自分で取りに行くためには、諦めるものは諦める。

――じゃあ、何か諦めたものはあるんですか？

諦めたものは……、前の嫁（笑）。

――今の奥さんと結婚したのは。

２０１９年。僕の中国語の先生の紹介だったんです。

――どうして中国語を勉強しようと思ったんですか？

僕はそれまでプライベートな旅行というものをほとんどしたことがなかったんですけど、２０１３年頃に初めて台湾へ遊びに行ったんですよ。それでちょっと興味を持つようになって勉強を始めたんですけど、中国の人って世界のどこにでもいるじゃないですか。自分が中国語をできるようになると、一気に14億の人たちとコミュニケーションできるようになるわけですよ。それってすごいことだよなあ、と思って、それでどんどん関心が深くなって面白くなっていった。とにかく飯はうまいし、人の考え方もヨーロッパ的だし面倒見もいい人が多いし、イヤな思いをしたことがないです。

――では、奥さんと話すときは中国語ですか？

ふだんは日本語。奥さんは16年間日本にいたから、日本語がペラペラなんですよ。

――家では日本語で奥さんの国籍は中国で、職場はオーストリア。生活のコミュニケーションは何語でどうやってるんですか。

子供がもうすぐ20ヶ月なんですけど、嫁は子供に対して中国語。僕は子供に中国語かドイツ語か、最近ちょっと日本語。面白いですよ。子供は言葉の境が無いから、何もわかってなくても聞いたことをそのまま繰り返すんですよ。同僚にも言われたんですけど、全然違う言語を言ってもそのとおりに綺麗に発音するんです。僕は子供にはドイツ語・英語・中国語を覚えてほしいと思ってるんですが、日本語も喋るようになるのかな。とりあえず、英語とドイツ語と中国語ができれば、仕事に困ることはないでしょうからね。

――最初の話にもありましたが、ヨーロッパの人たちは自分の職掌を超えたことはやりたがらないし、時間を超えて働くことも明確に拒絶する人が多いですよね。そういうことに違和感をおぼえることはないんですか。

ありますよ。特に今は仕事が社内じゃないですか。社内だと、必ずしもみんながみんな、レースに対してすごく情熱があるというわけでもないし、時間が来たら家に帰る。それはもうどうしようもない。その分は全部、自分がやるしかしようがないですよね。

——結局、メカニック時代とやってることは同じですね。

そういうことなんですよ。だけど、当時よりも環境は全然いいし、仕事がきつかったり人間関係なんかでたまにイヤなこともあるけど、でも、たとえば今何が不満かと聞かれても「そうだね、特に無いかな」って言える。今はそういう環境です。細かいイヤなことって普段の生活ではいつでもあるものだし、それがない生活なんてないわけじゃないですか。そんなのはあたりまえの話だから、それを除けば何も不満なことはない。今は家族と一緒に暮らせるし、給料は毎月ちゃんともらえるし、社内からもどうやら信頼はしてもらってるようだし。

ただ、ちょっと気がかりなのは、前の嫁の子供たち。ふたりともとっくに成人して大きいんですが、離婚を後悔はしてないけど、子供たちが小さい頃にはあまり一緒にいてやることができなかったので、彼らには申し訳なかったという思いはありますね。でもまあ、最終的に自分の目標には今のところ辿り着いたかな。ヨーロッパに住んでヨーロッパの会社に勤めて、やっと自分の望んでいた地に足のついた生活ができるようになった。それが今。あとはやっぱり家族と子供。子供とはずっと一緒にいてあげようと思います。特に今はかわいくてしかたない時期だし。

▲パンデミック時代を象徴するショット。2021年第17戦アルガルヴェGPのピット内で戦況を見守る。（本人提供）

8

何でも
お手伝いしてあげたい、
という思い——塚本肇美

MotoGPのパドックではじつに多種多様な人々がいろんな仕事をしていますが、その中でも、各国のレース関係者にもっとも顔と名前が知られている日本人のひとりは間違いなく塚本肇美《はつみ》さんでしょう。男性優位社会と言われがちなレースパドックの中で、塚本さんはマルチリンガルな言語能力を駆使し、細やかな気配りと卓越した業務処理能力を武器に、長年にわたって多忙な日々を過ごしてきました。

世代と国籍を超えて幅広い人望を集める塚本さんですが、自らはけっしてそれを誇示することなくいつも謙虚な姿勢で、にこやかに世界中を飛び回っています。そんな塚本さんの元気さの源泉は、少女時代に芽生えた英語習得の明確な意志に遡ります。

――肇美さん、ものすごく知り合いが多いですよね。こんなに顔の広い人はいないんじゃないかというくらい。

他の人と比べたことがないんでわからないけどね。

――パドックで立ち話をしているときでも、いつも必ず誰かが挨拶してくるじゃないですか。国籍や年齢や性別にかかわらず、トップライダーからチームスタッフまで。ライダーに至っては、上はケニー・ロバーツから下はMoto3のお子たちまでいろんな人と仲が良くて、しかもそれだけ知り合いが多いと、たいていい何かしらの毀誉褒貶《きよほうへん》がありそうなものだけど、こと塚本肇美という人に関しては、これはけっして本人を前にしているから言うわけじゃなく、悪口を聞いたことが一度もないんですよ。

いやー、そんなのわかんないよ、誰が裏で何を言ってるのかなんて。

――いや、ホントに聞かない。悪口を言う人を裏で殺して回ってるんじゃないかというくらい。

まさか（笑）。

――なんでそんなに人脈が広いんですか？

それはただ単に、今までいろんなことに手を出してきたからじゃないですか。人から頼まれることも多いし、お金にならないこともいっぱいやってきたし。商売目的ではなく、その人のためになることならとりあえず何でもお手伝いしてあげたい、と思ってやってきたことの延長線上の結果なのかなあ。

——そもそもレースに関わりだしたのは、どういう経緯なんですか？

その前はリクルートに勤めてたんだけど、そこを辞めて起業したんですよ。そのときのクライアントが「仕事を出すから起業すれば？」と勧めてくれたんだけど、自分ひとりではどうすればいいかわからないしアイディアもなかったので、仲間が一緒に立ち上げてくれて、そのひとりがカメラマンで、もうひとりがライターさん。モータースポーツとも関わりのある仕事をしていた人たちだったんですよね。この3人で起業して、1年目はわたしのリクルート時代の関わりで仕事をしてたんだけど、やがて彼らの分野にわたしが引っ張り込まれて、気がついたらモータースポーツの仕事をするようになっていた、みたいなかんじ。

モータースポーツ関連で最初にやらせてもらった仕事は、私の記憶だと『Ｎｕｍｂｅｒ』の企画でケニー・ロバーツやケビン・シュワンツといった大物ライダーたちの取材で、そのインタビューと翻訳をしたのがきっかけ。そのときのわたしはケニー・ロバーツって誰なのか、ウェイン・レイニーってどういう人なのかも全然知らなかったんだけど、なぜかそのときの企画が自宅訪問で、現地に飛んでその方たちの取材をさせていただいたの。それがたしか……、これって年代出るの？

——差し支えない範囲で教えていただけるのであれば。

あまりディテールは言いたくないんだけど。「そんなに長いこと関わってんのか」と思われそうだし。

——（笑）。

それがたぶん、1991年か'92年だったと思うのね。その仕事が、わたしがモータースポーツに関わるとっかかりなんですよ。やがてアイルトン・セナのインタビューをするという企画があって、そこでわたしが通訳と文字起こしをすることになったんです。

当時はセナの全盛時代でインタビューはどの取材も15分、と厳密に決められていたんですよ。インタビュアーが考えてきた質問項目を見せてもらうと、訊ねるだけで30分くらいかかりそうな量があって「これどうすんの?」という状態だったんだけど、ライターさんと相談して質疑応答はひとまず全部わたしに任せてもらうことにしたんですね。結論から言うと、セナはそのインタビューにすごく乗ってくれて、15分の予定が結局45分くらいになり、最後はセナが感極まって泣いたんですよ。後日、そのインタビューの録音や掲載冊子をほしいという連絡が入ったくらい気に入ってもらえたんですけど、そのときの取材を「塚本のインタビュー、良かったらしいよ」と評価していただいて、それ以降、雑誌の取材などをいくつかやらせていただくようになったのね。

わたしは相変わらずモータースポーツのことはよくわかっていなかったんだけど、そこで走っている人たちの人物像にはすごく興味を感じて、こういう人たちのことをもっと知りたいなと思うようになったんですよ。その当時は日本のロードレースの選手たちがWGPにどんどん行き始めた頃で、そんな矢先に、日本人選手のマネージメント交渉でチーム側の条件を聞いてほしいという依頼があったの。『Ｎｕｍｂｅｒ』の取材でケニー・ロバーツやウェイン・レイニーやアーヴ・カネモトといった人たちにお会いしていたから、その依頼につながったみたいなんですけど。でも、当時のわたしはマネージメント経験なんてもちろんなかったわけだから、双方の間に入って言われたことを訳して返す、といったくらいのことだったんですけどね。そのへんが最初のきっかけかな、ＧＰのパドックに関わりだしたのは。

――リクルートを辞めて起業した頃は、モータースポーツの世界には興味がなかったんですよね。

まったく。リクルートでは『ＡＢロード』という海外旅行情報誌を作っていて、そこで海外とコミュニケーションもしていたんだけど、じつは当時のわたしが本当にやりたかったのは映画の字幕なんですよ。戸田奈津子さんが憧れの存在だったのね。だから、言葉を使う仕事をしたくて、それがスポーツであれなんであれ言葉の世界に繋がっていくことができれば、と思っていただけだから、モータースポーツに関する知識はまったくなかった。

――言葉、というのは英語ですよね

うん。

――どういう環境で、英語を身につけていったんですか。

わたし、ひとりっ子なんですよ。今はもうまったく覚えていないんだけど、わたしが小さい頃から母はとりあえずいろんなことをやらせてきて、習字やら絵やらエレクトーンやらいろんな習い事に通っていたみたいなんだけど、小学校高学年になるとぜんぶ飽きてしまって、やらされたことをどんどん辞めていき、唯一、積極的にやりたいと言ったのが英語の塾だったそうなのね。小学校5年生だったらしいんだけど、ここに通いたいと言って自分で学校を決めてきて、母は一度もそこに行ったことがなく、ただ月謝を持たせるだけ。わたしはそこに、学校が終わったらひとりで熱心に通っていたんですよ。

――生まれも育ちもずっと日本なんですか。

うん。静岡で生まれて静岡で普通の中学に行き、高校を選ぶときに英語科のあるちょっと遠い高校に通ったんです。レベルが高い学校でもなんでもないんだけど、英語教育は充実していて外国人の先生もいっぱいいて、インターナショナルな生徒を育てていくという方針の学校。そこで高校2年生のとき、学校から選ばれた10人がアメリカに行って向こうからも10人が日本に来るという交換留学で、初めてアメリカに行ったのね。1ヶ月、LAにホームステイして、そのときに、どうすれば自分の気持ちをもっとうまく伝えられるかとか、考え方や文化の違いとかを、結構たくさん学んだのかな。

――さらに大学でもアメリカに留学しようとか、向こうの大学に進学しようという目的は……。

そこがまたほら、わたしはひとりっ子だったし、父はいわゆる堅い職業だったんですよ。なので、どんなに遠くに行っても東京まで、しかも2年しか出してくれなかったのね。だから、アメリカに行くという選択肢はそもそもなくて、2年という期間だから短大か専門学校しかない。わたしはすぐにでも英語を使って仕事をしたいと思っていたので、短大で半分遊ぶような生活をするくらいだったら授業の厳しい専門学校へ行って実戦力を身につけようと思って英語の専門学校を選んだんです。卒業後は超つまらない貿易会社に入ったんだけど、そこをすぐ辞めてしばらくバイト生活をし、そこからリクルートに入ったの。リクルートに入ったのも、『ABロード』の仕事をしたかったから。旅が好きだったこともあるんだけど、海外と繋がってる仕事をしたくて、それで旅行雑誌の『ABロード』を選んだんですよ。

――旅行好きになった原体験のようなものはあるんですか。

これはほんとに小さい頃の話なんだけど、日曜の朝にいつも父がわたしを起こしにきて『兼高かおる世界の旅』というテレビ番組をいっしょに観てたんですよね。どんな番組だったかもあまりよく憶えてないんだけど、「こういう人になれたらいいね」みたいなことを話しながら毎週日曜日朝の起き抜けに、いつも父といっしょに観てた。それが自分の今の仕事に何らかの影響を及ぼしているのかどうかはよくわからないんだけど、わたしは子供心にどこかの時点で「英語を話したい、海外に出たい」って考えたから、それで多分小学校5年生のときに英語塾に行き始めたんだと思うのね。だから、それはやはり父の影響だったのかなとも思うんだけど、小さすぎてわかんないんですよ。でも、そういう時期はたしかにあったのね。

――それこそ本当に、肇美さんの原点のいちばん中核にあった部分なのかもしれないですね。

かもしれないね。けど、わかんない。父は2年前に亡くなったんですけど、わたしと海外に行くことが大好きで、わたしは仕事でマイレージが貯まるからそれを利用して何度も父を海外に連れて行って、そのたびに父は喜んでくれた。ひとり娘のわたしが独身のままでは死ねないってずっと言ってて、そっちの夢を叶えることはできなかったけど、いっしょに旅行に行くほうの夢は叶えることができたから、きっと幸せに亡くなることができたのかなって、ちょっと思います。

『ＡＢロード』の時代に話を戻すと、リクルートには4年くらいしかいなかったんだけど、当時は短期間で辞めて起業する人が多かったんですよね。わたしもそういうかんじで、気がついたらさっき言ったみたいにモータースポーツの仕事をしていたんですよ。

――ライダーやメカニックの人たちは、全日本を経て世界を目指すケースが多いようですけど、そういう意味ではいきなり世界へ行ったわけですね。

そうそう。だから、全日本と言われても何のことだか全然わからなかった。大物ライダーだって、ケニー・ロバーツが誰かも知らなかったわけだから、そんなのでよくインタビューをやったよね(笑)。

――それにしても、セナから始まるという経歴がすごいですね。

セナを泣かせたとき、「やった！」と思ったの。その人の気持ちを引き出せた、という手応えを感じて。そのときはライターさんやセナの関係者たちもすごく驚いて、セナがあんなふうになるとは思わなかった、みたいな反応だったので、そのときに「こういうことをもっとやりたいな」と初めて思った。

――で、二輪の世界へ進んで行くわけですが、肇美さん自身も'93年からパドックに入っていくわけですよね。

基本的には青木宣篤・治親兄弟のマネージメントが仕事だったんだけど、その頃って日本人ライダーがすごく多かったんですよ。'93年はまだそうでもなかったけど、'94年、'95年、'96年とどんどん増えていった。プライベーターもいっぱいいたので、DORNAやIRTAに頼まれてルールやレギュレーションを説明する手助けであっちこっちに伝えに行ったり、原田哲ちゃんや伊藤真一、岡田(忠之)くんあたりは、インタビューも無償で手伝ったりしていたのね。さらに、これはわたしのリクルート時代のネットワークからつながった話だったんだけど、ナムコでビデオゲームを作るというプロジェクトが立ち上がって、そのゲーム化権を交渉して作品ができあがるところまでお手伝いしたことがDORNAに認めてもらえて、日本GP前のイベントなどではDORNA関係の翻訳や通訳も手伝ったことがあったかな。

――ナムコのビデオゲームって、アーケードゲームの「GP500」のことですよね。

そう。たしかプレステにも移植されていて、バージョン2くらいまではわたしが関わってるんですよ。そのあとはナムコが離れてアメリカの会社の制作になったんだと思うけど、あのプロジェクトはアーケードゲームが立ち上がりで、プレステまでたぶん3回くらい契約を更新していて、そのときは必ずわたしが間に入ってた。

――じゃあ、そのゲームのクレジットには「塚本肇美」と入ってるわけですね。

入ってるよ、一番最後のほうに。

――それは知らなかった。あのGP500というアーケードゲームはとにかくリアルで画期的で、レース好きの間ではすごく話題になった作品だったんですよ、あの当時。

そうだよね。今でこそいろんな映像技術も向上しているけど、あの当時はナムコのスタッフがゲーム開発用に現場でコースを全部歩いて路面の写真も撮影していたから、それを見ていたチームの人たちは「あいつらいったい何やってんだ?」って不思議がってた。オンボード映像も手配したりして、面白かったですよ。

――もう20年数前のゲームですけど、あれ、今もバレンシアのボナイレ（ショッピングモール）のゲーセンに置いてありますよ。

へえ、そうなんだ。すっごく見てみたい。

――日本ではたしか、筐体《きょうたい》がノリック、ミック・ドゥーハン、青木宣篤のカラーリングだったと思うんですけど、ボナイレに置いてあったのはバレンティーノとマルクのカラーリングに変えてました。

いいアイディアだね。でもホント、あのゲームの仕事は面白かった。リクルート時代の人たちのネットワークがあったからできたプロジェクトだった。

――ここまでの話を聞いていると、親の仕事で外国に住んでいたとか長期留学をしていたとか、あるいはアメリカンスクールに通ったなどということではなく、日本で語学力を鍛えて、それを仕事の現場で磨き上げていったんですね。

そう言われてみれば、そうかも。あとは、映画が好きだから、英語で観てから字幕で確認していく、というくらいしかトレーニングらしいことはしていないと思う。だから、現場で人と話すことで成長していったのかな、きっと。実践で使っていくのがいちばんの上達方法だ、と学校時代も言われていたしね。

——映画は今も好きなんですか？

最近は機内で観るくらいしかできないけど、飛行機に乗ったらめちゃくちゃ観ますよ。日本―ヨーロッパの機内なら少なくとも3本。これは、という作品があったらもっと観るし、どんなに眠くても観続けるもん。ホラー系はあまり好きじゃないけど、それ以外はもう観るものがない状態に陥るくらいまで見尽くしちゃう。

——好きなジャンルはあるんですか？

SFとか。『バック・トゥ・ザ・フューチャー』はすごく好きで、何度も観た。

——オールタイムベストスリーは？

ハリソン・フォードが主演のやつ。未来の……。

——『ブレードランナー』？

それ。『ブレードランナー』が1位で、もしかしたら2位が『バック・トゥ・ザ・フューチャー』かなあ。あとは……なんだろう。でもね、トップスリーやトップファイブを選ぶのってすごく難しくて、わたしは何に対してもそうなんだけど、対象がすごく広いんですよ。だから、きっと仕事もそんなかんじで何でも請《う》けちゃう、みたいなところがあって。

——だから、最初はまったく興味がなかったモータースポーツの世界にも、一気に広く深く関わっていくことになった。

うん。そういうことだろうね。

——いつ頃面白いと思うようになったんですか。

仕事を始めてすぐに面白いと思った。

——面白いと思った理由は何なんですか。

ひとつは、勝負の世界で結果がすぐに出ること。プラス、その結果を覆《くつがえ》す機会がすぐに訪れること。たとえば、サッカーのワールドカップは観ていてすごく感動するんだけど、次の機会が４年後というのはすごく苦しいだろうなあ、と思う。ＧＰの場合は２週間後に気持ちを切り替えて次の挑戦をできるじゃないですか。毎回喜怒哀楽があって、悔しくてもすぐに２週間後に向けて気持ちを切り替える機会が訪れるというチャレンジのチャンスがあるし、あとは、チームワークがもたらす世界がすごく面白い。

——では、なぜそれが四輪ではなくて二輪の世界だったんですか？　セナを泣かせたくらいだから四輪の世界へ進む可能性もあっただろうし。

じつはＦ１に行かせてもらう機会が何回かあって、モナコも２回くらい行ったし、ヘレスにも行ったんだよね。でも、なぜだかわからないけど、わたしはそこに面白さを見いだせなかった。人間味を感じられなかったのかな……。だけど、セナのインタビューを思い出すと、「そこにあるのはマシンじゃなくて人間なんだ」ということをあのときは強く感じたのよね。いろんなエピソードを聞いていくと、やっぱり人間の力が大きいということがよく理解できるんだけど、外から見ているとなかなかそれはわかりにくいから。なんだか素人みたいな感想ですけど（笑）。

二輪の場合だってヘルメットを被っているから表情はわからないんだけど、でも、少なくとも体の動きは見えるでしょ。あとは、ある写真を見たときに「すごく美しいスポーツだな」と思ったことをとてもよく憶えているんですよ。スタート直後で、ストレートがすごく長くて1コーナーに飛び込んでいくところを後ろから撮った写真で、何台かがリーンして1コーナーに入っていく姿を見て、とても美しいと思ったの。

なんだろうなあ……、とにかくスポーツとしてすごく面白いなと思った。

——そうやって二輪ロードレースの世界に魅せられてゆき、言葉を使った仕事からコーディネートまで仕事の幅が広がっていったんですよね。

うん。そうだと思います。

——そうやって広がっていった仕事が、どういう経緯でTeam SUZUKI ECSTARへと繋がっていくんですか？

Team SUZUKI ECSTARで仕事をする前から、佐原（伸一）さんや（河内）健さんはサーキットで会えばなんとなく挨拶するくらいの顔見知り関係ではあったんですよ。その前に、じつはわたしは2004年にMotoGPのパドックで仕事をせずに、パリに住んでフランス語を勉強していたのね。そのときに連絡をしてきたのが北川圭一なんです。

「心機一転、これからフランス語を一所懸命勉強していくぞ！」と心に決めていたんだけど、「SERT（Suzuki Endurance Racing Team：スズキが運営する世界耐久選手権のファクトリーチーム）

に入ってEWC（Endurance World Championship：世界耐久選手権）にフル参戦することになったので、マネージメントと通訳の仕事を手伝ってもらえませんか」ということで、2005年の頭から圭ちゃんの仕事を始めたの。自分としてはパリでいろんな人たちと出会って仲良くなり、フランス生活のベースができて楽しいなと思い始めていた時期だし、フランス語学校にも通っていたから、最初は断ったんですよ。でも、レースだけ来てくれればいいということだったのでお引き受けしてお手伝いしているうちにまあまあ忙しくなってきて、やがてスズキフランスまで人に会いに行ったり、契約先の相談なんかもあったりして、結局、学校も辞めちゃったんですよね。だから、そこから先のフランス語はパドックで自力で学んだの。

――自力というのがすごいですね。イタリア語も喋れますよね。

これも独学。フランス語は一応文法を少しだけとはいえ囓《かじ》ったけど、イタリア語はそういうことを全然やってないから、しょせん、にわかイタリア語なんですよ。だから、やっぱり言葉の習得は基本を勉強することがすごく大事だと思う。

――にわかにしては流暢ですけどね。

いやいや、そんな程度のレベルですよ。

――マルチリンガルな能力が八面六臂の活躍を支えている側面もあるんでしょうね。

みんな、きっと使いやすくて便利なんですよ。耐久で圭ちゃんのお手伝いをしていた時期は、SBKを走ってた（加賀山）就臣のお手伝いもすることになったし。

――加賀山さんとは、それが最初の仕事だったんですか。

就臣と初めて会ったのは'90年代で、スポットで彼がGPに参戦したときに当時はまだ言葉がわからなかったので、ブリーフィングやレギュレーションの説明をしてくれと言われたことがあったんですよ。それ以来、ちょこちょこと機会があれば顔を合わせていたんだけど、わたしがパリに住んでいたこともあって「マネージメントをやって」ということになった。で、就臣がBSBを終えて日本に戻るときにわたしもパリをひきあげて帰ってきて、就臣が日本でチームを立ち上げることになったのね。

――Team KAGAYAMA。

うん。その立ち上げでは1年間、日本で就臣と仕事をしてました。Team KAGAYAMAでは、ケビン・シュワンツを8耐で走らせる企画とか、ドミ（ドミニク・エガーター）やマルセル（・シュロッター）、ハフィス（・シャーリン）、ジョー（・ロバーツ）といったMoto2で元気のいいライダーたちを8耐に連れてくるアイディアを実現したり、ユッキーとわたしのコネクションでいろんなことを仕掛けたのね。で、そんなふうにTeam KAGAYAMAの仕事をしているときに、タディ（岡田忠之）から「チームアジアを立ち上げるから手伝ってほしい」という連絡があったので、ユッキーの了承を得てそのお手伝いをして、Moto2でチームアジアのお仕事をすることになったのが2013年。

このときMotoGPで、スズキはすでに復活の準備を進めていたでしょ。彼らが戻ってくるのならわたしはそこで仕事をしたいと思ったので、すでにチームマネージャーとして活動しはじめていたダビデ（・ブリビオ）に繋いでもらって、CV（職務経歴書）を渡して面接をしたんですよ。そのときの返事が、「2014年の最終戦にワイルドカードで参戦するから、そこでまず働いてもらって、その仕事ぶりで採用を判断していい？」ということだったのね。で、その結果、2022年最終戦にGPから撤退するまでの8年間、このチームで仕事をすることになったわけ。

――チームアジアにいた2013年と、Team SUZUKI ECSTARでコーディネーターとコミュニケーションの仕事を開始する2015年の狭間の2014年は、たしかMoto2のチームにいましたよね。

その年は、哲（長島哲太）のお世話と、あとはCEV（FIMレプソル選手権）のMoto3で（鈴木）竜生《たつき》の活動を支えてた。

なんでそれが哲と竜生だったのかというと、ケニー・ロバーツが彼のランチに若い日本人ライダーを集めて数日間トレーニングする企画をずっとやってるんですよ。わたしはそれに参加するライダー集めをやっていて、そこに集まってきたのが、高橋 巧や渡辺一馬、浦本修充《なおみち》といった面々。そこに集まるライダーたちを、いつもケニーの奥さんとわたしが寮母のように10日間くらい面倒見るんだけど、哲と竜生もそこにやってきたメンバーだったのね。で、哲は2014年にMoto2のチームから参戦することが決まって、竜生もCEVへ行くことになったので、このふたりのライダーをお手伝いしていたんですよ。

――ここまでの話でも、ほんとにいろんな人の名前が出てきますね。

レース関係者の人って、「'03年はこうだった」とか「'07年はあんなことがあった」とか、年を基準にいろいろ語るじゃないですか。そういうのを見ると、みんなすごいな、と思うんだけど、わたしの場合はいろんなことが起こるたびに気がついたら関わってたり巻き込まれたりしている場合がほとんどなんですよ。だから、「このシーズンが忘れられない」というようなことはどちらかというとあまりないんですよね。映画もそうなんだけど、あれこれ手をいっぱいつけすぎてわかんなくなっちゃう。

――シーズンごとに「この年はああだった、こうだった」というような形での記憶はない。

スズキになってからの8年間は、それに集中していたのでありますよ。でも、そこに行き着くまでは、バラバラなものを組み立てて形にしていく作業を常にやってきたから、訊かれても、「あれ、この年ってどうなってたんだっけ?」って頭の中がなっちゃうんですよね。

でも、そんなふうにあらためて自分がこれまでやってきたことを振り返ると、新しいものを作ってきたことが多いのね。チームアジアもそうだし、Ｔｅａｍ ＳＵＺＵＫＩ ＥＣＳＴＡＲに至っては、一度はなくなってしまったプロジェクトをまた新しくゼロから作っているわけだから、自分はきっと何かをクリエイトしていく作業が好きなんだろうな、と思うところはありますね。

しかも、わたしはヘンにお人好しなところがあって、「こいつらを蹴散らしてでも自分がのし上がってやるぜ」っていう野心のようなものがまるでなくて、他の人ができない部分をくっつけて縫って形にして、「はい、できあがりましたよ」みたいなゆるーいキャラなんですよ。そのへんは、自分が女性だということも関係してると思う。たぶんだからわたしは、自分の上に方向性を示してくれる人がいれば、一歩下がって秘書的な役割を果たすことはわりと完璧にできると思うんだけど、人の上に立って「あっちに行くぜ」「こっちへ進め」というようなことは得意ではないんだよね。

——スズキ時代はまさに、そういう一歩下がった秘書的な仕事でしたね。

そうだね。スズキというある程度の方向性がある中で、自分も多少の意見出しやアイディアの提案はするけれども、そこはあくまでも組織の中にいるうえですることだから。これがもしも独り立ちしてひとりでクリエイトしていくとすると、一緒に考えてくれる人や進めてくれるパートナーが、わたしはわりと必要な人です。要するに、縁の下の力持ちの裏方タイプなんですよ。見えないところでコツコツ努力して形にしたい、みたいなね。だから、人をつないでいくコーディネーターがいちばん自分の性分に合ってる。

わたしはエンジニアとしてバイクを触るわけではなく、ジャーナリストとして文章が書けるわけでもなく、バイクの知識だって特にあるわけではないのに、モータースポーツの世界に関わりだした1993年から数えると、この世界に30年いるんですよ。それだけの期間、同じところにずっといることができたのはすごく誇らしいことだと思います。でも、相変わらずバイクのことはよくわからないんだけどね（笑）。

——バイクのメカニズムに興味がない、ということはたしかに今まで何度も聞いてきたような気がします。

わたしはバイクに乗らないから、自分でバイクを操縦してコントロールする楽しみはわからない。だから、そういう者がバイクを好きだと言ってはいけないと思うんですよ。

パドックで仕事をしている人たちって、バイクが好きでエンジニアとしてライダーを支えていきたいとか、自分の腕で世に出たい、っていう強い気持ちを持って入ってきて、すごくはっきりした目標を持ってやってきたから現在がある、という人が多いじゃないですか。そういう人たちと比較しちゃうと、自分の場合はバイクが好きでこの世界に入ってきたわけでもないから、申し訳なく思っちゃうんですよね。バイク業界じゃないところからたまたまこの世界に紛れ込んできたみたいなかんじだし、目指しているところも目標も違うから。

レーサーになりたかった人たちやレーサーを終えた人たちがたくさんいる中で、わたしはそんなにオートバイオートバイという人じゃないのに、30年もこの世界にいさせてもらえたことを、なんだか申し訳ないと思っちゃうんです。

でも、チャンピオンシップはたまらなく好きなんですけど。

――でしょ。メカニズムに興味がないことは、バイクやレースを好きではないということではないですよね。

あー、なるほど。たしかに、車の運転はわたしはすごく好きなんですよ。でも、車の場合もメカニズムには興味がないからね。

――モータースポーツの世界で30年、ということですが、その中でもスズキの8年間はどんな時間でしたか。

自分の居場所としては、いちばん安定していた期間であったかもしれない。フリーランスであることに変わりはないんだけど、大きなストラクチャーの中でちゃんとした仕事の立場をもらえて、長い期間関わることができた。そういう意味では、すごく居心地が良かったと思います。

——いきなり最後になってしまった2022年は、どんなシーズンでしたか。いろんな気持ちが渦巻いた1年だったと思うんですが。

すごくしんどかった。来シーズンは危うい、というようなことはいつも言われていたんだけど、DORNAとの5年契約が更新されたことでいったんは安堵して、たぶんまたここから5年間やっていくのかなと想像していた矢先に、まさかひっくり返るとは思っていなかった。スズキとしてはみんなのためによかれと思って、早い段階から再就職活動をできるようにしてあげたいと配慮した事情もあったとは思うんですけど、そこからレースを消化していかなくちゃいけない時間はほんとうに長くてきつかったし、シーズン中にはライダーたちが怪我もしたので、精神的に最後まで持つかな、っていうぐらいしんどかった。

でも、うちのチームは全員がすごく仲がいいんですよ。翌年からはみんながそれぞれ新しい場所に移っていくけれど、ライダーもメカの人たちも、わたしたちのマーケティング・コミュニケーションチームも、皆がほんとうに仲が良くて同じ目標を共有して、そこに向かって進みながら最高のチームを作り上げることができた。

だから、この8年間は自分の中でもスペシャルな時間だったし、その特別なチームを作ることに自分も少なからず貢献できたと思っているので、解散してしまうのはたしかに残念だったんだけど、志半ばという印象はあまりなくて、やりきった感もじつはすごくあるんですよ。チームみんなのおかげでそれができたんだと思います。

――2023年以降はどうする予定なんですか。

幸いにもいくつか声を掛けていただいているので、年齢はどんどん上がっていくけれどもおかげさまで体は健康だし、自分の気持ちとしてはまだまだ何か続けていきたいと思っています。今さら業界を変えるわけにもいかないので、とりあえずはやっぱりレースに関わっていきます。

――肇美さん自身の経験を振り返ってみて、このMotoGPの世界で生き抜いていくために必要なものって何だと思いますか。

ひとつは……言葉かな、絶対的に。英語以上のプラスアルファの言語が必要だとわたしは考えていて、あと、これは自分が女性だから感じることなんだけど、このパドックで本当にプロフェッショナルとして仕事をしていくつもりなのであれば、「女性」を売りにしてはいけない、と思う。

MotoGPのパドックって、やっぱりすごい男性社会じゃないですか。だから、年齢が低ければ低いほど、女性はそういう対象として見られがちなんですよ。この世界の人と出会って結婚することを求めてパドックに来ているのなら、それでもちろんかまわないけれども、本当にプロフェッショナルとしてやっていくつもりなのであれば、ここにはそういう出会いを求めないこと。女性的な発想かもしれないけど、それは強く思います。

あとは、やっぱりリスペクトですね。どんなときでもお互いを尊重しあうこと。いろんな国籍の人がいて、国民性も文化も言葉も違う中で、唯一、皆が共通して持つことができるものはリスペクトなんじゃないのかなと思います。だって、スズキ時代のフェデリコ（チームのコミュニケーションスタッフ・イタリア人）とアルベルト（同・スペイン人）とわたしなんて、日々戦争みたいなケンカばっかりしてたんですよ。

――イタリア人とスペイン人と日本人で。

そう。1日が終わったらめちゃくちゃ疲れる、っていうぐらい、朝から晩までずっと言い合い、みたいな状態。もちろん、仕事を良い方向に持っていこうとしているからこその口論なんですけど、それだけいつも口論していてもわたしたちの関係が崩れないのは、互いにすごくリスペクトしていたからだし、そこはほんとうにたいせつなことだと思います。

今、あらためて思うんだけど、スズキのチームがうまく行ったのは、ひとえにダビデの人選とストラクチャー作りの能力だったと思うんですよ。よくもまあ世界各国からこれほど癖の強い人ばっかり集めてきて、しかもこんなによくまとまる組織を作り上げたな、って。

――パドックは男社会だという話題が出ましたけれども、1990年代から2000年代、2010年代と経て現在に至るまで、女性を取り巻く環境はいい方向に変わってきたと思いますか。

どうだろう……。女性の数は確実に増えてるよね。職種としては、チーム全体の仕事やテクニカルな分野に関わるというよりも、ソーシャルメディア系を担当する人が多いのかな。そんな印象がありますね。

――**昔と比べると働きやすくなっていますか。**

あまり変わってないように思う。ただ、ロジスティックの部分では、たとえば今まで女性トイレがあんまりなかったのに、女性が増えたことによって、女性が過ごしやすいように少しは考えられるようになってきた、ということはあるかもしれない。

実際にそういうことがあったんですよ、２０２２年のロンボク（インドネシア）で。初開催でサーキットが新しいから、開幕前のテストで行ったときには女性トイレがなかったのよ。そのサーキットのコーディネーターは以前あるチームにいたスペインの人なんだけど、わたしは彼を知っていたので、「女性のお手洗いはどうなってるの?」って訊ねたのね。そしたら「サーキットができたばかりだから」と言うので、「いやいや、サーキットができたばかりでも女性はお手洗いに行かなくちゃいけないんだから」って説明して。

わたしひとりだったら通らなかったかもしれないけれども、女性が何人もいてみんなが同じ問題を抱えてるから、「レースまでに作ってください」と主張できたとか、そういうすごく次元の低い話なんだけど（笑）、女性が増えたことによってロジスティック面は少し改善されてきたかな、っていうかんじ。'90年代なんて、もうほんとにひどかったんだから。

――**ひどかったとは、たとえばどういうところで?**

だから、施設よ。今言ったように、お手洗いが男性用だけとかね。水曜にサーキットに着いたら女性トイレの鍵が閉まってて、木曜日には開くんだろうなと思ってたらずっと開かないとか。そういうことがごく普通にあったの。

——もっと女性が働きやすい環境にしようという声は、昔よりも上がるようになってきていますか。

女性の数が増えたからね。増えたぶんだけ、困ってることをみんなが声に出せるようになってきたし、たとえば国際女性デーにはパドックで働く女性が集まって写真を撮るイベントをオーガナイザーが実施して、率先して主張してくれるような心遣いは感じるよね。

パドックで仕事をすること自体については、わたしは今のところ不満は何もないし、働く人自身がしっかりした考えを持ってさえいれば、パドックの側が自然に受け入れてくれる。だから、女性の労働環境を改善する必要性というよりも、むしろ、そこは働く女性の側の意識だという気もする。

男性がやってる力仕事と同じことをやらなくてもべつにいいんだけれども、女性でもできることをプロフェッショナルとしてやっている人はすごく増えているように思う。たとえば、テレメトリの担当エンジニアも、今は女性が増えてるでしょ。それってテクニカルな部門で男性と対等な仕事だし、すごくいいことだと思う。

——男性と対等に働ける職域で、男女の性差が問われない仕事ですね。

そうだね。これは以前に聞いたことがある話なんだけど、戦場に男しかいないとチームの中で喧嘩になるけど、ひとりでも立場に関係なく女性がいると、チーム全体が和らいで喧嘩をしなくなる、っていうのね。だから、女性ってそういう雰囲気を和らげる力があるのかな、ってわたしは思っているんですよ。チームのカリカリした空気は、女性がひとりいるとちょっと変わっていくこともあるんだろうなって私はなんとなく感じているので、女性が増えていくのはすごいいことだと思う。

——そういうことをネガティブに言う人もいますけどね。女性に対する差別的な考え方だ、みたいな言い方で。

そこはね、「女性だからって舐めないで」みたいにいきなり喧嘩腰で言う女性に対してわたしはリスペクトをしないいんですよ。自分たちができることをやって、変えていけるなら変えていけばいいじゃん、って思うから。

——肇美さんがこの30年間パドックで仕事をしてきて得たもの、って何ですか。

人間関係と人。

——人間関係と人っていうのは違うものなんですか？

人の先に人間関係があるんだと思う。だからやっぱり、人に出会えたこと、大切な人たちに出会えたことかな。

——特にこの人に出会えたこと、という決定的に重要な人物はいますか？

いやー、たくさんいすぎてわからないなー。最初に「みんな知ってるよね」って言っていただいたように、そういうひとりひとりの人たちがいるから今の自分があって、今まで仕事を切らすことなくやってこれたんだと思うのね。それぞれにいろんな関わりがあるから、「この人がいたから決定的に何かが変わりました」みたいなことではなくて、すべての出会いに意味があったし理由があったんだと思います。

――出来事として転機になったものはありますか。

それは、２００４年にパリに住まいを移したことかなあ。これがいい意味で自分の転機だったなと今から思えるのは、ひとつはレース以外の人たちと新たな人間関係を作ることができた、ということ。パリで出会った人々は、お花の業界の人や料理の業界の人やファッション業界の人、というアーティスティックな方面で、それまでになかったような刺激をすごく受けて、新しい人間関係が膨らんでいったんですよ。

もうひとつの理由は、実際にレースから少し離れてみることで「わたしはやっぱり、このモーターサイクルチャンピオンシップっていうものが好きだったんだ」とわかって、「もしかしたらこの世界は天職として自分に合っていたのかもしれない」っていうふうに思えたこと。離れることでそう気づくことができて、もっと好きになったと同時に、新しい世界が開けた。だから、この1年はすごく意味があったし、プラス、フランス語っていう新しいことにチャレンジした機会でもあったので、わたしにとってほんとに大きな転機だった。

――そういうことに気づけたのって、レースから離れている時期に思ったんですか。あるいはレースの仕事に戻ってしばらく時間が経ってから？

戻ってからなのかなあ。北川くんに声をかけてもらった時は、じつはまだそんなに戻る気もなかったし、彼が困っているのならしようがないからちょっと手伝うか、くらいの感じだったんですよ。でも、実際にやってみたら、やっぱりわたしはレースが好きだったんだ、ってことがわかった。

じつは、耐久レースの仕事をしたのはそのときが初めてだったんですよ。「そんなに耐久が好きでもないのに、24時間レースなんてどうやってできるの、わたし?」と思ったんだけど、やってみたらもう大ハマリで、24時間ずっと楽しくてしようがない、みたいなかんじだったから、それも自分にとって新しい発見だった。とはいえ、GPの世界に戻りたいっていう気持ちはべつになかったんですけどね。

――それが巡り巡って、いろんな選手や関係者のお手伝いなどを経てMotoGPのパドックに戻ってくるのだから、人の縁とは面白いものですね。

自分の人生を振り返ってみると、わたしは今まで無理やりそこにあるものをねじ曲げて何かをしようと思ったことがなくて、そのとき吹いてる風に沿って乗っかったまま進んで行ったらこれがあった、みたいな、わりとそんなことばかりなんですよ。これをやりたいなと思うアイディアがあったとしても、「風向きに逆らって波を乗り越えていくぞ!」なんて決死の行動をすることはべつになくて、「なんか今はその時期じゃないな〜」と思うと、その思いを持ったまましばらく温めてずっと持ってると、ある日なんかポロッとチャンスがやってくる、みたいな、そんなゆるーいかんじなんですよね。

でも、それを実現させてくれたのはじつは周りの人たちで、私はもうほんとにいつも人に助けられてばっかりだったの。だからこそ、自分も人を助けなくちゃいけないと思っているんですよね。とは言っても、助けてくれた人たちに直接お返しする機会ってなかなかなくて、たとえば食事なんかもそうなんだけど、おごってもらった人にはなかなか自分からおごり返すチャンスがない。立場的にもね。

だから、自分が誰に食事をおごるのかっていうと、その対象は多分若い子たちなのね。自分がやってもらってきたことを、その次の子たちに返す。そうやって自分が何かをできるのは、自分よりも下の人たちなんだろうなって思うから、それは常に忘れないようにしているかな。

——自分が渡されたバトンを次に渡して行く、みたいな。

そうそう、まさにそういうかんじです。

——強い決断をして自分で道を切り拓くようなことはなく、その折々の流れに乗ってここまでやってきたということですが、最初にGPに行くときは、様々な環境が一気に大きく変わるわけじゃないですか。しかもひとりっ子ですよね。だから、そのときはやはり大きな決意だったのではないですか。

それがそんなことはまったくなくて、世界に出ること、英語を使って仕事をすること、っていうのはすごくやりたいと思っていたから、むしろうれしかったんですよ。

その後は、さっきも言ったみたいにすべてがただなんとなく流れてきて現在に至るわけで、変な話、わたしは運命を辿っているだけなのかな、っていうくらい、自分で「こうするぞ!」っていうかんじは最初からもうまったく無いのよ。

——それは今でもずっと?

志はあるよ。あるけど、無理をしない。それは今もそう。だから、スズキがMotoGPの撤退を発表した2022年だって、シーズン中にみんなが仕事探しをしているときにわたしもきっと何かしなくちゃいけなかったんだろうけど、どうしたらいいのか見えなかったのよね。見えなかったから、とりあえず休んだ。休んで、何も考えない時間をちょっと作った。で、そろそろ動き出そうかな、って考え始めた頃に、ちょうどいくつか話をもらうようになったから「ちょっと休んでよかったんだな」って思ったよね。そんなことばかりなんで、もうほんとにね、ツイてるんですよ、人生が多分、わたしは。

――これまでずっと慌ただしくしてきただけに、今後はちょっとラクしようかな、とか思いませんでしたか？

２０２２年のシーズンが終わるときにはそれもちょっと考えたんだけど、「わたし、ラクできるのかな」って今は思ってるんですよね。どこにも行かない生活なんて今まで何十年もしたことがないから、無理かも、って。

――回遊魚みたいですよね。

それ、よく言われる。止まったら死んじゃう、って。

――自分でも思います？

うん。でも、それってリクルート時代から言われてたんですよね。とにかくタフで、寝なくても仕事する人って。今はもう無理だよ、歳取ったから（笑）。寝なきゃ無理なんだけど、当時は月に１５０時間とか平気で残業してたバブルの時代で、「いつも元気で、ほんとに回遊魚みたいだよね」って言われてたんだけど、そこから何十年経った今でも、やっぱり回遊魚って言われるんですよ。

――今、その言葉を聞いていて思ったんですが、肇美さんはいつも楽しそうですよ。猛烈に忙しくて

ものすごく大変なときもきっとたくさんあるんだろうけど、それでもいつも楽しみながら忙しくしてるように見えます。

だって、楽しくないことはしたくないでしょ。どうやって楽しくしようかといつも考えるし、同じことをやるにしても楽しくやるのと辛くやるのでは、きっと結果も変わってくるだろうし。だから、基本的にポジティブ思考なんですよ。超ポジティブだと思います。楽しくいたいですもんね。笑っていたいですもん。

それと関係があるのかどうかわからないけど、わたし、人からすごく物をもらうんですよ。そういうのはやめてくださいっていつも言うんだけど、「とても気持ち良く楽しくしてくれたからありがとう」って言って、いろんな物をいただくんですよね。

特にスズキになってからの仕事はゲストの対応をしてきたでしょ。そうすると、そのケアをしたことでもらうことが多くて、いつも困っちゃうんですよ。でも、うれしいのはプレゼントそのものよりも、むしろそのときにかけていただく感謝の言葉とか、そこにいっしょに封入されてる感謝のメッセージとか。そういうものをもらうと本当に至福の状態で、自分の思いがちゃんと相手に伝わってこのメッセージをもらえたんだ、ということがすごくうれしくて、それがわたしの仕事の喜びです。レースに勝つのはもちろん喜びではあるんだけれども、そうやって人にハッピーになってもらったことの喜びっていうのは、ほんとに格別ですね。

――ヨーロッパのレースファンの人たちって、記念に物をくれということはあっても自分から何かを

あげることってまずないから、なかなか得がたい経験ですね。

だからわたしもけっこうびっくりなんですよ。ここまでこんなに心のこもったことをしてくれるんだ、っていう。

――その中でも特に変わったモノってありますか？

変わったモノ、ねえ。そうそう、パドックにインセンティブツアーでやってきたスズキメキシコの人から、ドクロの人形をもらったことがあります。数十センチくらいの結構な大きさで、セラミックか土でできた置物。でも、日本ではドクロっていったらお化けとか幽霊みたいなかんじで、あんまりいいイメージがないじゃないですか。それをもらったのはたしか２０１７年か'18年だったと思うんだけど、そういうものを家に持って帰って飾る勇気がなかったので、ずっとチームのトレーラーの、わたしのプライベートな棚の中にしまっていたのね。シーズンが変わって何回かトレーラーを新しいものに換えたときも、自分の持ち物と一緒に段ボール箱に詰めてワークショップの隅にしばらく置いといて、トレーラーが新しくなったらまたその自分の棚の奥へ入れる、みたいなことを続けていて、日本に持ち帰らないままそのドクロの人形は5年くらいずっとチームのトレーラーと一緒に世界を移動し続けてたんですよ。で、２０２２年末のチーム撤退でいよいよ最後は自分の持ち物を引き取ることになり、ドクロは家に飾りにくいし持って行きたくない気持ちもあったんだけど、そこでやっと決心がついて、「これはもう持ち帰るしかない」と思って箱を出して開けてみたら、それまで何度も入れたり出したりしていたからか、首がもげちゃってるのよ、ポロッて。折れてなきゃ持って帰るつもりだったけど、いただきものとはいえしようがないから、それはもうそこで処分することにしたのね。
その翌週にメキシコのカンクンに旅行に行ったんだけど、そしたらなんだかあっちもこっちもそこらじゅうがドクロだらけなのよ。

――死者の日だったんだ。

そう。ちょうどそのお祭りの時期で、メキシコではドクロって幸運をもたらす象徴なんですよね。そこで初めてその事実を知って、「うわー、わたしあの人形に大変なことしちゃった。どうしよう……」って思ったんだけど、「きっとあのドクロは5年間わたしをずっと守ってくれて、それで折れちゃったんだ」と考えて、「ありがとう、ごめんなさい!!」って謝って帰ってきました（笑）。

▲スズキ最後のレースとなった2022年最終戦バレンシア。完全勝利を飾り、チームの皆と表彰台へ。その中央でサムアップするのが塚本氏。(撮影:本多吾一氏)

9

モーターサイクルはアウトローの象徴だった——杉原眞一

すぎさん、の相性でパドック関係者に知られている杉原眞一さんは、2011年シーズンを最後にレース界から引退し、現在はベルギー人の夫人と同国でリタイアライフを満喫しています。引退時はアライヘルメットのレーシングサービス業務を担当していましたが、その前は、1970年代末から'80年代のHRC黎明期にNR500やNS500のレース現場メカニックとしてプロジェクトに参画。さらにその以前には、片山敬済氏の片腕として名を馳せた人物でもあります。

杉原さんこそは、己の腕を頼みにパドックで仕事をする数々の日本人職人たちの魁《さきがけ》となる、まさに先駆的存在といっていいでしょう。このライフストーリー集の掉尾《ちょうび》を飾るにふさわしい存在は、この人以外にはありえません。軽妙な語りで明かされる数々のエピソードは、歴史的に貴重な口承記録、といっても過言ではない証言ばかりです。

――すぎさんがＨＲＣでメカニックをしていた頃に見聞きしたフレディ・スペンサーのいろんな逸話や、国境管理が厳しかった東西冷戦時代のボーダー通過でトラブルに見舞われたエピソード等々、アライヘルメットサービスの仕事をしている時代にはいろんな話を聞かせていただきましたが、そもそもどういう事情でグランプリに関わるようになったのかという経緯については、そういえば一度も伺ったことがないんですよ。

レースの世界に入ったのは22歳のときなんですよ。アライは定年1年前の64歳でリタイアしたから、42年間この世界にいたわけね。で、22の歳でレースの世界に入る前の話があって、ぼくは工業高校を卒業したとき、就職で自動車メーカーのディーラーをふたつ受けたんですよ。ひとつが日産で、もうひとつがマツダ。当時は自動車に入れ込んでたから「日産に行ったら、ひょっとしてレースの可能性があるかもしれないな」と思って、自分としては日産に行きたいと思ってたんだよね。でも、マツダのほうに先に受かっちゃった。学校の方針は、先に採用通知が来たほうへ就職しなければならない、ふたまたをかけるのは許さない、っていうことだったから、しようがなくマツダに行ったんです。

で、ディーラーのメカニックになったんですけど、そこでは2年ぐらいやったのかな。

――20歳くらいまで、ということですか、高校卒業後からだから。

そうだね。そしたらうちの父親が仕事の関係で関西に転勤することになったので、「じゃあおれも関西に行ってみようかな」と思って、会社に「父の転勤で自分も向こうに行きたいので、現地のマツダディーラーを紹介してもらえないか」とお願いしたら、引っ越した家からそんなに遠くないところにディーラーがあったんですよ。

――引っ越した先はどこなんですか。

姫路なんだけどね。

――そもそも育ちはどちらなんですか。

東京の板橋。荒川のすぐ近くでね、そこにホンダのテストコースがあってさ。2キロの直線で、中学の頃はそこでレーサーが走るのをよく見物に行ってたんだよね。1960年代の話だけどさ。

――で、姫路時代の話。

そうそう。でね、姫路のマツダのディーラーに就職して働いていたら、そこのセールスマンが「オレ、片山義美さんを知ってるぜ」と言うんで、その人とよく話をしていたんだよね。そこで仕事をしていたんだけど、あるとき中学高校時代の友達が自動車雑誌を創刊するので手伝ってほしいという連絡があって、マツダのディーラーを辞めて東京へ戻って立ち上げの準備に行ったんだよね。創刊して毎月雑誌を出してたら、例のマツダのセールスマンから「片山さんがメカニックを探している」という手紙をもらったんだよ。そのときは断ったんだけど、雑誌がいろいろうまくいかなくなって編集に嫌気がさしちゃって、また姫路に帰ってきたんですよ。そのときに、片山さんのことを思い出して連絡を取ってみたら、「うちは給料安いけど、それでも良かったら」って言うんで「それでいいです」って返事して、それで決まり。

　片山さんは、神戸の須磨区の山のほうで片山マツダスポーツコーナー（マツダ車両にスポーツ仕様チューンの加工等を行う会社）ってのを経営してて、そこにワークショップを持ってたんですよ。ほら、片山さんは神戸木の実を主催してたでしょ。

——木の実レーシング。

　そうそう。そのワークショップに神戸木の実のライダーたちが自分でバイクを持ってきて作業する整備場があったんですよ。その整備場の横っ側に、掘っ立て小屋みたいなのが作ってあって、「鳩小屋」とみんなが言ってた場所があったんですよ。片山さんがそこに住んでもいいと言うんで、ぼくはそこで7年間、29歳までずっと寝泊まりしてマツダのクルマをツーリングカー仕様にチューンナップする仕事をやってたんです。片山さんの弟の従野《よりの》孝司《たかし》が乗るロータリークーペを作ったり、その従野と鈴鹿や富士のレースに行ったり、お客さんのマツダ車のエンジン改造から車体の改造まで全部やる、というようなことを毎日まいにち朝から晩までずっとやってた。

　だから、ぼくはもともと自動車、カーレーシングのメカニックだったんです。毛利良一も片山マツダスポーツコーナーで働いていたから、ときどき彼に頼まれてモーターサイクルレースを手伝ったりはしていたので、多少は二輪とつながりもあったんだけれども、自分は四輪のほうに入れ込んでいて、「いずれはＦ１のメカニックになりてえな……」なんて思ってたんだよね。

　そしたら、あれは何年だったかな、毛利とかが「なんだか今、すげえ才能があるって言われてる片山敬済ってのが神戸木の実に来るらしいぜ」なんて噂してるわけよ。ぼくが寝泊まりしてた鳩小屋の隣がライダーたちの整備所でしょ。そこへ敬済も当然来るようになったんだけど、もうね、ものすごい時間をかけて整備をしてるわけ。そのうちそこで彼と話をするようになって、「いずれ僕がグランプリに行くようになったら、メカで来てくださいよ」なんて話をしたことも、どうやらその頃にあったみたいなんだけどね。ぼくはその話は自分では憶えちゃいない。

　やがて敬済はＧＰに行ったよね。で、'76年のシーズンオフに帰ってきたときに「すぎさん、来年は僕のメカニックで一緒に来てくれないか」って話があったのね。だけどさ、そんなのすぐに「はいよ」ってわけにはいかないよね。

――ずっと日本で生活をしている人が、いきなりヨーロッパに来てくれと言われてもすぐに行けるものではないでしょうね。特に１９７０年代は、今と違って情報も少ない時代だったでしょうし。

　神戸木の実には、ライダーがいっぱいいるでしょ。整備にやってくるライダーたちから話を聞いてると、「すげえやりにくいやつだ」とか「難しい性格だ」とか、そういう話がいっぱいあったわけね。ぼくはべつに彼に対してはイヤな感情はなんにもなかったんだけど、だけど自分ひとりじゃ踏ん切りがつかないっていうかさ。ヨーロッパなんて行ったことないからどうしたらいいのかよくわかんないし、金谷さんに相談に行ってみたんですよ。

――金谷秀夫さん。

うん。あの人は神戸木の実出身で、神戸に住んでたから。「じつはこういう話があるんだけど、どう思いますか」ってアドバイスを受けに行ったんですよ。そしたら「おまえなあ、あいつのメカはみんな喧嘩して、辞めて帰って来ちゃってるぞ」みたいなことを言われてさ。他の人たちに聞いてみても、誰もが「あいつは難しいぞ」とか「敬済のメカをやろうなんて、頭おかしいんじゃねーのか」みたいなかんじでね。だから、一度は断ったんですよ。「ちょっと都合が悪いから」って言って。

そしたら、それからどのくらい時間が経った頃かよく憶えてないけど「もう一度考え直してもらえないか」って敬済が言ってきたんですよ。でも、ぼくはオートバイのチューニングなんて雑誌で見て多少知ってる程度で、レースバイクのチューニングなんかやったことないし、何も知らないわけです。だから、「そんなこと言ったっておまえ、おれはオートバイのことなんて何も知らないぞ。レースのことなんか知らないぞ」って言ったら、「すぎさん、僕がいちから教えるから、まあとにかく来てくれないか」っていうんですよね。

で、もう一度考えて、自分が変えようとしない限り何も変わらないだろうと思って、それで最終的にオッケーしたんですよ。

――それが'76年ですか。

そう。すでに'77年に入ってたかどうかちょっと憶えてないんだけど、'76年の終わりか'77年の初め頃に返事を出したんですよ。そしたら来てくれってことで敬済がチケットを用意してくれて、いきなり羽田からスキポールへ飛んだの。羽田空港へ行ったら「すぎさん、これ持ってって」って言われて、250cc用のチャンバーを2本渡された。「どうすんだ、こんなもん」って思ったんだけど「大丈夫、大丈夫。持ってって」って言われて、それぶら下げてオランダまで飛んでったんですよ。

──そのとき、すぎさんは何歳だったんですか。

ええとね、まだ29。'47年9月生まれだから、その秋に30になる年だったんだけどね。で、スキポールへ飛んだんだけど、空から見ると一面が赤や青や黄色や白のチューリップ畑ですっげえ綺麗だった。だから、たぶん3月とか4月ぐらいの時期だったんだと思う。空港には、熊坂さんという片山のもうひとりのメカニックが迎えに来てくれたんですよ。で、そこから始まったんだよね、モーターサイクルのメカニック時代が。

ぼくは42年この世界にいたんだけど、大きく分けたら3つの時代があったわけですよ。最初の7年間はカーレーシングのメカニックでしょ。次はモーターサイクルのメカニックで、これが'86年まで。そのあと'88年からリタイアまではアライのヘルメットサービスになるんだけど、じつはメカニックを辞めた翌年の'87年は、つぼさん（坪内隆直：レース写真家）のところで1年間、雑誌のレポーターみたいなことをやったんだよね。

──『グランプリ・イラストレイテッド』が月刊で出ていた頃。

そう。あの雑誌でテクニカルレポーターみたいなことをやったんですよ。あっちこっちのチームに行ったりなんかしていろいろ情報を集めて、記事を書いてみたり座談会で話してみたり、そういうことをやってたんですよ。でもねえ……なんていうのか、物書きってダメなんだよね。なにしろ学校の作文の時間だって何も書けないでさ、作文って聞いただけで寒気がするほどだったから。

――（笑）。

だから、ものを書くのってダメなんだよ。やっぱり機械に触ってたり何か作ってたり、そういうことしてないとダメだったのね。だから、つぼさんには「ほんとに申し訳ないんだけど……」って1年でレポーターを辞めて、アライに行ったわけです。

――そもそも片山敬済さんは、どうしてすぎさんにGPへ来てほしいと思ったんでしょうね。

さっきも言ったけど、ぼくが寝泊まりしていたすぐ隣が二輪のライダーたちの作業所で、そこで片山はいつもものすごい時間をかけて整備してたんですよ。ぼくはその隣の鳩小屋に寝泊まりしてたでしょ。チューンナップ以外のことは何もしないっていうか、もう一日中そればっかりやってたわけじゃないですか。朝から晩までレースの車のことしか考えてない、みたいなね。四輪と二輪の差はあるんだろうけど、そういうのをきっと敬済は見てたはずだから、それで目をつけてたんだろうね。

――すぎさんの最初のシーズンになった'77年ですけど、片山さんは250ccと350ccの2クラスにエントリーした年ですよね。

350はくまちゃん、熊坂さんが担当で、ぼくは初めての年だったから、250。

――すぐに慣れましたか？

慣れるっていうのは、マシンにっていうこと？　環境？

――両方。

マシンについて言うとね、これはもう泣かされた。というのはね、ヤマハがその年にエンジンの仕様を変えたらしいんだね。そしたらさ、片山は走るだけじゃなくてマシンの知識っていうのもすごいわけよ。とにかくよく知ってるんだ。で、ありとあらゆることを試しているわけ。だから、最初にスキポールに来たときに持たされたチャンバーっていうのも、結局そのための部品だったんだよね。エンジンに特殊な細工をしているわけ。

あのね、ブースターポートっていうんだけど、シリンダーの後ろ側にふたつ穴をほじくるんですよ。で、ピストンにもその穴に合わせてふたつ穴を空ける。2サイクルっていうのは掃気がものすごく重要じゃないですか。普通はだいたい両サイドからふたつずつで4つ掃気ポートがあるんだけど、ブースターってのはその後ろ側にもうふたつ作るわけ、エクストラのポートを。

で、ピストンが下がっていくときにそのふたつの穴へ到達すると、そこからクランクケースの中のガスが抜けて、シリンダーの後ろ側から掃気流を抜く、そういう細工をしてたわけですよ。ところがもう、これがたいへんなんだ、作るのが。アルミニウムのシリンダーにクロームでメッキしてるじゃないですか。だから掘るのが大変だし、ピストンに穴を開けるのも、正確に位置を決めてやらなきゃいけないわけだから、これも結構な時間がかかるんですよ。しかも、2サイクルと来た日にゃあ、焼き付きってやつがあるわけですよね。

だから、片山の秘密兵器であるべきそのブースターポートが、エンジンの仕様が変更されたために裏目に出ちゃって、焼き付くんだ。「またかよ～」、みたいなかんじでしょっちゅう焼き付く。焼き付いたらピストンがパーでしょう。軽い焼き付きならまだしも、ピシャッとやられた日にゃあ、もうアウトですよ。シリンダーのほうは硫酸だったか塩酸だったかを使って焼き付いたアルミを溶かして、シリンダー本体に傷が及んでなければまだなんとか使えるってことでペーパーでこすってさ。で、ごまかしてなんとか使えるんだけど、ピストンのほうは、まあたいていダメだよね。そうするとエンジンオーバーホールでシリンダー削り直してピストン作って、ってやってたら、また徹夜作業でしょ。これの繰り返し。ずーっと。

その原因がわかるまでいったい何レースかかったんだ、って話だよ。その原因が特定できないわけ。「なんでこんなに焼き付くんだ、去年はそんなことなかったぞ」とか言っても、もうとにかく焼き付いっちゃうんだよ。「うわっ、またかよ～」って、毎日そればっか。あれには参ったね。で、最後は原因がわかって、問題は比較的減っていったんだけど、それまではとにかくまあなんというか、もう考えられないような作業量でさ。なにしろね、何を食べてたのかまったく記憶にないんだよ、あの年は。食べてたかどうかも記憶がない。

――（笑）。きっと何かは食べてたんでしょうけどね。

ほんとにそうなんだよ。とにかくパドックで有名だったの。「片山のところのメカは寝る暇ねえんじゃねえのか」ってのが。いつも作業が終わるのはいちばん遅いしね。いちばん遅いっていうか、朝でいるわね、大抵。いつ寝てたんだってことも全然記憶にない。

だってね、予選を走るでしょ。そうすると、そのあとにノートを渡されるんだよ。敬済が、「ここところを改善してほしい」というのを全部箇条書きにしたやつを持ってくるわけよね。「すぎさん、これね」みたいなかんじで。パッと見ただけでも「これは朝までかかってやったって無理だよ」って量が来るわけ。あそこに書かれてるのを全部こなしてたら、朝までかかっても無理。だから「こりゃちょっと無理だぜ。この項目全部はできねえな」って返事するとね、片山は「わかってる」って言うわけよ。自分でも整備してきた経験があるから、それがどれだけ時間がかかる作業かってのはわかるわけだよ。

「うん、それはわかってる。でもね、僕の要求はこれだけあるっていうことは明確にしておきたい。その中のどれからやるかっていうのは、すぎさんが決めてくれればいい」って、そう言うもんだから、こっちも「うん、それはわかった」と言って、優先順位を自分で決めて作業をやってった。時間が足りなくなってできないものもあるんだけど、それはしかたがない。でも、とにかく寝る時間はない。

すごかったよね、これはほんとに。だからね、最初にGPに行った年は、ほとんどトラックを運転したことないんだよ。いつもくまちゃんが運転してて、ぼくはほとんど運転したことないんだよね。ひたすら寝てたみたいね。だから、その当時はサーキットの場所を知らなかった。いつも、目ぇ覚ましたらサーキットだった、みたいな状態。

——すごい生活ですね。

すごいよ。今だから笑い話で全部いけるけど、さっき言ったみたいに、いったい何を食べてたのかなんにも憶えてないし、いつ食べてたのかも全然記憶にない。いまだになーんにも思い出せないよ。

——その環境にどうやって馴染むかどころのレベルじゃなかったわけですね。

そういうなまやさしい世界じゃないね、ありゃすごかった。

サーキットに行ってもそうだしね。今みたいに駐車する場所があらかじめ決まってるわけじゃないから、まずは場所取りから始まるんだけどさ。どの辺にテントを設営したほうがいいとか、そういうのが敬済はすごくうるさいわけね。ピットとのアクセスの問題もあるし、そのへんは何年もGPを走ってよく知ってるから「すぎさん、あそこね」みたいに言われるんだけど、そんなこと言ったってなかなかものごとはそう思いどおりには行かなくってさ。だいたい、今みたいにアスファルトの舗装が完備されているわけじゃなくて、それこそアッセンなんかに行きゃあ一面草ぼうぼうの放牧地だわウシの糞はそこらへんに落ちてるわで、もうたいへんなんだよ。電気を引いてくるのだって、いったいどれだけたこ足で繋いでるんだよって状態で、いつそのへんから発火してもおかしくない。そういう中で、とにかくなんとかできるようにするしかないんだよね。慣れるしかない。他に選択肢がないんだからさ。

——それが最初のシーズン、'77年ですよね。

そうだね。'79年はもうホンダで、NRじゃないですか。だから、ヤマハのマシンでやったのは2シーズンなんだよね。250でやった'77年と、それから'78年。'78年の敬済は500と350にエントリーした年で、５００はくまちゃんがメンテナンスを担当して、ぼくは３５０。モーターサイクルメカニックの時代の最高の思い出は、やっぱりこの'78年なんだよね。

――３５０のメカニックだった年。

１年目はとにかくそういう状態で、初めてだったし予期しないトラブルでさんざん泣かされたんだけど、シーズンが終わって熊坂さん担当の３５０ではチャンピオンになって、ぼくのほうは最終的に4位だったのかな。じつは最初はね、片山には言わなかったんだけど、この年が終わったら辞めちゃおうと思ってたんですよ。でも、自分で思ったようにできなかったしフラストレーションも溜まってたし、「もう1年やるべ」って思って'78年も行くことにして、３５０を担当することになった。これは面白かった。大変だったけどね。

この年は、ヤマハがシーズン序盤のオーストリアでニューマシンを持ってきたんですよ。でも、それが全然走んないんだよね。全然ダメで「パワーがない。去年のやつのほうが速い」みたいなこと言ってるわけ。なんとかしなきゃいけないってんで、プロジェクト組んでバイクをほとんど作りかえちゃった。あの年はカワサキのＫＲがめっちゃ速かったんですよ。

――コーク・バリントン？

そう、バリントン。打倒ＫＲを目標に、これはもう徹底的に軽量化してパワーアップしなきゃだめだ、って話になったんですよ。エンジンのクランクケースをミーリングにかけて削ったり、ヤマハのワークショップに行って昔のファクトリーマシンの部品だとかネジだとか入ってるガラクタ箱を漁って、チタンのスタッドボルトとか拾い集めてきたり。その他にも、ニコ・バッカー（オランダのフレームコンストラクター）に頼んでアルミ板で燃料タンクを作ってもらったり、前後の車軸をアルミにしたり、もう徹底して軽量化を進めたんです。最終的に、99・8kgくらいになって、車重が100kg切っちゃったんだよね。

今でもよく憶えているのは、この年はドイツグランプリをニュルブルクリンクでやったんですよ。そこで、そのマシンを使ってとうとう勝ったんだよね。バイブレーションでフレームにクラックが入っちゃったり、軽量燃料タンクも0・8㎜のアルミで作ってたもんだから亀裂が入ってガソリンが漏っちゃうとか、トラブルの連続で大変だったんだけど、とうとう勝ったんですよ。チャンピオンシップではカワサキにやられたけど、打倒カワサキでやってきて、ついにそこで優勝できたんだよね。

――シーズンの最終盤ですよね。

そこを逃すと勝つチャンスがもうない、という状況でやっと勝つことができた。そのときの優勝トロフィをさ、敬済がくれたんだよ。最高のレースだったね。これがいちばん記憶に残っている。1シーズンかかってマシンを作り上げてきて、最後の最後でなんとか優勝できたっていうのがね。しかも、とことんまで軽量化して突き詰めていったことが、ここでようやく成就した。だから、このときの優勝がいちばん満足感があったね。で、次の年はNRになるんだけどね。

――'77年と'78年の2シーズン、すぎさんの給料は片山さんから出てたんですか、ヤマハから出てたんですか？

片山が払ってた。だって、プライベートだからね。週いくら払うっていう週給だった。なにしろお金に関しては、今の世界と全然違うからね。あの当時は、今みたいにDORNAじゃなくてFIMがまだ管轄してた時代でしょ。お金がないんだから。'77年に初めて行った時も、敬済の話だとレースで優勝しても500ccで30万円くらいだったらしいからね、賞金が。そんな程度のカネだったんだよ。FIMとしては「GPでいい成績を出してインターナショナルで稼げ」っていう方針だったみたい。

――グランプリで箔《はく》をつけて、インターナショナルレースの賞金レースで稼げ、と。

そう。ケニー（・ロバーツ）なんて、インターナショナルに行けばスタートラインに並ぶだけでスターティングマネーで数百万円もらえるんだっていう話だったよ。レースの主催者によるんだろうけどさ。だからうちらもすんごいレース数こなしたもん。

あのねえ、'77年に行ったときには、たしか1年で57レースしたよ。

――（笑）。

57だよ。

――すごいですね。

だってね、グランプリの間なんてもうインターナショナルばっかりだもんね。このインターナショナルっていうのがまたすごいんだ。予選が20分ぐらいの設定になってんだけど、実際はスケジュールが遅れたりなんかして5分くらいしか走れない。そうすると、走れるのはいいとこ2ラップくらいだよね。マシンのセッティングなんて、何もしないうちに終わっちゃう。

じゃあどうするかっていうと、敬済が「すぎさん、ちょっとあいつにメインジェットの段数聞いてきて」とか「スプロケ聞いてきて」とか言ってくるんですよ。こっちは英語なんてまだろくすっぽ喋れないのにさ、いろいろ自分で話を組み立ててそいつに聞きに行くんだよ。ストレートに聞いたって、そんなの教えてくれるわけないんだから。

でね、たとえばスプロケットなんかは「何丁だよ」なんて言うんだけど、じつは全然違うんだよね、使ってるのが。だから、雑談をしながら横目で数えるわけ（笑）。（メインジェットの）番手だって、そのままスパッと教えてくれるはずがないから、だいたいヤマをかけて「ああそうか、そのへんか〜」みたいなかんじで話をしてさ。あれで鍛えられたね、あの当時は。だって、長くたって10分、下手すりゃ5分の間でどうやってマシンセットアップするんだ、っていうんだよね。でもレースは始まっちゃうからね。あれは鍛えられるよね。

――'77年と'78年のシーズンオフには、日本に帰ってたんですか。

えーっとねえ、'77年が終わったときはたしか帰ったと思うけど、'78年の冬は帰らなかったかもしれないね。'78年は片山がオランダでモーターサイクルのチューンナップパーツみたいなものを売るんだ、みたいなことを言って、そこでビジネスの立ち上げを手伝ったりするために近くに家を借りて、しばらくの間はそこに住んでいたから。

そしたら、'79年から片山が今度はホンダと契約するという話になって、メカニックはいらなくなっちゃうということだったから、ぼくは片山が立ち上げるというそのワークショップで働こうかって話だったんですよ。ホンダはNR500でレースをするためにイギリスに会社を作っていて、ジェラルド・デイビッドさんっていうジェネラルマネージャーの人が敬済に「プライベートでメカニックがいるんだったら連れて来てもいいぞ」、って話になったんだって。で、「すぎさん、どうかな?」「うん、なら行くよ」ってんで働くことになったんだけどね。

だから、そのときはぼくはホンダとの契約は関係なくて、片山がお金をもらって、そこからこっちに給料を払うという形ね。直接ホンダからもらってたわけじゃない。その後、NSになったときにHRCができて、そのときから正式な契約メカニックとしてHRCから契約金をもらう形になった。

――ということは、すぎさんはふたたび片山さんの専属メカニックとして、'79年に生活の本拠地をイギリスに移すんですか?

イギリスのスラウ。スラウって有名でしょ、昔からF1のチームなんかも、ずっとあのへんなんだってね。そのスラウに民家を借りて、そこに4人のメカで共同生活した。イギリス人ふたりと、あと、カルロ(・ムレッツリ:日本人以外のメカニックとして初めてHRCと契約し、NRやNSの時代を支えたイタリア人技術者)ね。それから自分。その年はいつもイギリスからあっちこっち行って仕事をしてたね。あっちこっちと言ったって2戦しか出てないけどさ。しかもその2戦のうち1戦はシルバーストーンで、あとはルマンに行っただけの話で、それ以外はほとんどイギリスの中。あの国はいっぱいサーキットがあって、テストの場合はそこへ行けば済んじゃうから、あの年はほとんどイギリスにいましたね。

——その当時、日本に帰りたいという気持ちはなかったんですか？

そういうのは全然なかった。というか、こっちが好きだったからね。ヨーロッパに来てみたら「日本と全然違うじゃん」って思ったよ。ぼくは思ったことをなんでもわりとはっきり言っちゃうから、嫌われるタイプなんだよね。日本では言いたいことを言えないから、自分で自分を抑えるじゃないですか。それでいろいろとフラストレーションが溜まっちゃうし、すごく住みにくかったんだけど、こっちに来てみたら、「なんだよ。好きなこと言えるじゃん。好きなこと言ったって、ちゃんと何でも話を聞いてくれるじゃん」って思って、「あ、いいなあこれ。おれ、こっちにぴったり」みたいなかんじ。

食べ物だって、日本食じゃないとだめって人もいるけど、ぼくはそういうのが全然なかった。だから、グランプリの生活をしてても楽だったんだろうね、きっと。

——'79年は片山さんと仕事をする3年目のシーズンで、片山さんが移籍するホンダへ帯同した格好ですが、片山さんと仕事をする前には「あいつは難しいやつだぞ」という話をたくさん聞いていたわけですよね。じっさいに一緒に組んでみて、印象はどうでしたか。

難しいっていうか……要するに、あの人は絶対に妥協しないんだよ。やってみてだめだったら、それはしようがない。でも、その手前でもってあーだこーだって理屈をつけて妥協するようなことは一切しない。それはもうすごいよ。やるって決めたら絶対にやるからね。

——改善項目の要求を箇条書きにして渡すという話も、そういうことですもんね。

だからね、一本筋が通ってるんだよ。自分でやることにしてもそう。とにかく妥協しない。でね、恐ろしく正確。とにかくもう考えられないよ。

たとえばチューニングでも、シリンダーのエキゾーストポートをコンマいくつぐらい削って加工するでしょ。で、予選を走って帰って来ると、「すぎさん。これ、なんか足んないよ」って言うんだよね。「何かおかしい。削りが少し足らなかったんじゃない?」みたいな。「は?」ってなもんでね、こっちは。「わかった。じゃあ、シリンダー外してポートの高さをチェックしてみるわ」と一応返事して測ってみたら、まさに言ったとおりなんだよ。すごいよ、あの人。

'78年にマン島のインターナショナルを走ったときは、350のマシンを持って行ったんだけど、走って帰って来たら「すぎさん、これ、ピストンのヘッドが落ちかけてるよ」って言うんだよね。「のぞいたわけでもないのに、なんでピストンのヘッドが落ちかけるみたいな微妙なことがわかるわけ?」って思うんだけど、そこで議論したってしようがないし、開けねえわけにいかねえからヘッド開けるじゃない。そうしたら、ほんとにトップが落ちかけてる(異常燃焼によるピストンの融解)んだよ。「あつらー……」みたいな。

敬済に言わせると、「それだけ集中して走ってるからわかるんだ」ってことなんだけど、そういうびっくりするような話はいっぱいあるよ。ものすごく繊細なことを察知できるあの感覚はもうね、すんごいよ。びっくり。お見事。

——そんなふうに卓越した感覚のライダーと仕事をすると、メカニックとしてはやはり手応えとやり

がいを感じるものですか。

そりゃそうだよ。だってメカニックができることなんて整備するところまでだし、「おれはやるだけのことをやった。能力だってそのへんのメカニックとは違うぜ」と思っていても、結果を出してくれるのはライダーなんだよね。だから、こんなに長いリスト渡されて朝まで寝ないで整備して、そのマシンで「オーケーだよ」って言ってくれてちゃんとタイムをピシッと出してきたら、それでこっちはもう万々歳だし、「ああ、やってよかったな」って思うよね。だけど、文句ばっかり言ってさっぱり成果が出ない、っていう人たちも中にはいるじゃないですか。口ばっかりで何でも言い訳ばっかりしてるタイプのライダーの話は、よく聞くでしょ。そういうことを考えると、誰と組むかっていうのはものすごく重要なことだよね。

ぼくだって、自分が優れたメカニックだなんて思ったことなんて一度もないよ。やっぱり、最後はライダーじゃないですか。自分が限界までやったと思ったときに、それに値するだけのものを見せてくれるのはライダーなんだから。

なんでレースの世界が好きかっていうとさ、たとえば普通の会社で働いてたら自分の成果なんて何もわからないじゃないですか。人数が多くなれば多くなるほど、自分がどれほど一所懸命やっていたって、その成果は反映されにくくなってくるよね。

ところがこのレースの世界っていうのはさ、どんなに言い訳をしようが何をしようが、時間が来るとマシンがスタートしちゃうわけでしょ。で、20何ラップだかすると、否が応でもそこにもう結果が出ちゃう。自分のやったことの成果が厳然と見えるわけじゃないですか。言い訳なし。だからやめられないんだよね。レースの世界ではずいぶんしんどいこともやってきたけど、なんでそんなに長いことやってきたのかっていうと、やっぱりそれなんだよ。他の仕事じゃあ、わずか30分とか1時間後に自分のやったことの直接の成果が出ちゃうなんてことはちょっとないんだから。

——数十分後に否応なく結果が出るとことがメカニックという仕事の魅力だということはよくわかるんですけれども、その後にアライのヘルメットサービスへ転身したときは、レースに関わる喜びも以前とは違ってきたのではないですか。

そうだね。なんていうのかな、ホンダのメカニックを辞めたときに、「やるだけやってきた」と思ったんだよね。「疲れちゃったから、レースのメカはもういいや。これだけ今までやってきたんだから、これからはもうちょっとラクな仕事はねえかな」と思ってさ（笑）。レースの世界とは関係するんだけど、徹夜もしなくてよくて、もう少しリラックスして取り組める仕事はないもんかな、みたいなことを言ってたんだよ。そうしたら、アライがレーシングサービスの仕事をできる人を探してるらしいということで、そこに企画書を書いて出してみれば、と知り合いに勧められたんだよ。「企画書の書き方」みたいな本を買ってきて読んで、企画書風なものを作って出してみたんだよね。企画書なんてのものはそれまでの人生で一度も書いたことなかったんだけどさ。

——履歴書ですか？

違うよ、企画書。「こういう編成でこういう風にしてヨーロッパでアライのレーシングサービスをしたらどうか」みたいな企画書ね。そういうのを書いて日本のアライヘルメットに出したんですよ。そしたら先方が「うちはそういうことに直接関与してないから、アライヨーロッパにコンタクトしてください」っていう話だったんだよね。そのアライヘルメットヨーロッパを立ち上げたのはフェリー・ブラワーって人なんだけど、もともとはヤマハでメカニックをしていた人物なんですよ。敬済がオランダでビジネスを始めようとしたときのパートナーが彼だったの。で「フェリーならよく知ってるわ」って話で、連絡を取ったんですよ。

まあとにかく、そういうつながりがあって、「オッケー。ならやろう」って話になって、で'88年は契約ベースで仕事をしたんですよ、経費は全部向こう持ちで、サービス用のトラックも全部用意してもらって。そしたら、'89年におまえを正式社員にしちゃうからということになって、そこから2011年にリタイアするまでずっとその仕事。

──すぎさんが始める以前の時代は、ヘルメットサービスはパドックの中に存在していなかったんですか？

アライはやってた。ぼくがアライに行く前はフェリーがやってた時期もあるらしいけど、もうひとり従業員がいたんですよ。その人が全戦かどうかはともかく、レーシングサービスをやってたらしいんだよね。で、ぼくがサービスを始めることになって、レーシングサービス用のトラックを買ってキャンパーに改造して後ろには荷物や部品を収納できるワークショップを作り、現場に到着したらその横にテントを張って仕事をできる、そういうのを用意したんですよね。'88年からその車で回り始めた。

——当時、他のヘルメットメーカーはサービス業務をしていたんですか？

アライだけ。だから最初の頃は、いわゆる「レスキュー911」ですよ。アメリカの緊急電話911みたいな状態で、雨が降ったりすると、全然違うメーカーのライダーが「なんとかしてくれ」って駆け込んでくるから、そういうのも結構やったんですよ。

——たくさん来たんですか。

やったよ。そんなにたくさんじゃないけどね。晴れているときはどこのヘルメットを被っていても、転ばない限りたいした問題はないんだけど、雨が降ると曇るじゃないですか。当時、アンチフォグのシステムを持っているのはアライだけで、これは他に対しては使えないんだけど、それ以外にもノウハウがいろいろとあるから、泣きついてくる選手を結構助けたりしたんだよね。ずっと後の時代になってからだけど、（ジョン・）コシンスキーがＢｉｅｆｆｅを被っていたときがあったんだよ。彼がアライを被る前かあとだったかはっきりと憶えてないんだけど、たまにうちに来たんですよ。そうすると、Ｂｉｅｆｆｅのサービスをやってるマウリツィオってのが来てね、「コシンスキーがそっちに来たろ。あいつ何してたんだ」って言うから、「いや、おまえさんのところへ行ったら留守だったからちょっと預かっといてくれ、って言ってうちに置いていったんだよ」って言ってさ。要するに、自分のヘルメットサービスを信用してなかったんだろうね。

——ＢｉｅｆｆｅやＡＧＶ等、他メーカーのヘルメットサービスが入ってくるのはだいぶあとの'90年代になってからですか？

フェリーの方針としてね、ヘルメットのコミュニティみたいなところでビジネスの話をするときに「あなたのとこもレーシングサービスをやれば？」と誘ってレーシングサービスに参入するように引っ張り込むんだ、って言ってたんですよ。なんでかというと、その当時はアライヘルメットが圧倒的にレベルが高かったんですよ。フェリーが言うには「他が参入してきてくれないとそれをアピールできない、その差を見せつけるためには競合他社を引っ張り出さなきゃいけないんだ」というのが、その理由だったらしい。ぼくが行ったのが'80年代後半だから、その何年後かくらいからぼちぼちと入ってきたんだよね。でも、ぼくがレーシングサービスを始めた頃は、他はまったくいなくてアライだけだった。

――アライに行く前、片山さんとホンダのNR500のプロジェクトに参加した後は、NS500、NSR500とずっとやっていたわけですか。

なんだっけな……NSRっていうのはあれじゃないの、フレディが乗ったなんだかおかしな4発かられNSRになっていったんじゃなかったっけ。普通のNSはそのままNSで来て、最後まであれを使ったんだけどね。どっちにしてもフレディとは別だったから。

――フレディ・スペンサーはアーヴさんチームですもんね。

そうそう。NSは'82年から始まったじゃないですか。'82年はフレディと片山で、'83年にフレディがチャンピオンを獲ったでしょ。で、'84年にあのおかしなマシンが登場したんだよね。アップサイドダウンの。

――下にタンクを持ってくるやつですよね。

そのとんでもないのが来たんだけど、'85年はノーマルに戻ったんだよね。

――で、フレディがその年に2クラスを制覇。

あれはもうね（笑）。フレディはちょっとすごいよね。

でも、ホンダ時代はメカニックとしてはあまり面白くない時代だったんだよね。NRの最初の頃は面白かったけど、NSになるとごく普通のファクトリーメカニックで、たいしてやることはないわけだもんね。'82年は（ホンダにとって）2サイクルが初めてだったし、フレディだけがちょっとぶちぬけて走ってた。2サイクルを始めた最初の頃だから、いろんなところに細工はしてたんだけど、細工するともう文句ばっか。

――HRCから？

直接は言われないんだけど「余計なことはしてくれるな」みたいなかんじなんだよ。そりゃそうだよね。彼らはファクトリーだから、データを取らなきゃいけないとかなんだとか、いろんな事情があるわけだよ。なのに、メカニックが自分の判断で勝手にごちゃごちゃやられると困っちゃう。だから、あんまり触れる範囲がないんですよ。ホンダとしては、すべて自分たちでコントロールしたいんだね。ところがさ、4サイクルはそれでいいんだけど、2サイクルっていうのはやっぱり、現場でちょこちょこやらなきゃいけない仕事って結構あるんですよね。

だからそのへんがすごく難しくて、'83年になってからは、レースが終わるとエンジンは全部日本に戻したんだよ。日本で開けて、日本のメカニックがチェックして、日本で組み立ててからベンチテストかけて現場に送り返してきたんですよ。で、その現場に送り返してきたときも、エンジンを開けるなって言うわけね。「おいおいおい、2サイクルなんてエンジンを開けなかったら何もわかんねえだろ」ってこっちは思うんだけど、そういうこと言うわけ。

ところがほら、メカなんて連中はそんなこと言われてたってパカパカ開けちゃうわけよ。

――（笑）

そりゃそうだよね。自分の目で確認してないことをどうやって保証できるわけ？　そうでしょ。もしも何か起きたときに「知らねえよ。俺は何もやってねえから」なんて、それだったらメカニックなんていらないじゃないですか。

だから、エンジンを開けたらどうのこうのとかって言われても、こっちもたとえばカルロなんてすげえ神経質な人だから、パーって全部開けてチェックしちゃうんだよ。そしたら、向こうは全部オッケーだって言ってたのに、ここがどうだとかあそこがどうだとかっていうようなことが出てくるわけですよ。ね、そういうこともあるわけだから。

そうすると、向こうはもう気分が良くないらしいんだよね。おまえのところは勝手に開けた、と。こっちにしてみりゃ「勝手に開けるもへったくれもねーじゃん。2サイクルなんか、開けなかったらなんにもわかんねえじゃん」ってことなんだけどさ。そういうことがいっぱいあった。

でまた、なんかアーヴのところに行って、なんかぐちゃぐちゃ言ってるから「あんたらおかしいんじゃないの。アーヴってこの世界じゃ今いちばん有名なメカニックだよ」って言ったんだよ。アーヴにな－んにもやらせねえでさ、「日本で全部やるから」みたいな調子だから「そんならなんでわざわざアーヴ雇うわけ？　日本からメカニック連れて来ればいいじゃん」って言った。「高いメカニックを雇って何もやらせねえんだったら、メカニック雇ってる意味なんてねーじゃん」って言ってやったんだけど、そのへんの認識がもう全然違うんだよね。メカニックには余計なことはやらせねえ、みたいなさ。

――じゃあ、その頃のすぎさんは、日本側から派遣されてくるＨＲＣの技術者の人たちと衝突することが結構多かったんですか？

普通はリスペクトしてくれるから、そんなにはないんだよ。でも、中にはなんというかもう非常に日本人的な人がいて、融通が効かないというか杓子定規というか、建前ばっかりみたいな人もいるんだよ。そういうのはすごく難しいね。そういうことがファクトリーに行けば、やっぱりたくさんあるんだろうね。

たとえばね、あれは'84年だったのかな。コーク・バリントンの兄貴でデレク・バリントンっていうのがいたじゃないですか。

――それはちょっと存じ上げないです。

いたんだよ。ロン・ハスラムの担当で契約メカをやってたんだよね。真冬でもＴシャツでひょいと来ちゃうみたいな、ちょっと面白い人でさ。シーズンの初めに日本のＨＲＣのワークショップまでマシンを受け取りに行くときに、デレクも来てたんだけど、その年に予算削減かなんかの話があったらしいんだよね。通常は年が変わると、マシンって全部分解してボルトとかナットとか全部変えちゃうんですよ。ところがね、「今年から予算の関係があるので、去年からのやつを使ってほしい」みたいなことを言ってくるわけね。で、こっちも言ったわけ。「そんなこと言ったって、いつ壊れるかわかんないんだしさ、シーズンの初めに全部新品にしておかなかったからどうやって管理するわけ?」って。

そうやってこっちが言っても、「もうマシンは全部完成していて、うちのほうでチェックしてますから、最終チェックだけそちらでしてもらって……」みたいなことをまだブチブチ言ってるの。そしたら、デレクが来たのね。あいつどうするかな、と思って見てたら、さすがだね。全バラこいちゃった。向こうが組み立てたやつを全バラこいて、部品室に全部持ってって「新品に替えろ」つって。これだよ。ぼくも一緒に行って「全部替えて」って言った。

そりゃそうだよね。だって、メカニックなんて自分で確認したものしか責任持てないじゃん。予算の削減だかなんだか知らないけどさ、そういうのって、レースに直接タッチしない人たちにはわからないんだよね。上から言われるとおりにそのまま「予算を削減しろ」なんていうつまんないこと考えちゃう。もっと他のことを予算削減しろよ、いくらでも方法なんてあんだろう、って思うんだけどさ。なかなかそうはいかんのだよなあ、会社というのは(笑)。

そういうことで、ファクトリーチームってのはやりにくいことがいっぱいあるんだよね。

——すぎさんがHRCで契約メカニックとして働くのは'86年までですか?

'85年までじゃないかな。'86年は、片山がレーシングチームカタヤマを立ち上げたんで、そっちに行ってるから。ずっとそのままホンダで乗ってたのなら、こっちもＨＲＣでそのままメカをやってたと思うけど、片山はレースを辞めてオーナー兼総監督として自分のレーシングチームをやるっていうことになって、面倒を見てくれないかって言ってきたから、そのお手伝いをしたんだよね。

——レーシングチームカタヤマを離れたのはどういう事情なんですか。

自分が直接（ジャン・フランソワ・）バルデやバージニオ（・フェラーリ）とやってるわけじゃなくて、ライダーそれぞれに担当メカニックがいたわけね。ぼくはテクニカルコーディネーターみたいなポジションで、直接マシンにタッチするわけじゃなかったから、やっぱりやりがいっていうのかな、何か違うなって思ったんだよね。

その年は、あんまり記憶がないんだよ。そういえばこういうことがあったな、ああいうことがあったな、程度のことは覚えてるけど、鮮明な記憶はほとんどない。つまり、それだけ集中してなかったってことなんだろうし、もう自分の心は多分離れていたんだろうね。

だから「何か他にないかな、だけどもうメカニックはいいや」みたいに考えていて、つぼさんの雑誌をお手伝いすることになったんだと思う。でも、やってみたら「やっぱりこれはおれに合わないなあ。こういうことをやりたいためにレースやってたわけじゃねえな」ってことで、さっきも話したみたいにそこを辞めさせてもらってアライヨーロッパにコンタクトを取り、ヘルメットサービスの仕事が始まった、っていうことだよね。それで２０１１年までやってリタイアした。

——引退後も、アッセンのレースには毎年来ていましたよね。

オランダ人のアライの同僚が「おいでよ」ってアレンジしてくれるし、透さん（古厩透：後任のアライヘルメットサービス担当者）も働いてるから毎年行ってたけど、2020年から例のパンデミックの騒ぎが始まったでしょう。あれからは1回も行ってない。もうあまり行きたくもないし、興味もなくなっちゃったんだよね。

今までは仕事関係の知人に会うために行ってたわけで、自分の参加していないレースは、誰がチャンピオンになろうがマシンがどうなろうが、興味がない。なんて言えばいいのか、自分の世界からはすでに遠く離れちゃってる。ぼくらがやってた時代は、まだ個人がファクトリーに立ち向かえた時代だったんだよ。自分たちで目標を立てて、軽量化だなんだかんだってやって、アイディアや考え方次第でまだ太刀打ちできたし、ファクトリーを打ち負かすことのできた時代だったんだよね。

今は全然そういうのがないでしょ。ほとんど全部管理されていて、しかもその技術たるや、とてもじゃないけど理解を超えたようなレベルでさ。セッティングだってメインジェット変えてどうのこうのなんて話じゃなくて、それこそコンピュータにつないでやっちゃうという時代じゃないですか。そういう時代はもうぼくにとっては興味ないね。だって、何もできないもん。

――まったく同じことを、カルロさんから聞きました。「俺たちも4サイクルの時代にメカをやっていたけれども（NR500のこと）、あの頃も今走ってるバイクも同じ4サイクルとはいっても、もう全然別ものだ」という旨のことをおっしゃっていました。

自分も最初はF1のレーシングメカニックになりたいなあ、なんて憧れた時期もあったけれども、今のモーターサイクルはF1の世界を追いかけているんだよね。すべてのことがF1の二番煎じでさ、それじゃあ全然面白くないと思うんだけどね。

'77年にぼくが始めた頃のGPの世界は、もうまったく異質だったんだよ。本当に好きなやつだけがやってた。お金なんてろくすっぽもらえないけど情熱だけは人一倍あって、ただひたすら栄誉のために走ってる、そういう時代だったんだよね。それが今は、すべてが金に置き換わっちゃう。あの頃は、本当に裕福なライダーなんてバリー・シーンぐらいだったもんね。ロールスロイスにステファニー(バリー・シーン夫人。元モデル)を乗っけてやってきて、カリスマでさ。でも、表彰台に上るとスパーってタバコ吸ってさ。モーターサイクルっていうのは、それだよね。アナーキーで、アウトローの象徴だったわけじゃない。ある意味、社会に対する反抗であったわけでしょ。そういう人たちの世界だったんだもん。それが今では、金のためにどんどんみんながいい子ちゃんの集まりみたいになっていってさ。なんだいありゃ。

でも、本来はモーターサイクルのレースっていうのは全然別のもので、あんなことじゃなかったんだよ、今のあんな成金の集まりみたいなレースなんかに行ったって、面白くもなんともないじゃん。うちのホスピに来いとか一杯飲んでいけとかいろいろ言うやつがいるけどさ、あんまり興味ないんだよね、そういうのは。人によっては、なんだかそういう有名なホスピに行くのが趣味みたいな人たちもいるみたいだけどさ。「俺はあいつと知りあいだぞ」みたいなことを言いたがる連中がいっぱいいるじゃないですか。何しに来てるんだこいつら、って思うよね。こいつらほんとにレースが好きなのかよ、それとも華やかな場所が好きなだけなのかよ、って。
そういうのを見てると、この人たち何がしたいのかな、いったい何のためにレースをやってるんだろう、なんか忘れちゃってるよなあ、って感じるよね。昔はクセの強いやつがいっぱいいたんだよ。そういう連中が集まるのがモーターサイクルのGPだったんだよね。面白かったもん。今は完全にそういうのがなくなっちゃったね。時代が経つとそうなってしまうんだろうけどさ。
だけどまあ、じつにいい時代だった。ぼくらは幸運だったと思うよ、あの時代が経験できたっていうことは。まだ個人でもファクトリーを相手になんとかできる時代を経験できたのは、本当に幸せだったと思うよ。

――腕と根性と心意気で勝負できた時代ですね。

そういうことなんだろうね。自分で考えていることをトライして、その成果を見ることができたんだよ。今はそもそも最初から無理だよね。技術のレベルがもうとてつもなく高くなっちゃってるから、誰にも触れなくなっちゃったんだろうね。レベルが極端だもん。
でもまあ、ぼくらの時代だって、おもちゃみたいな2サイクルから最初にNRのエンジンを見たときはショックだったよね。「どんだけ差があるんだ……」みたいな。

――最初にNRを見たときは、やはりびっくりしたんですか?

あれには驚いたよ。うん、びっくりした。
最初のNRのエンジンはいろいろ問題があったんだけど、最初にカルロとエンジンをオーバーホールしたときには、まあ驚いた驚いた。「こういうことをしているわけ!? よくもまあこんだけ複雑なもんを……」って絶句したよ。

最初にいろいろあった問題も、NRの2世代目になると、「えっ!?」ていうくらい良くなっちゃった。あのへんはすごい、さすがだね。もう何も手を入れられなくなっちゃう。でも、最初の年はもうそれこそ寝る暇がなくてさ、'77年の再現だよ。イギリス人のメカと、「おい、おれたち胸に"I want to sleep"ってステッカー貼らなきゃいけないなあ」って言ってた(笑)。寝る暇ねえんだもん。

だって、シルバーストーン行ってさ(※NR500が初めてWGPに参戦した1979年イギリスGP)、予選終わってエンジンを降ろしてヘッド開けるじゃないですか。まあ4サイクルってやつはもうとんでもないよね。ヘッドひっくり返して、カムシャフト外して、燃焼室にガソリンでもなんでもいいんだけど入れといてポートからエア圧かけて、エア漏れをチェックするわけですよ。バルブのシーリングが密着しているかどうかチェックするでしょ。そうすると、8バルブで4気筒だから4×8=32個ある。片側で16本だからね。そんだけバルブがついてりゃ、1本くらい漏れるよね。漏れるとカムを外すでしょ。カムを外すとさ、最初のエンジンは全部ニードルローラーなんだよ。ニードルローラーなのはいいんだけど、ケージがなかったんですよ。だから、カムを外すと……。

——バラバラって外れて……。

うん。ベアリングが全部落っこっちゃう。ローラーベアリングがね。で、全部バルブ抜いて、1本1本すり合わせてスプリングはめて、今度はカムシャフトを戻すときに、ニードルローラーをチェックしなきゃいけないわけね。それがさ、1000分の1ミリ単位でサイズの違うやつがばーってあるわけ。そこから選び出して全部グリースで貼り付けて組むわけですよ。で、組んだら今度はタペットのシムを調整しないといけない。ダイレクトカムだからそこにシムが入ってて、これがまた100分の1ミリ単位で違うシムがずらーっとあってさ。それを1個1個調べていってチェックして。「あ、これ足んねえ」とか「これ多すぎる」とかってことになると、またカム外してシム入れ替えて、またカムつけて……って、これだよ。寝る暇なんてないよね。それを毎日やってたんだよ。次の年は、そういうことも全然やる必要がなくなっちゃったんだけど。でも、最初の年はすごかった。何しろもう延々とそういう作業が続くんだよ。

だから、イギリスのワークショップでエンジンオーバーホールして、現場が終わるとそこへ運んで行って作業して、できあがったエンジンを現場にまた持ってくる、っていうローテーションのシステムを組んでやってたんだよね。でも、'60年代のGPを見てると、それを全部現場でやってたらしいからね。すごいよ、あの時代の人たちは。少ない人数のメカニックで十何台のマシンを相手に、よくもまあそんな作業をやってたなと思うよ。その人たちと比べたら「おれたちがやってることなんか嘘みたいなもんだ」って思った。でもね、その当時の人たちは、ぼくがGPに行ったときはまだ現場にいたんだよ。

面白い、興味深い話もいっぱい聞いたよ。リタイア寸前の結構な年齢の人たちだったんだけど、そういう話をしに行くのが楽しくてね。何かものを頼みに行ったりしたついでに、「ちょっとこういうアイディアがあるんだけど、どうかな」とか言うといろいろな話をしてくれるんだけど、じつに興味深い。本当に貴重な経験だね、ああいうのは。もう肚が据わっちゃってるから、何が起きたってへっちゃらなんだよ。「そんなのは遠い昔にやってらあ」くらいのかんじでさ。あの頃の人たちって本当に全然レベルが違う。よくそんなことやってたなあ、と思うようなことをやってきた猛者《もさ》ばっかり。信じられないよ。

――今の若いメカニックの人たちがすぎさんの話を聞くと、同じように感じるのかもしれないですけれどもね。

(笑)。まあ、そういうのもあるかもしれないのかね。今は機械でなんでもできちゃうようになってるけど、その時代はまだ人間が補わなきゃいけない部分がいっぱいあったんだよね。

NRの最初の頃、たとえばピストンのザグリ(ボルト類の頭部が飛び出さないように表面を平らにする加工)をしたいから現場に持って行くじゃないですか。そうすると、若い人たちはできないんだよね、数値制御で全部やってるから。ピストンを持ってって、「ここ、ちょっとこれだけザグってほしいんだけど」と言ってもわかんないだよ、どうやって数値を入れたらいいかわからないから。そうすると、そこに助っ人がいるわけですよ。'60年代にやってたという機械屋さんが。この人たちはもう万能だからありとあらゆるテクニックがあって、一手に引き受けて補修しちゃうんだよね。あの人たちがいなかったらどうにもなんない。

そんな話がいーっぱいある。あの当時はまだそういう人たちが残ってて、本当に素晴らしかった。

貴重な経験だったね。

――もしもグランプリに来ていなければどんな人生だったか、想像することってありますか。

うーん……。わかんないね。そんなの考えたこともないな。なにしろレースやってる間は、もうとにかく駆け足みたいなもんだったし、他の人生に興味もなかったから。

振り返ってみると、学校を卒業するとき自動車が好きだったから日産とマツダを受けて、先に受かっちゃったマツダのほうにしかたなく進んだわけだけどさ、それが結果的には今まで全部に繋がっているんだから、不思議だよね。あのとき日産のほうに先に受かってたら、レースの世界に来られたかどうかなんて、まったくわからないよ。それがどういうわけだかマツダに入っちゃったもんで、やがて神戸の片山義美さんのところで働くことになって、そこで働いてたら敬済に誘われてGPに来ることになって、それでこういうことになっちゃったんだよね。こんなに幸運な42年の人生、自分で組み立てたわけでもなんでもなくって、すべて偶然の繋がりの結果なんだもんね。

▲チャンピオンマシンTZ350を前に片山敬済氏（右）とともに。杉原氏は左から3人目。（本人提供）

▶1982年、この年から運用が開始されたNS500の片山車に跨る杉原氏。スクリーン下の“TK with SUGI”のロゴが信頼の強さを物語る。（本人提供）

◀アライヘルメットサービス最終年となった2011年のルマンサーキットにて。（著者撮影）

おわりに

さて、いかがだったでしょうか。〈グランプリ界のプロフェッショナルたち〉9名のライフストーリーはいずれも唯一無二の濃密なものばかりで、「人に歴史あり」とはまさにこういうことだ、というインタビュアー兼原稿まとめ役であるわたくしの感想に、本書を読了された方ならきっと同意をいただけるものと思います。

じつは、これは各氏へのインタビューを進めてゆきながら気づいたことなのですが、今回、文字として定着することになったひとりひとりの人生の語りは、時間軸的に縦と横方向への広がりを持つ「パドックの生活記録」的証言集という面白さに加え、レース界に発生した様々な出来事をじっさいにその場で見聞きし、また自分自身もその当事者として関わってきた人々の貴重な言葉であるだけに、公式記録等のいわゆる正史を見ているだけでは知ることができなかったであろう側面に光を当てる、いわば「グランプリの稗史《はいし》」的記録としての機能を果たしているようにも思います。

そして、これは特にこのあとがきで強調しておかなければならないことなのですが、今回本書のインタビューに登場していただいた9名の方々は、いわばいくつかのサンプルケースのようなもので、彼ら以外にもこのグランプリのパドックには、己の腕と心意気を恃みに仕事を続けてきたユニークな経歴を持つプロフェッショナルの職人ともいうべき人々が、過去から現在に至るまでじつにたくさんいます。

しかも、本書に登場いただいた9名のライフストーリーにいみじくもあらわれているように、パドックプロフェッショナルである彼ら彼女たちはいずれも、わたしたちの多くが日々の生活でどうしても絡め取られてしまいがちな社会のしがらみや人間関係などに束縛されることなく、己の信条とスキルを道しるべにして進路を切り拓き、自分自身の意志と意思を信じて生きてきた人ばかりです。そんな人たちと話をしていると、人生の岐路に直面したときの迅速な決断や、思い切りのよい行動力などは、誰の話を聞いていていても、いつも感心します。

とはいえ、よく考えてみれば、人は皆それぞれ、生きていく過程でかならず何らかの判断に迫られ、そのたびに選択をしています。たとえそれがグランプリの世界のように派手で華やかな舞台のことではなかったとしても、何かを決める判断の重さや意思決定の切実さは、それぞれの暮らしや生活の中では、その人にとってまちがいなく真摯で重要なものであったはずです。その意味では、ここに登場する人々が明らかにしてくれた各人各様の膨大な語りの中に登場するドラマチックな出来事は、読者ひとりひとりのリアルな生活に引き寄せて考えれば、おおいに納得できたり共鳴できたりするエピソードが少なからずあるのではないかとも思います。

彼らの人生がけっして順風満帆なものではなく、衣食住に恵まれた環境で何不自由なく仕事をしてきたわけではないことは、すでに読んでいただいたとおりです。また、その折々にくだしてゆく大きな決断は、短期的には正解や成功でないように見える場合もあるかもしれません。しかし、それがかえって後年の飛躍に繫がっていったり、あるいはそれまで培ってきた利害抜きの誠実な付き合いがやがてその人の窮地を救い、能力を発揮する舞台へ引き寄せられていくところなどは、まさに誰しもがなんらかの形で経験することではないでしょうか。

そのように見てくれれば、ここで紹介した9名の人々のライフストーリーは、けっして類型的ではないけれども、とても普遍的で典型的な人生の姿、ということができるのではないかと思います。

つまり、本書の9つのストーリーに登場する、さまざまな選択や決断や失敗や悔しさや反省や偶然や必然や喜びや悲しみや感謝や感慨は、彼らの人生であると同時にわたしたちの日々の出来事でもあり、そしてそれはきっと、あなた自身の人生の物語でもあるのでしょう。

La vita è bella!!

2023年2月26日

西村 章

レーサーズノンフィクション ③

MotoGPでメシを喰う

2023年4月4日　初版 第1刷発行

著者：西村 章

発行人：伊藤秀伸

発行元：株式会社三栄
〒163-1126　東京都新宿区西新宿6-22-1　新宿スクエアタワー26F
受注センター　TEL048-988-6011　FAX048-988-7651
販売部　TEL03-6773-5250

印刷・製本：大日本印刷株式会社

装丁：原 靖隆（Nozarashi inc.）
DTP：田中千鶴子（Nozarashi inc.）
編集：加藤 裕（レーサーズ）

SAN-EI CORPORATION
PRINTED IN JAPAN 大日本印刷
ISBN 978-4-7796-4812-0

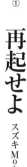